예외적 오리엔탈리즘의 풍경

지은이

서동주 徐東周, Seo Dong-ju

서울대학교 일본연구소에 재직하고 있다. 고려대학교 일어일문학과에서 학사, 석사를 마쳤고, 일본 쓰쿠바대학 인문사회과학연구과에서 일본 사회주의 문학의 상상력과 제국일본의 식민지주의 간의 길항관계를 분석한 논문 「移動と想像力－中野重治・帝国・視差」으로 박사학위를 취득했다. 20세기 일본의 문학과 사상을 '제국'과 '냉전'이라는 세계사의 맥락 속에서 재독해하는 작업을 진행하고 있다.

예외적 오리엔탈리즘의 풍경
제국일본의 불온한 타자와 대항의 문학

1판 1쇄 발행 2025년 4월 15일
1판 2쇄 발행 2025년 12월 20일

지은이 서동주

펴낸이 박성모
펴낸곳 소명출판
출판등록 제1998-000017호
주소 서울시 서초구 사임당로14길 15 서광빌딩 2층
전화 02-585-7840
팩스 02-585-7848
이메일 somyungbooks@daum.net
홈페이지 www.somyong.co.kr

ISBN 979-11-5905-484-6 93910
정가 27,000원

이 책은 2019년 대한민국 교육부와 한국연구재단의 지원을 받아 수행된 연구임(NRF-2019S1A6A3A02102886).

예외적 오리엔탈리즘의 풍경

제국일본의 불온한 타자와 대항의 문학

서동주 지음

Landscapes of Exceptional Orientalism

서문

　근대 일본의 식민지적 타자에 대한 인식은 주로 '오리엔탈리즘'의 개념을 통해 이해되었다. 즉, 근대 유럽인의 긍정적인 자기상은 오리엔트를 부정적 타자로 표상함으로써 형성되었다는 사이드의 통찰을 원용하여, 근대 일본의 내셔널리즘은 조선, 중국과 같은 타자를 문화적·도덕적·위생적 측면에서 열등한 존재로 간주함으로써 타자에 대한 식민지주의를 정당화했다는 식의 서술이다. 여기서 19세기 후반 유럽의 오리엔탈리즘적 세계인식을 받아들여 일본과 조선을 각각 '문명'과 '야만'과 같은 서열적 구도 안에 위치시켰던 후쿠자와 유키치의 문명론은 이런 타자 인식의 원점처럼 간주되고 있다. 이후 청일전쟁을 즈음해 형성된 조선인은 게으르고, 더럽고, 정체되어 있다는 문화적·인종적 편견은 지난 세기 동안 다수 일본인들의 조선에 대한 멸시의 감정과 일본인 자신에 대한 우월 의식을 떠받치는 핵심적 요소로 기능했다.[1] 그래서 1990년대 이후 포스트콜로니얼의 관점에서 근대 일본의 내셔널리즘과 타자 인식을 다룬 여러 분야의 담론적 실천은 소위 '일본형 오리엔탈리즘'의 극복을 중요한 과제로 삼지 않을 수 없었다.[2]

　분명 오리엔탈리즘의 개념은 근대 일본에서 내셔널리즘과 타자 인식이 식민지주의의 자장 안에서 공범 관계를 이루고 있었다는 통찰을 가능

---

[1]　이에 관해서는 다음을 참조할 것. 나카네 다카유키, 건국대 대학원 일본문화언어학과 역, 『'조선' 표상의 문화지─근대 일본과 타자를 둘러싼 지(知)의 식민지화』, 소명출판, 2011.

[2]　예를 들어 다음과 같은 연구가 대표적이다. 강상중, 이경덕·임성모 역, 『오리엔탈리즘을 넘어서』, 이산, 2004; 고모리 요이치, 송태욱 역, 『포스트콜로니얼─식민지적 무의식과 식민주의적 의식』, 삼인, 2002.

케 했다. 그럼에도 불구하고 근대 일본의 타자 인식에는 오리엔탈리즘의 이론에 부합하지 않는 사례가 존재한다는 점을 상기할 필요가 있다. 오리엔탈리즘의 논의에서 유럽인들은 오리엔트에 대한 자신들의 지적이고 문화적인 우월성을 절대적으로 신뢰했다. 반면 근대 일본의 조선 표상을 역사적으로 살펴보면, 타자에 대한 기존의 부정적 표상을 활용하면서도 식민지의 지배 질서가 의도치 않은 저항에 부딪치며 균열을 드러내는 순간을 사실적으로 묘사하고 있는 텍스트를 어렵지 않게 찾아볼 수 있다. 이 책의 제1장에서 언급하는 나카지마 아쓰시[1909~1942]가 자신의 식민지 조선 체험을 바탕으로 발표했던 일련의 소설들이 아마도 여기에 해당할 것이다. 예를 들어 그는 「순사가 있는 풍경」[1929]에서 '경성'을 저발전의 상태에 빠져 희망과 같은 관념은 도저히 자랄 수 없을 것 같은 황량하고 불모의 장소로 묘사하고 있으며, 「호랑이 사냥」[1942] 속의 조선인들을 봉건적 관행에서 완전히 벗어나지 못한 구시대적 인물들로 그리고 있다. 즉, 나카지마는 조선을 근대의 세계에 한참 미치지 못하는 '미개'의 장소로 설정함으로써 '일본 = 문명 / 조선 = 야만'이라는 기존의 오리엔탈리즘의 논리에 따른 조선 표상에 텍스트를 접속시킨다. 그러나 동시에 그는 일상화된 폭력과 차별이 피식민자의 반발을 초래하는 식민지의 강압적 현실을 그려내고 있기도 하다. 비록 허구적 세계임에도 불구하고 식민지의 지배 질서가 '열등자'의 반발에 의해 침식되는 상황은 일본의 식민지주의에 대한 작가의 회의적 시선을 보여준다.

일본어로 소설을 썼던 식민지 출신 작가들이야말로 일본의 식민지주의가 낳은 '예외적' 오리엔탈리즘의 또 다른 사례라고 할 수 있다. 왜냐하면 제국의 문단에 의해 발탁된 이들 탁월한 모방자들은 일본어를 사용해 자신들만의 식민지 표상을 생산했는데, 이렇게 피식민자가 식민지의 표상 행위에 참여하는 사례를 유럽의 오리엔탈리즘 역사에서는 찾아볼 수 없기 때문이다. 사이드에 따르면 유럽 오리엔탈리스트들이 상정했던 오리엔트의 열등성이란, 문화적으로 자신을 대변하지 못하고, 정치적으로 자치할 능력을 결여하고 있다는 점에 있다. 오리엔트는 이렇게 자기를 표상할 능력을 결여하고 있기에 누군가에 의해 대변되지 않을 수 없다. 따라서 오리엔트를 표상하고 오리엔트에 관한 지식을 생산하는 일은 유럽인의 '사명'으로 여겨졌다. 그리고 그 결과로써 유럽은 언제나 표상하는 자의 위치를 차지하고, 오리엔트는 표상되는 자의 자리에서 벗어날 수 없었다. 반면 1930년대 일본 문단에 모습을 나타낸 장혁주, 김사량을 비롯해 이 책의 제2장에서 언급하는 식민지 출신 일본어 창작자들은 스스로 식민지의 현실과 식민지 문화의 대변자가 되기를 원했고, 일본 문단으로부터 그 역할에 대한 인정을 욕망했다. 즉 거기에는 인정을 둘러싼 비대칭적 권력관계가 작동하고 있었다. 그럼에도 불구하고 오리엔트가 유럽인의 시선이 향하는 대상의 자리에만 머물러 있었던 데 반해, 이들 식민지 출신 일본어 작가들은 기존에 식민자가 독점했던 식민지의 표상 공간에 자신의 표상 행위를 삽입함으로써 식민자가 피식민자를 일방적으로 표상하는 오리엔탈리즘적 권력관계를 해체시키고 있었다.[3]

식민지 출신 일본어 작가 이상으로 근대 일본의 타자 표상을 유럽의 오리엔탈리즘과 다른 방향으로 이끌었던 사건은 3·1운동과 같은 식민지의 민족주의 운동이었다. 사이드의 오리엔탈리즘에 쏟아진 비판 중에 하나는 그것이 타자에 관한 지식이 어떻게 타자를 지배하는 권력으로 작동

3 　피식민자가 제국의 담론 공간에 출현함에 따라 나타났던 제국의 지식인과 식민지 출신 지식인 간의 '불협화음'에 관해서는 다음의 연구를 참조할 것. 고영란, 김미정 역, 『전후(戰後)라는 이데올로기-일본 전후를 둘러싼 기억의 노이즈』, 현실문화, 2013.

하는가를 밝히는 데 치중한 나머지, 피식민자의 저항운동을 거의 무시하고 있다는 것이었다. 특히 사이드가 오리엔탈리즘은 오리엔트를 표상하려는 사람에게 거의 '무의식'처럼 영향을 준다는 점을 설명하기 위해 고안한 '잠재적 오리엔탈리즘'이라는 개념에 비판의 화살이 집중되었다. 오리엔탈리즘의 영향이 '무의식'처럼 작동하는 것이라면 거기서 오리엔탈리즘에 대한 저항의 가능성을 '의식적'으로 생각하는 것은 거의 불가능에 가깝기 때문이다.[4] 이와 달리 조선을 다루고 있는 근대 일본의 텍스트들 중 일부는 일본의 식민지주의에 맞서는 조선인의 정치적 행동을 기록하고 있을 뿐만 아니라, 그런 타자를 통해 일본의 내셔널리즘을 비판하는 데까지 나아가고 있다. 예를 들어 이 책 제3부에서 집중적으로 다루고 있는 나카노 시게하루1902~1979의 조선 관련 텍스트를 들 수 있다. 1920년대 후반 집중적으로 발표된 조선 관련 텍스트에서 나카노는 조선이라는 타자를 식민지주의의 정당성과 내셔널리즘의 자명성을 비판하기 위한 일종의 '방법'으로 도입했다.[5]

나카노는 식민지주의와 결부된 강력한 오리엔탈리즘의 시선이 작동하는 조선 표상의 담론장에서 독특한 위치를 점하고 있었다. 그는 조선인의 '민족해방운동'을 명시적인 형태로 지지했다. 제국 일본의 동화정책이나 강권적 통치를 비판하는 경우는 있었지만, 이렇게 직접적으로 식민지 조선의 민족해방운동에 연대의 의사를 표명한 근대 일본의 지식인은 나카

---

4   이에 관해서는 다음을 참조할 것. 이석구, 『저항과 포섭 사이─탈식민주의 이론에 대한 논쟁적인 이해』, 소명출판, 2016. 특히 제11장 「사이드의 문화론과 정서 구조」에 상세하다.

5   나카노 시게하루의 조선 인식에 대한 연구로는 다음을 참조할 것. 廣瀨陽一, 『中野重治と朝鮮問題 連帯の神話を超えて』, 青弓社, 2021. 이 책은 전후에 출간된 텍스트를 분석 대상으로 삼고 있으나, 조선인과의 '연대'라는 관점에서 나카노 시게하루의 조선 인식을 총체적으로 포착하려는 시도를 보여준다.

노가 거의 유일했다. 또한 그는 조선인을 열등한 피식민자가 아니라 연대해야 할 대등한 타자로 간주함으로써 오리엔탈리즘의 담론을 거절했다. 즉 나카노는 천황제를 열도 밖으로 확장하고 있는 제국적 지배 체제로 간주했고, 따라서 천황제에 맞서는 저항운동에서 식민지 주민과의 연대가 불가결하다고 생각했다. 그래서 천황제에 대항하는 '피압박민중'의 범주에 일본의 무산계급과 함께 식민지 주민을 포함시켰다. 그의 조선 인식은 타자에 대한 좀 더 이론적인 발상 위에 성립하고 있었다는 점을 기억할 필요가 있다. 그는 개인을 민족이나 계급과 같은 집단의 일원으로 환원하는 논리에 대해, 이에 맞서는 대항적 상상력으로 타자의 대체불가능한 비극에 주목했다. 그리고 그런 생각의 연장선에서 추방과 망명과 같은 강제에 의한 이동의 경험에서 조선인이 갖는 고유한 타자성을 이끌어냈다. 그의 조선 관련 텍스트에서 조선인들이 월경하는 존재로 등장하는 이유를 여기서 이해할 수 있다.

사실 식민지 민족운동의 영향은 문학의 표상 공간에 저항하는 피식민자를 등장시키는 데 국한되지 않는다. 그것이 일본의 근대문학사에서 갖는 중요성은 종주국의 문학자들에게 피식민자도 '내면'을 갖는 존재라는 인식을 심어줬다는 데 있다. 예를 들어 3·1운동 이전에 일본의 문학자들에게 식민지 조선인들의 내면은 거의 문제가 되지 않았다. 조선인이라는 타자는 문명화에 뒤처진 나라에서 살아가는 지적으로 열등하고 도덕적으로 미성숙한 존재이며, 어떤 진보의 욕망도 없는 비개성적인 존재처럼 간주되었다. 민둥산을 배경으로 흰 옷을 입고 곰방대를 입에 물고 있는 주름진 얼굴의 노인의 모습은 바로 망국의 민중을 상징하는 존재에 다름 아니었다. 즉, 그들은 식민지의 풍경을 구성하는 하나의 요소에 불과했다. 그런데 3·1운동을 거치면서 소설 속의 조선인들 가운데 점차 내면을 가진 인물이 등장하기 시작했다. 왜냐하면 3·1운동을 통해 조선인들은 지배에 순응했던 태도의 이면에 저항의 마음을 키우고 있었다는 것이 분명해졌기 때문이다. 이렇게 해서 일본의 지배에 대한 저항의 마음이 자리잡는 비가시적 장소로써 조선인의 내면이 발견되었다고 말할 수 있다. 야나기 무네요시는 3·1운동을 일본인이 조선인의 마음을 이해하려 하지 않고, 그들을 통치의 대상으로만 바라봤기 때문에 일어난 '불행한 사건'으로 파악했다. 그는 일본에 대한 반항의 마음이 자리잡는 장소로서 조선인의 내면을 정의했던 최초의 지식인이었다. 그리고 앞서 언급한 나카노 시게하루는 강제추방을 당하는 조선인들의 내면에 천황에 대한 복수심을 부여하는 상상력을 발휘했다고 말할 수 있다.

식민지적 타자 인식에서 일어난 내면의 발견은 비단 문학 내부의 사건에 그치지 않았다. 알 수 없는 타자의 내면에 일본에 대한 반항의 마음이 자리잡을 수 있다는 생각이 3·1운동과 같은 '반란'에 관한 기억과 결합했을 때, 그것은 타자에 대한 항시적인 불안을 식민자의 내면에 발생시켰다. 그런 점에서 관동대지진 당시 조선인을 향해 나타났던 일본의 집단적 폭력은 조선인에 대한 멸시의 감정이 낳은 우연한 사건으로 처리될 수 없다. 이때의 광기에 가까운 일본인의 폭력은 조선인은 잠재적 위협이라는 타자에 대한 공포심과 3·1운동에 대한 다분히 '피해망상적' 기억이 쌍방을 증폭시키는 심리적 과정을 가정할 때 제대로 이해할 수 있다. 나아가 식민지 출신자들의 반항에 대해 일본인들이 품었던 공포는 지진과 같은 비상 상황에서만 나타난 것은 아니었다. 그것은 제국주의 시기 동안 식민지적 타자를 바라보는 '정치적 무의식'과 같은 형태로 진화했다. 예를 들어 그것은 제2부에서 상세히 분석하고 있는 근대 일본의 우생학이 '과학'의 이름으로 정교화했던 식민지 담론에서 그 전형적인 모습을 확인할 수 있다. 우생학은 사회적으로 배제해야 할 생물학적 열등자로 정의하면서, 정신병자, 알콜중독자, 나병환자 등과 함께 식민지 주민을 포함시켰다. 따라서 식민지 주민의 일본 진입은 제한될 필요가 있었고, 일본인과 식민지 주민 간의 혼혈은 최대한 억제되어야 했다. 그런데 우생학자들이 이렇게 피식민자의 배제에 열을 올린 이유는 그들의 열등성 때문만은 아니었다. 우생학이 우려한 것은 식민지 출신자들의 출산률이 일본인보다 높다는 점과 혼혈은 일본인의 우수한 형질을 퇴화시킬 것이라는 생각 때문이었다. 즉, 그들의 입장에서 보면, 일본 사회 안에서 식민지 출신자의 증가는 우수한 일본 민족의 '도태'를 초래할 수 있는 사태에 다름 아니었다. 그런 의미에서 일본의 식민지주의가 보여주었던 타자에 대한 폭력은 오리엔탈리즘적인 차별 의식에서 발동되기보다 일본인이 타자의 내면을 의식하기 시작하면서 생겨난 타자에 대한 두려움에 뿌리를 두고 있었다고 말할 수 있다.

이상과 같은 문제의식 위에서 이 책은 근대 일본의 타자 인식을 식민지주의와 오리엔탈리즘의 관점에서 다루었던 기존 논의에 대한 이의제기와 관점의 전환을 주장한다. 근대 일본의 내셔널리즘은 일본 밖의 타자를 문화적·도덕적·위생적 측면에서 일본에 비해 '열등한' 존재로 표상했고, 이런 부정적 타자상을 지렛대 삼아 타자에 대한 식민지주의를 스스로에게 납득시켰다. 그러나 타자에 대한 우월감이 언제나 타자를 지배한다는 것에 대한 자기 확신으로 이어진 것은 아니었다. 식민지 저항운동의 기억은 눈앞의 타자를 현실의 지배 관계에 불만을 품은 잠재적 위협으로 간주케 했다. 또한 식민지 출신의 '탁월한 모방자'들은 일본의 문화적 헤게모니에 대한 도전자로 비춰졌다. 뿐만 아니라 일부 지식인들은 식민지라는 타자를 일본의 내셔널리즘을 상대화하고 식민지주의적 지배의 모순을 드러낼 수 있는 사상적 계기로 활용했다. 이렇게 위험하고, 불온하며, 때로는 비판의 무기가 되는 타자는 일본의 식민지주의적 지배에 대한 일본인의 자기 확신에 지속적으로 균열을 가져왔고, 지배 질서 자체가 교란되거나 나아가 붕괴될 수 있다는 불안을 상기시켰다. 이처럼 제국 일본의 타자들은 유럽 오리엔탈리즘 속의 동양처럼 자율과 자치의 역량을 결여한 무력한 타자와는 이질적인 존재였다. 이 책에서 근대 일본에서 구축된 타자 표상의 또 다른 계보를 '예외적' 오리엔탈리즘이라는 개념으로 포착하려는 이유는 바로 여기에 있다.

이 책은 총 3부으로 구성되어 있다. 각각은 예외적 오리엔탈리즘의 정황을 보여주는 세 개의 다른 사례를 다루고 있다. 제1부가 식민지의 재현을 둘러싼 식민자와 피식민자 간의 긴장을 보여준다면, 제2부는 열등한 타자상의 이면에 존재했던 일본인의 타자에 대한 불안에 초점을 두고 있다. 그리고 제3부는 타자를 일종의 방법으로 삼아 내셔널리즘과 대결했던 나카노 시게하루의 문학적 저항을 조명하고 있다. 각 부의 내용을 부연하면 다음과 같다. 제1부 「예외적 오리엔탈리즘의 표상 공간」에서는 동양에 대한 표상 행위를 독점했던 유럽과 달리 제국 일본은 타자의 표상에서 절대적 권력을 행사하지 못했다는 점을 기술한다. 제국 일본은 동화정책이 낳은 식민지 출신의 '탁월한 모방자'에게 부분적으로 표상의 권한을 허용했고, 식민지 표상의 해석을 둘러싸고도 식민지 지식인들의 반응과 항의에 응답을 요구받았다. 이처럼 근대 일본의 식민지를 둘러싼 표상 공간은 오리엔탈리즘의 논리가 통용되는 세계이기는커녕, 일본이 오리엔탈리즘의 주체가 되는 데 실패했음을 보여준다. 여기에서는 재조일본인의 체험을 가진 나카지마 아쓰시의 소설, 타이완 유학생들이 쓴 일본어 소설, 그리고 장혁주가 극본을 쓰고 무라야마 도모요시가 연출한 일본어연극 〈춘향전〉을 다룬다.

　제2부 「불온한 타자와 제국의 생명정치」에서는 근대 일본의 타자 인식이 식민지주의적 우월 의식만이 아니라 식민지적 타자에 대한 깊은 공포에 의존하고 있었다는 점을 다룬다. 우선 야나기 무네요시가 3·1운동을 경험하면서 조선인의 '마음'으로 눈을 돌리게 된 과정을 그의 1910년대 생명사상과의 연속성 위에서 검증할 것이다. 식민지 주민에 대한 근대 일본의 불안감을 가장 극적인 형태로 보여주는 사례로 일본의 우생학 담론을 들 수 있다. 우생학은 대표적인 타자 배제의 담론으로 알려져 있다. 우생학이 타자 배제를 주장했던 이유는 피식민자와의 혼혈이 일본인의 '우수한 자질'을 약화시킬 우려가 있기 때문이었다. 즉 식민지 출신자의 생물학적 열등성은 일본인의 우수성을 침식할 수 있는 위협으로 간주되었다. 이처럼 우생학에게 피식민자의 열등한 자질은 이중의 의미를 띠고 있었다. 그것은 제거되어야 할 '질병'이자 동시에 일본의 민족적 파국을 상기시키는 공포의 원천이었다.

　제3부 「나카노 시게하루와 대항의 문학」은 대표적인 프롤레타리아 문학자인 나카노 시게하루가 일본 내셔널리즘과 벌였던 사상적 대결의 이중성에 주목한다. 그는 개인을 '무산계급'의 일원으로 표상하는 사회주의적 상상력에 비판적이었다. 그에게 이것은 개개인을 일본 '민족' 혹은 천황의 '신민'으로 표상하는 내셔널리즘의 논리와 다르지 않았기 때문이다. 그래서 그는 자신의 소설 속에 천황제 국가에 저항하는 인물들을 그리면서도, 그들의 비극과 곤란을 억압받는 집단의 비극으로 환원시키지 않았다. 그러나 내셔널리즘에 대한 그의 비판적 거리두기가 언제나 성공한 것은 아니었다. 그는 식민지 조선의 민족해방을 지지했지만, 근대 일본의 조선에 대한 부정적 인식에서 자유롭지 못했다. 또한 프롤레타리아 국제

주의를 통해 일본과 조선의 민중을 천황제 국가에 맞서는 정치적 주체로 호명했지만, 두 저항하는 집단의 관계에 대한 그의 묘사는 대등한 연대에 부합하지 않는다는 비판을 받았다. 이런 한계에도 불구하고 나카노가 평생에 걸쳐 수행했던 근대 일본의 내셔널리즘과의 격투는 내셔널리즘을 넘어선다는 것과 대등한 연대는 어떻게 가능한가라는 물음에 대해 여전히 그 유효성을 잃지 않고 있다. 제3부는 이런 나카노문학의 가능성을 '대항의 문학'이라는 개념으로 포착하고 있다.

차례

제3부
나카노 시게하루와
대항의 문학

제1부

예외적 오리엔탈리즘의
표상 공간

제1장
'동화'의 유혹과 '민족'이라는 운명
나카지마 아쓰시 「순사가 있는 풍경」이 표상하는 식민지 조선

1. '1923년'의 '조선인 순사'

나카지마 아쓰시中島敦, 1909~1944의 문학은 제국일본의 변경을 향한 이동과 그곳에서 이루어진 정주의 체험과 깊이 관련되어 있다. 경성을 배경으로 일본인소년 '나'와 조선인 조선 '조대환'의 우정을 그리고 있는 「호랑이사냥虎狩」의 상상력이 1920년부터 시작된 6년간의 조선체험에 의존하고 있다면, 영국의 모험소설가 스티븐슨Robert Louis Balfour Stevenson의 남양생활기라는 형식을 취하고 있는 장편소설 「빛과 바람과 꿈光と風と夢」의 창작은 1941년 6월부터 약 반년에 걸쳐 남양청의 국어교과서 편집서기로서 '남방'의 파라오에 머물렀던 나카지마의 이력 없이는 생각할 수 없다. 여기에서 다루게 되는 「순사가 있는 풍경 — 1923년 하나의 스케치巡査の居る風景——九二三年の一つのスケッチ」1929, 이하 「순사가 있는 풍경」는 이렇게 식민지에서의 체험이 상상력의 근원을 이루는 나카지마문학의 출발점에 위치한다.

일본근대문학에서는 드물게 피식민자의 내면을 초점화 하고 있는 이 소설은 '조교영'과 '김동련'이라는 두 명의 조선인이 민족의식에 눈을 뜨고, 급기야 제국일본의 '식민체제'로부터 '주체적'으로 이탈해 가는 모습을 그리고 있다. 그리고 식민체제의 말단을 구성하는 조선인순사 조교영의 '독립운동가'로의 '전향'과 남편의 죽음이 일본인들에 의한 '학살'때문이라는 사실을 알게 된 후 광기어린 모습으로 은폐되었던 학살의 진상을 고발하기에 이르는 김동련의 결단은, 작자 나카지마의 시선이 무엇보다도 피식민자에 대한 차별 위에서 작동하는 식민체제의 모순과 동요를 응시하고 있음을 보여준다.

이 소설에 관한 선행연구는 예외 없이 소설의 내적 세계가 작자 나카지마의 6년간의 조선에서의 체험 위에서 구상되었다는 전제 위에서 전개되고 있다.[1] 하지만 「순사가 있는 풍경」이라는 소설이 담아내고 있는 세계는 작자의 조선 체험의 단순한 반영을 넘어서고 있다. 여기에 재현된 식민지의 세계는 작자의 실제 체험에 기반을 두면서도, 그것에 결코 수렴될 수 없는 식민지 지배체제에 대한 어떤 구조적 인식을 내포하고 있다. 본론에서 언급하는 바와 같이, 이 소설의 근저에는 무엇보다도 작자 나카지마가 '열도 = 일본'과 '반도 = 조선' 사이를 '왕복'하는 가운데 획득한 어떤 '현실인식'이 작동하고 있다. 여기서 말하는 현실인식이란, 이를 테면 '제국'의 테두리 안에서 조선과 일본의 '동일성'을 주장하면서도, 다른 한편으로 일본과 조선을 '내지'와 '외지'로서 구분하고 그 위에서 양자를 서열화하는 제국의 지정학적 상상력에 의존한 제국적 권력의 모순과 그것이 지배에 초래하는 결과에 관한 비판적 인식을 가리킨다.

이 글이 설정하는 분석의 시점은 이처럼 식민지에서의 체험을 포괄하

---

1   이 소설에 관한 주요한 선행연구로는 鷺只雄, 『中島敦論-「狼疾」の方法』과 南富鎭, 「中島敦の初期と朝鮮その浮遊する朝鮮人像—」, 『稿本近代文学』, 1995등을 들 수 있다. 국내의 연구로는 다음과 같은 것을 들 수 있다. 박광현, 「나카지마 아쓰시 문학의 타자체험」, 『동서비교문학저널』, 2005; 이헬렌, 「나카지마 아츠시의 조선소설-식민지도시공간 '경성'을 중심으로」, 『한국학연구』, 2012.

는 이동·정주의 경험현실과 소설의 내적 세계 사이의 연관을 향하고 있다. 그리고 이러한 연관 관계의 해명을 위해, 여기에서는 소설의 제목과 부제목에서 보이는 '(조선인) 순사' 그리고 '1923년'이라는 설정에 주목하고자 한다. 왜냐하면 이러한 설정은 앞서 언급한 작자 나카지마의 '현실인식'이 가져온 필연적 결과로서 간주되기 때문이다. 결국 이 글의 문제제기는 다음과 같은 질문으로 수렴된다. 즉, 나카지마 는 왜 '1929년'이라는 시점에서 조선체험의 기억을 '1923년'이라는 시간적 배경 속에서 재현하려 했으며, 그 재현의 중심에 왜 '조선인순사'를 두어야만 했던 것일까?

2. 순사가 '보는' 풍경 차별과 동화의 사이에서

나카지마 아쓰시는 왜 식민지 조선의 풍경을 '조선인순사'라는 존재를 통해서 그려야만 했을까? 이 문제를 해명하기 위해서는 우선 조선인순사가 식민지 조선에서 어떠한 존재였는가를 이해할 필요가 있다. 조선인순사는 피식민자의 출신으로서 식민자측에 가담하고 있다는 점에서 '식민지 내부의 모순을 상징하는 존재'라고 할 수 있다. 한편 역사적으로 볼 때 조선인순사는 3·1운동 이후 피식민자에 대한 차별을 부인하는 제국의 공식담론에 의해 처음으로 등장한 존재이기도 하다. 즉, 그것은 이른바 '문화정치' 속에서 태어난 역사적 존재였다. 1935년 조선총독부가 편찬한『시정25년사施政二十五年史』는 조선인순사의 등장과 관련한 역사적 경위를 다음과 같이 기록하고 있다.

중앙정부는 총독정치의 근본적 혁신과 함께 해당 제도를 보통경찰제로 변경할 필요를 인정하여, 다이쇼 8년 8월 19일 총독부 관제의 개혁에 즈음하여…종래 조선인에 한하여 임명했던 순사보巡査補를 폐지하고, 내선인을 모두 일률적으로 순사로 하여 차별철폐의 뜻을 분명히 하였다.[2]

여기에서 말하는 '총독정치의 근본적 혁신'이란, 3·1운동 이후 새로 부임한 사이토 마코토斉藤実총독이 천명했던 '무단정치'에서 '문화정치'로의 전환을 의미한다. 사이토 총독은 부임 직후 발표한 성명을 통해 '총독정치 혁신'의 일환으로 추진되는 '관제개혁의 취지는 금상폐하의 말씀이 보여주는 바와 같이, 일한병합의 근본이념本旨인 일시동인一視同仁'에 있다고 전제한 뒤, 그것의 '궁극적 목적'은 '조선인을 유도誘導·제시提撕하고, 이를 통해 (조선인의) 행복과 이익의 증진을 도모하며, 장래에 문화의 발달과 민력의 충실함에 따라 정치상·사회상의 대우에서도 내지인과 동일하게 대하는 것'에 있다고 밝히고 있다.[3] 덧붙여 사이토의 부임 성명에서 언급되고 있는 '금상폐하의 말씀'이란 다이쇼 천황이 1919년 8월 19일 발표한 '조선총독부관제개혁조서朝鮮総督府官制改革の詔書'를 가리키는데, 이 문서 안에는 조선인에 대해 '일시동인'에 입각하여 '신민으로서 추호도 차별이 없도록 하겠다'는 내용이 표명되어 있다.

이렇게 조선인순사의 등장을 가져온 관제개혁의 배후에는 조선인을 천황이 통치하는 제국일본의 '신민'에 포함시킨다는 정치적 아이덴티티를 둘러싼 역학이 작동하고 있었다. 달리 말하면 이러한 역학의 기본적 논리란, 민족의 차이를 초월한다는 천황의 언어를 통해 '차별해소'를 '공식화'하면서 조선인에게 '조선인'이라는 내셔널 아이덴티티의 포기, 그리

---

2   朝鮮総督府 編, 『施政二十五年史』, 1935, 331쪽.
3   朝鮮総督府, 『朝鮮総督府官報』, 1919.9.4.

고 제국의 신민으로서의 '일본인'으로의 전환을 요구하는 이른바 '동화주의'적 발상이라고 할 수 있다.

그러나 일본인 상관으로부터 일방적으로 면직을 통보받는 소설의 주인공 조교영의 예가 보여주는 것처럼, 실제로 조선인순사의 급여는 일본인순사의 절반에 지나지 않았으며, 임면권이 도지사와 경찰서장에게도 있었던 탓에 신분은 언제나 불안정한 상태에 처해 있었다.[4] 분명 1920년대의 조선인순사는 차별의 해소를 표방한 제도의 산물이었지만, 그것은 변함없이 건재한 차별의 현실에 노출되어 있다. 즉, 역사적 존재로서의 조선인순사는 이처럼 새롭게 복속된 이민족에 대한 제국일본의 양면적 대우 — 차별을 부정하면서 동시에 차별을 지속시키는 양면성ambivalence — 을 상징하는 존재하고 할 수 있다.

그리고 소설의 주인공인 조선인순사 조교영의 눈을 통해 그려지는 식민지 조선의 세계 또한 차별의 철폐를 공언하는 공식적인 '평등의 담론'과 식민자인 일본인의 '차별의 시선'이 어지럽게 교차하는 풍경이기도 하다. 소설 속에서 조교영의 시선은 일본인이 발신하는 평등의 담론에 편승하여 일본인에게 '일본인천황의 신민'으로 인정받고 싶은 조선인들을 향하고 있다. 예를 들어 다음의 인용에서 보듯이 전차 안에서 조선인을 향해 '여보크ボ'라 부르는 일본여성에게 항의하는 조선인청년도 그 가운데 한 명이다.

여보씨 자리가 비었으니 앉으세요, 라고 친절하게 말했는데 왜 화를 냅니까? 차내 여기저기서 실소失笑가 일어났다. 청년은 포기한 듯이 잠자코 이 무지한

---

4   국사편찬위원회 편, 『한국독립운동사』 4, 正音文化社, 1986.

여자를 노려보았다. 교영은 다시 우울해졌다. 왜 이 청년은 저런 논쟁을 하는 것일까? 이 온건한 항의자는 왜 자신이 타인이라는 것을 그렇게 영광스럽게 생각하는 것일까? 왜 자신이 자신인 것을 부끄러워하는 것일까?[5]

인용의 후반부에 주목해 본다면, 조선인청년이 일본인 여성에게 항의한 이유는 그녀가 조선인을 향해 '여보'라는 차별적 의미가 담긴 말을 사용했기 때문만은 아니다. 항의를 촉발시킨 보다 근본적인 동기는 '여보'라는 표현이 '말하는' 일본인과 '듣는' 조선인이라는 관계를 전제로 하는 까닭에, 거기에는 항상 조선인을 일본인으로부터 구별하는 의식을 동반한다는 점에 있다고 할 수 있다. 따라서 항의하는 조선인청년의 논리는 다음과 같은 것이다. 즉, 한일병합 이후 조선인도 일본제국의 신민이 되었다면, 조선에서 태어난 사람들을 일본인과 구별되는 존재로 환기시키는 용어를 사용해서는 안 된다는 것이다. 따라서 조교영에게는 청년의 심리가 '조선인'자신이라는 사실을 수치스러워 하고, '일본인'타인으로 인정받는 것에서 영광을 느끼는 것처럼 간주되었던 것이다.

보편적 왕권의 통치에 의해 보증되는 제국의 신민으로서의 '일본인'이 아니라, 여전히 '조선인'으로 구별되고 있다는 것에 항의하는 조선인청년의 모습에서 깊은 '우울'을 느낀 조교영은, 며칠 전 경성부회의원 선거연설장에서 '능숙한 일본어'로 자신의 포부를 밝히던 조선인후보를 머릿속에 떠올린다. 연설도중 일본인으로부터 '닥쳐, 여보인 주제에'라는 야유를 들어야 했던 조선인후보는, 야유한 일본인이 연설회장 밖으로 끌려나가자 한 층 더 큰 목소리로 다음과 같이 외친다.

---

5   『中島敦全集 第二巻』, 筑摩書房, 1976, 52쪽. 이하에서 인용할 경우에는 쪽수만 표기.

— 저는 지금, 대단히 유감스런 말을 들었습니다. 그러나 저는 저희들도 또한 영광스런 일본인이라는 것을 굳게 믿고 있습니다.

그러자 곧이어 연설회장 일각에서 우렁찬 박수가 일어났다.[53]

일본인들을 향해 자신은 영광스러운 일본인이라는 것을 굳게 확신한다고 외치는 조선인후보의 태도가 '친절한' 일본인과 말다툼을 벌였던 조선인청년의 심리와 동일한 성격의 것임은 두말할 나위가 없다. 즉, 두 사람 모두 일본인에게 '일본인'으로 인정받고 싶다는 욕망에 구속되고 있다. 달리 말하면 이들은 조선인의 일본인화를 이념으로 하는 동화주의의 논리를 내면화 하고 있는 피식민자라고 할 수 있다.

그렇다면 항의하는 청년과 조선인후보처럼 문화정치의 시대 속에서 일본인이 되고자 하는 조선인을 향하고 있던 조교영의 시선이 최종적으로 귀착하는 대상은 무엇일까? 소설 속에서 '일본인'이 되고 싶다는 욕망을 드러낸 두 사람의 조선인을 향했던 조교영의 시선은 결국 조선인으로서 일본인을 위해 '순사'로 살아가는 자신으로 옮겨 간다.

그는 지금 그 일을 떠올렸다. 그리고 그 후보를 이 청년과 비교해 보았다. 그리고 다시 한 번 일본이라는 나라國를 생각해 보았다. 조선이라는 민족을 생각해 보았다. 자신에 대해서도 생각해 보았다. 나아가 자신의 직업을, 그리고 지금 자신이 돌아가려고 하는 아내와 자식을 떠올렸다.

사실 그의 마음은 요즘 '무언가를 잃어버렸을 때 사람이 느끼는' 왠지 차분하지 못한 상태였다. 이루지 못할 의무의 중압감이 언제나 머리 어딘가에 무겁게 자리 잡고 있는 느낌이기도 하다. 그러나 그 무겁고 괴로운 압박이 어디서부터 오는지, 애써 물으려 하지 않았다. 아니, 그것이 두려웠던 것이다. 자기 자

신을 눈 뜨게 하는 것이 무서운 것이다. 자기 자신을 자극하는 것이 두려웠던 것이다.[53]

조교영이 두 명의 조선인을 통해 떠올린 '일본이라는 나라'가 조선인도 '일본인'이라 말하면서 한편으로 변함없이 차별을 지속하는 '제국일본'을 가리킨다면, '조선이라는 민족'이란 아마도 일본인으로부터 차별을 받으면서도 '일본인'으로서 일본인에게 인정받고 싶다는 욕망을 버리지 못하는 조선인을 의미할 것이다. 조교영은 그런 조선인을 떠올리면서 자신 또한 일본인으로부터 '일본인'으로서 인정받고 싶다는 욕망에 이끌리고 있지 않는지 되묻는다. 인용의 후반부에서 알 수 있듯이, 조교영은 순사로서 살아가는 자신에게도 조선인청년과 조선인후보자가 드러냈던 '일본인이 되고 싶다'는 욕망이 자리잡고 있음을 인지하고 있다. 그러나 그는 그 이상 사고를 진전시키지 않는다. 즉 조교영은 일본인으로서 인정받고 싶다는 욕망을 드러내는 조선인에게 '우울'을 느끼고, 또한 자신의 내부에도 그러한 욕망에 이끌리고 있음을 인지하면서도, 그 문제에 직면하기를 회피하고 있는 것이다.

그렇다면 이렇게 1920년대 '문화정치'의 시대를 배경으로 하여 일본인에게 '일본인'으로 인정받고 싶은 욕망을 드러내는 조선인들을 통해 나카지마가 말하고자 했던 것은 무엇일까? 무엇보다도 이 소설은 동화주의가, 식민지의 현실에 만연한 차별을 은폐하기 위한 정치적 수사가 아니라, 본질적으로 차별의 현실 위에서 힘을 발휘하는 이데올로기라는 것을 드러내고 있다. 그런 의미에서 이 작자 나카지마의 초점은 동화주의가 피식민자에게 초래한 민족 아이덴티티를 둘러싼 동요와 혼란을 향하고 있다고 할 수 있다. 결국 '여보'라는 차별적 호칭에 반발하는 조선인청년과 일본인의 야유를 듣고 더욱 소리를 높여 자신은 영광스런 일본인이라고 주장하는 조선인후보는, 차별이 강화될수록 일본인^{제국의 주체}를 향한 욕망도 커져갈 수밖에 없는 피식민자의 굴절된 내면을 상징하는 존재로서 그려지고 있다고 할 수 있다.

3. 순사가 '있는' 풍경 동화주의의 역설

피식민자에 대한 차별을 부정하는 담론에 의해 등장한 조선인순사 조교영의 시선은 차별이 심할수록 '일본인'을 향한 욕망도 그 만큼 커져만 가는 피식민자의 내면 풍경을 향하고 있다. 동시에 그 굴절된 풍경은 타인의 풍경에 그치지 않고 '조선이라는 민족'과 '일본이라는 국가' 사이에서 아이덴티티의 혼란에 괴로워하는 조교영 자신의 모습이기도 하다. 그리고 이들은 예외 없이 일본인으로부터 제국의 신민이라는 주체로서 호명받고 싶다는 욕망을 드러내고 있다는 점에서, 동화주의를 배경으로 하는 문화정치의 시대적 산물이라고 할 수 있다.

그런데 1920년대를 통해 조선인순사만이 민족적 아이덴티티를 둘러싼 혼란을 겪었다고 할 수는 없다. 조선인순사는 분명 차별을 둘러싼 식민지적 모순, 즉 차별의 현실에 기생하여 확산되는 평등의 담론 사이의 모순과 분리될 수 없지만, 그 자체가 그러한 식민지의 현실을 '총체적'으로 상징하는 존재는 될 수 없다. 그렇다면 여전히 다음과 같은 문제는 남는다. 즉 작자 나카지마는 왜 조선인순사라는 존재에 집착했던 것일까?

소설 속 조선인 순사 조교영의 이야기는 그가 면직 처분을 받은 후 독립운동에 대한 결의를 나타내는 장면으로 막을 내리고 있다. 그의 면직을 가져온 직접적 계기는 조선인 학생과 일본인 학생 간의 '난투사건'에 대한 차별적인 처분을 둘러싸고 상관과 언쟁을 벌인 사건이다. 그러나 그를 순사에서 독립운동가로 '전향'시킨 보다 결정적인 계기는 조교영 자신이 조선인 총독암살미수범을 체포하는 사건이라고 할 수 있다. 아래의 인용에서 보는 바와 같이, 조선인 암살미수범을 자신의 손으로 체포한 순간, 조교영은 일본인과 조선인이 '지배 / 피지배'의 관계로 마주하고 있는 식민지의 현실 속에서 자신이 어떤 위치에 놓여있는지를 직시하게 된다.

> 그총독암살미수범의 팔을 붙잡고 있는 조교영에게 그의 눈빛은 견디기 어려운 것이었다. 그 범인의 눈은 뭔가를 분명히 말하고 있다. 교영은 평소 느끼고 있었던 어떤 압박감이 이십 배의 무게로 자신을 짓누르는 느낌이 들었다.
> 붙잡힌 자는 누구인가?
> 붙잡은 자는 누구인가?[59]

조선인 암살미수범을 체포하는 순간에 조교영이 느낀 '압박감'은 동화주의의 논리를 내면화한 조선인에게 느꼈던 '우울'과 순사로 살아가며 자신도 이들처럼 일본인으로서 인정받고 싶다는 욕망에 이끌리고 있다는 불편한 진실 사이에서 발생하는 격렬한 심리적 동요처럼 보인다. 작가 나카지마는 피식민자의 내면에서 일어나고 있는 아이덴티티를 둘러싸고 일어난 모순을 조선인순사가 조선인을 체포억압하는, 이른바 같은 민족 간의 갈등이라는 설정을 통해 극한으로 고조시키고 있는 것이다.

한편 이 소설의 구성상의 특징은 순사인 조교영과 창부로 살아가는 김동련이라는 두 명의 주인공에 관한 이야기가 전혀 교차하지 않는다는 점에 있다. 두 사람은 차별 가득한 식민도시 경성을 살아가는 피식민자로서 그려지고 있지만, 소설의 세계에서 결코 만나지 않고 있다. 그런데 이러한 구성은 창부인 김동련의 이야기가 어떤 이유로 '순사가 있는 풍경'의 일부로서 포함될 수 있는가에 대한 의문으로 이어진다. 이 문제와 관련하여 눈여겨 볼 부분은 조선인이 조선인을 체포하는 장면이 조교영의 이야기만이 아니라, 김동련의 이야기에서도 반복되고 있다는 점이다. 예를 들어 김동련의 이야기에서 체포의 순간은 다음과 같이 그려지고 있다.

> 결국 순사가 와서 그녀_{김동련}을 붙잡았다.
>
> ─조용히 하지 못할까? 조용히!
>
> 그녀는 그 순사에게 거칠게 대들더니, 갑자기 끓어오르는 슬픔에 눈물을 흘리며 외쳤다.
>
> ─너도 같은 조선인인 주제에, 너도, 너도……[62]

여기서 김동련은 관동대지진 당시 일어난 조선인학살사건을 사람들에게 알리려고 했기 때문에 체포를 당하고 있다. 같은 조선인을 체포하는 순간에 조교영이 괴로운 '압박감'을 느꼈다면, 조선인순사에게 체포된 김동련은 오히려 '슬픔'을 느끼고 있다. 이러한 감정이 일본인들에 의해 은폐되어 온 조선인학살사건을 고발하는 행위가 학살사건의 피해 민족의 일원인 조선인에 의해 저지되는 역설적 상황에 의해 초래된 것임은 두말할 나위가 없다.

따라서 소설의 세계 속에서는 결코 교차하지 않는 조교영과 김동련의 이야기는 다음과 같은 점에서 구조적인 관련성을 갖는다고 말할 수 있다. 첫째 조교영과 김동련을 주인공으로 하는 두 개의 이야기는 각각 '체포하는 자의 이야기'와 '체포되는 자의 이야기'로서 대응하고 있다. 다시 말해 두 사람의 이야기는 '체포'라는 권력의 행사를 둘러싼 상반된 입장을 대변하고 있다. 둘째, 체포가 이루어지는 순간은 식민지의 어떤 역설적 정황을 드러낸다. 예컨대 조교영의 이야기는 일본인으로서 인정받고 싶다는 욕망이 같은 조선인에 대한 억압으로 귀결되는 '역설'을 보여주고 있으며, 김동련의 이야기에서는 일본인에 의한 차별^{학살}을 고발하는 조선인이 조선인순사에 의해 그 행위를 저지당하는 부조리^{不條理}로서 나타나고 있다. 셋째, 두 개의 이야기에서는 공통적으로 체포라는 사건을 통해 주인공이 피식민자로서의 조선인이라는 아이덴티티를 자각하고 있다.

그렇다면 체포라는 식민체제의 억압적 권력행사를 둘러싸고 조선인들이 서로 대면하는 순간, 양자가 모두 피식민자로서의 조선인이라는 아이덴티티를 자각하는 설정이 의미하는 것은 무엇일까? 그것은 조선인과 일본인의 민족적·정치적 차별을 부정하는 동화주의의 논리가 현실에서는 거꾸로 양자의 차별적 관계를 적나라하게 표출시키는, 이른바 동화주의의 모순적 운동이다. 왜냐하면 조선인들이 체포라는 권력의 행사를 둘러싸고 대립하게 된 것은 다름 아닌 '차별철폐'의 명분 아래 일부의 조선인들을 식민체제에 편입시킨 동화정책의 결과이기 때문이다. 달리 말하면 이 소설이 그리고 있는 것은 동화주의가 외부의 비판에 의해서가 아니라 자신의 현실적 전개 속에서 파탄을 맞이하는 '역설적' 풍경이라고 할 수 있다. 달리 말하면 소설은 자기모순 속에서 파탄을 맞이하는 동화주의라는 주제를 순사인 조교영이 독립운동가로의 '전향'을 결심하고, 창부인 김동련이 은폐된 학살에 관한 진상을 고발하는 저항행위를 통해 표현하고 있는 것이다.

이렇게 동화주의를 자기파멸의 계기를 내포한 모순적 운동으로 포착하는 나카지마의 인식은 국민국가란 영토·민족·국가에 관한 이른바 '동일성'의 원리에 근거하고 있기 때문에 '국민국가가 정복자로 나타나면 반드시 피정복 민족은 민족의식과 자치에 대한 요구를 자각하게 된다^{국민국가의 딜레마}'고 언급한 한나 아렌트^{Hannah Arendt}와 깊이 공명한다. 예컨대 아렌트는 다음과 같이 말한다.

> 정복이나 제국 건설이 비난받는 데에는 정당한 이유가 있다. 로마 제국처럼 일차적으로 법에 기인하기 때문에 정복 이후에 보편적 법을 가장 이질적인 민족들에게도 적용함으로써 이들을 통합할 수 있던 정부만이 이 일을 성공적으로 수행해 왔던 것이다. 그러나 국민국가는 정부에 대한 동질적인 주민의 능동적 동의^{'매일의 인민투표'}에 기반을 두고 있었기 때문에 통일적인 원칙이 없었다. 따라서 정복할 경우에 통합보다 동화시켜야 하고 정의보다는 동의를 강요해야 했다. 다시 말하면 독재로 변질될 수밖에 없는 것이다. 로베스피에르가 "만약 식민지들이 우리에게 명예와 자유의 비용을 치르게 한다면 식민지들은 멸망한 것이다"라고 외쳤을 때 그는 이 사실을 이미 인식하고 있었다.
>
> (…중략…)
>
> 경제 구조와 달리 정치 구조는 무한히 확장될 수 없다. 정치 구조는 인간의 무한한 생산성에 기반을 두고 있지 않기 때문이다. 모든 형태의 정부와 조직체 가운데 국민국가는 무한 성장에 가장 부적합하다. 그 토대에 대한 진정한 동의가 무한히 확장될 수 없고 또 피정복 민족들에게서 진정한 동의를 얻어내기가 매우 힘들기 때문이다. 어떤 국민국가도 떳떳한 양심으로 이민족 정복을 시도할 수 없었다. 그런 양심은 정복국가가 야만족에게 우월한 법을 강요한다는 확신이 설 경우에만 생겨날 수 있기 때문이다. 그러나 국민은 자국의 법을, 자기 민족과 영토 밖에서는 타당성을 상실하는 유일한 국민적 실체의 부산물로 생각했다.⁶

주지하는 바와 같이 제국일본은 '문화정치'의 실시를 천명하면서 '일시동인'에 의한 '차별의 해소'와 조선의 '문명화'를 공언했다. 그러나 실제로 본국의 정치 제도가 식민지 조선에 동일하게 적용된 적은 없었으며, 그러한 제도 운용의 이중성은 조선의 '낮은 민도民度'라는 이유로 정당화되었다. 식민지 민족을 일본이라는 국민국가 체제 안으로 통합하기 위해 '동화'를 실시했지만, 권리의 평등은 '담론'의 수준에 머물렀을 뿐, '제도'로 정착되지 못했다. 대신 아렌트가 지적한 바와 같이 강제적 통합을 위한 '독재'가 지속적으로 이루어졌을 뿐이다.[7]

작자 나카지마가 조선인순사를 통해 식민지의 풍경을 보고자 했던 이유는 무엇일까? 그것은 다음과 같은 두 가지의 '역설'을 통해 설명할 수 있을 것이다. 하나는 민족 간 차별을 부정하는 동화주의의 논리에 의해 등장한 조선인순사가 결과적으로 피식민자의 민족의식을 자극해 버리는 역설이다. 또 하나의 역설은 식민체제의 권력을 대행하는 조선인순사와 같은 존재를 통해 '지배하는 일본인 / 지배받는 조선인'이라는 식민지의 기본적 권력관계가 조선인들 사이의 대립으로 치환되어버리는 풍경이다. 나카지마는 무엇보다도 제국에 의한 '압제'를 피식민자 출신의 '대리인'을 통해 피식민자 사이의 대립으로 치환해 버리는 제국일본의 '기만적' 지배를 문제시했다고 할 수 있다. 그 위에서 그러한 기만적 지배가 식민체제의 동요와 파탄으로 귀결될 것임을 암시적으로 그려내고 있었다.

---

6   한나 아렌트, 이진우·박미애 역, 『전체주의의 기원』 1, 한길사, 2006, 271~273쪽.
7   가라타니 고진은 한나 아렌트의 주장을 인용해 제국과 제국주의를 구별해야 한다고 말하고 있다. 그에 따르면, 제국과 달리 제국주의는 국민국가의 연장이다. 따라서 제국주의는 이민족에 대해 '압제'나 '독재'를 행사하지 않을 수 없다. 가라타니 고진, 송태욱 역, 『일본정신의 기원—언어, 국가, 대의제, 그리고 통화』, 이매진, 2003, 16~18쪽.

4. 왜 '1923년'인가? 제국의 천황과 그 이중성

작자의 조선 체험이 바탕이 되고 있는 소설「순사가 있는 풍경」은 '1923년'이라는 시간을 배경으로 전개되고 있다. 실제로 나카지마가 조선에서 생활했던 기간이 1920년부터 1926년까지였다는 점을 생각하면, '1923년'이라는 시간 설정은 작자의 특별한 의도를 강하게 환기시킨다. '1923년'의 설정과 관련하여 지금까지의 선행연구는 그것을 1923년이라는 특정한 시간에 주목하기 보다는 작자 나카지마의 조선체험에 환원시키거나, 관동대지진과 그때 일어난 조선인학살사건에 관련시키는 방식으로 이루어져 왔다.[8]

분명 남편이 지진에 휘말려 사망한 탓에 생활을 위해 창부의 길을 선택하게 된 김동련의 과거는, '1923년'이라는 시간적 배경의 설정에 관동대지진과 조선인학살사건이 관련되어 있음을 보여준다. 그러나 '1923년'의 의미를 생각할 때 1923년에 재일조선인에 대한 학살사건만이 아니라 동시에 조선인의 일본도항에 관한 규제가 철폐하는 이른바 '자유도항제도'가 처음으로 실시되었다는 것을 떠올릴 필요가 있다. 왜냐하면 김동련의 남편이 1923년 여름 돌연 일본행을 결심하는 장면은 나카지마가 '자유도항제도'를 소설세계를 구성하는 역사적 맥락으로 의식하고 있었음

---

[8] 예컨대 남부진(南富鎭)은 '작품의 부제는 1923년에 한정되어 묘사되고 있는 것이 아니라 나카지마의 조선에서의 모든 인식에 기반하고 있다'고 언급하여 '1923년'의 설정을 작자의 조선체험에 환원시켜 이해할 것을 주장하고 있다. 한편 모로오카는 1929년에 접어들어 과거 관동대지진 당시 활약했던 자경단이 '대일본연합청년단'으로 개편되면서 도쿄의 치안유지에 적극적으로 관여했던 동시대의 상황을 '1923년' 도입의 역사적 맥락으로 거론하고 있다. 諸岡知徳, 「中島敦「巡査の居る風景」論－「奴等」/「俺達」の物語－」, 『甲南大学紀要 文学 編』, 1989.

을 보여주기 때문이다.[9]

'자유도항제도'는 정확히 말하면 1922년 12월 15일부터 실시되었다. 이것은 3·1운동 직후 일본의 치안유지를 위해 조선총독부가 경무총감령 제3호로 공포했던 '조선인의 여행규제에 관한 건'[1919년 4월]을 계기로 도입된 '도항증명제도'의 폐지를 의미한다. 자유도항제도 실시의 배경에는 1920년 이후 다수의 조선인이 경제적인 목적으로 일본도항을 희망했다는 사정이 있다. 그러나 무엇보다도 자유도항제도의 실시가 '일시동인'의 이념과 '차별철폐'의 논리에 의해 뒷받침되고 있었다는 점이 중요하다.[10] 야마와키 게이조山脇啓造는 『근대 일본과 외국인노동자』에서 자유도항제도의 실시와 동화주의의 관계에 관해 다음과 같이 적고 있다.

조선이 일본의 식민지였기 때문에 조선인도 일본인과 같은 제국의 신민이라는 '일시동인'의 방침상, 그것이 비록 표면적인 것이었다 할지라도 그 방침에 따른 '정당'한 이유가 없다면 도항을 관리하는 것은 가능해도 제한을 두기는 곤란한 측면이 있었다. 그런 측면이 현저하게 나타난 것이 1922년 12월과

---

9   김동련 남편의 일본도항에 관한 내용은 다음과 같이 제시되어 있다. 김동련은 손님인 조선인 남성과의 대화 도중, 지진이 일어났을 때 남편이 일본에 있었느냐는 조선인 남성의 질문에 다음과 같이 대답한다. "그래, 여름에 장사하는 데 좀 볼일이 있다면서 친구랑 함께, 그것도 바로 돌아오겠다고 하고 도쿄에 갔던 거야…… 그런 뒤로 돌아오지 않은 거야."(60~61쪽)

10   주지하는 바와 같이 토지조사사업의 결과로 실업률이 급증한 가운데, 조선 내부에는 조선보다 상대적으로 임금 여건이 나은 일본으로 건너가기를 희망하는 사람이 증가하는 추세였다. 이런 사정을 반영하여 1922년에 『동아일보』는 '여행증명의 폐지를 주장한다'는 제목의 사설을 게재하기도 하였다. 이 사설은 일본인에게 허용된 여행의 자유가 조선인에게 인정되고 있지 않는 현실을 '차별'로서 지적하고 있는데, 실제로 조선총독부는 '자유도항제도'의 실시의 배경으로 '일시동인'에 입각한 '차별철폐'의 실현을 들고 있다.

1924년 6월에 실시된 도항증명제도의 폐지이다.[11]

1923년'에 '자유도항제도'와 '조선인학살사건'이 동시에 일어났다는 점에 주목해 본다면, 그 해는 조선인을 제국의 신민으로 인정한다는 논리와 식민지의 타자를 배척하는 일본인의 배외주의적 심성이 교차하는 시간으로서 새로운 의미가 부여된다.

그렇다면 나카지마는 왜 '1929년' 시점에서 이러한 '1923년'의 모순적 역사를 문제 삼았던 것일까? 여기서 중요한 것은 천황제 이데올로기가 제국의 본국과 식민지에서 이중적으로 작용했다는 점이다. 적어도 나카지마가 경험했던 조선에서의 천황제 이데올로기는 '일시동인'의 모습이었다. 그것은 표면적으로 조선인도 제국일본의 '신민'으로 간주하는 이른바 이민족 통합의 이데올로기로서 기능했다. 그러나 일본으로 돌아온 나카지마 앞에 나타난 천황은 식민지에서의 모습과는 달리 배외주의적 내셔널리즘의 문맥 안에서 존재하고 있었다. 예컨대 쇼와 천황의 즉위식이 있었던 1928년의 천황은 '단일민족론에 의거한 가족국가' 일본의 중심으로 표상되고 있었다.[12]

1928년 일본에서는 쇼와 천황의 즉위식에 앞서 3월 15일에 '국제파괴세력'에 대한 전국적인 검거사건이른바 3·15사건이 있었으며, 특히 즉위식을 앞두고는 외국인, 무엇보다 조선인들은 치안당국의 과도한 경계심의 표

---

11   山脇啓造,『近代日本と外国人労働者』, 明石書店, 1994, 271쪽.

12   쇼와 천황의 즉위식을 앞두고 전격적으로 실시된 좌익세력에 대한 대대적인 검거와 관련하여 당시 하라 법무상은 공식 성명서 속에서 '우리 대일본제국은 하나의 민족으로 조직되어, 위로는 황실을 중심으로 원만한 가족을 이루고 있다'고 말하고 있는데, 이것은 당시 일반적으로 통용되었던 단일민족론에 입각한 가족국가론의 전형적인 논법이라고 할 수 있다. 原法相「痛心の極み」,『大阪朝日新聞』, 1928. 4. 11.

적이었다. 당시 일본대중당의 아사하라 겐조浅原健三는 제국의회 발언을 쇼와천황의 즉위식을 앞둔 시점에서 치안당국이 보여준 재일조선인에 대한 태도에 관해 다음과 같이 증언하고 있다.

특히 조선인에 대한 단속은 말로 표현할 수 없을 정도이다. 시모노세키에서 도쿄로 들어오는 직통열차에 올라타서 거기에 조선인이 있다면 어떤 이유, 어떤 근거도 없으면서도, 극단적인 방법으로 제한했다는 것을 우리는 알고 있다. (…중략…) 혹은 화물의 검사, 숙소와 직업에 관한 심문 등 모든 방법을 이용해 어대전 시기 조선인의 입국을 저지하려 했다. (…중략…) 어대전 중에 조선인에 대한 태도는 조선인이라는 무슨 일을 저지를지도 모른다는 것을 전제로 하여 이루어졌다고 할 수 있습니다.[13]

그렇다면 나카지마가 '1929년'의 시점에서 '1923년'에 주목한 이유는 다음과 같이 설명할 수 있다. 1926년 일본으로 돌아온 나카지마가 1928년에 경험한 천황은, 앞서 언급한 것처럼 일본적 내셔널리즘의 상징, 달리 말하면 이민족을 배제하는 논리로 기능했던 억압적인 권력의 모습이었다. 반면 그가 약 6년간 생활했던 식민지 조선에서의 천황은 기본적으로 '일시동인'의 모습을 띤 이민족통합의 상징이었다. 즉, 일본열도과 조선반도 사이의 이동왕복을 통해 나카지마는 제국 속에서 천황의 정치적 의미가 중심부와 주변부에서 다른 형태로 발현되는 현실에 대한 자각에 이르렀다고 말할 수 있다. 이러한 인식 위에서 그는 '자유도항제도'와 '조선인학살사건'이 교차하는 '1923년'이라는 시간이 다민족 제국 속에서 천황

---

13 荻野富士夫, 『特高警察体制史—社会運動抑圧取締の構造と実態』, せきた書房, 2001.

이 띠고 있던 양면성을 하나의 거울처럼 비추고 있다는 것에 도달한 것이 아닐까? 결국 1928년의 경험에서 획득한 천황제의 모순적인 구조와 제국 역사 속에서 '1923년'이 갖는 정치적 의미의 유사성에서, 나카지마는 '1929년'의 시점에서 차별의 시선과 평등의 담론이 교차하는 식민지의 풍경을 '1923년'이라는 시간 속에 담아냈던 것이다.

5. 오리엔탈리즘에 대항하는 타자표상

나카지마 아쓰시가 「순사가 있는 풍경」에 재현한 세계는 단순히 차별이 가득한 식민지의 풍경은 아니었다. '조선인순사'와 '1923년'이라는 설정에 관한 분석을 통해 밝혔듯이, 그것은 차별의 구조와 함께 기능하는 동화주의의 모습이었으며, 달리 말하면 차별을 부정하면서 다른 한편으로 차별을 지속시키는 제국일본의 차별을 둘러싼 양면성이었다. 그리고 조선인이 조선인을 체포·억압하는 장면을 통해 식민지의 지배관계를 피식민자 간의 대립으로 대체시키는 기만이 도리어 피식민자들의 민족의식을 자극시키는 동화주의의 역설을 포착하고 있다.

다만 동화주의가 피식민자의 민족의식을 자극하는 역설을 주제화 하고 있는 이 소설의 결말에서 조교영이 보여주는 순사에 독립운동가로의 '전향'이 '현실'이 아니라 '상상' 혹은 '결심'의 방식으로 제시되고 있는 부분은 이러한 주제의식의 후퇴처럼 보이기도 한다. 왜냐하면 조교영의 이러한 전향은 결심과 가능성의 영역을 벗어나지 못하고 있을 뿐만 아니라 이후 그의 선택은 미결정의 상태로 남아있기 때문이다. 그러나 결론적으로 말하면 이러한 설정은 주제의 후퇴라기보다는 동화주의에 내재하는 타자인식에 대한 작자의 근본적인 비판의 귀결점으로서 이해된다.

조선인의 일본인화를 의미하는 제국일본의 동화주의는 눈앞에 존재하는 조선의 타자성을 부정적인 것으로 간주하고 그 위에서 그것을 미래에 소거하는 논리에 근거하고 있다. 그러한 논리를 지탱하는 전제란, 조선 혹은 조선인을 인식대상으로서 설정하고 그것에 대한 이해, 변형, 조작의 가능성을 확신하는 심적 태도일 것이다. 즉, 여기에서 조선이 띠고 있는 타자성은 이쪽＝제국의 계획에 의해 변형, 혹은 극복 가능한 대상에 지나지 않는 것이다. 이렇게 미래에 있어서 타자성의 소거가 기획되고 있다는 점에 주목한다면, 동화주의란 타자를 최종적으로 이쪽＝제국이 준비한 동일성 속으로 회수, 포섭하는 운동이라고 할 수 있다.

이렇게 차이로서 현전하는 타자를 제국＝식민자가 준비한 아이덴티티로 변형시키는 행위로서 간주한다면, 동화주의에 대한 비판적 담론도 그것이 조선의 미래에 관한 확정적인 발화로서 나타날 경우, 동화주의가 내포하는 타자성의 소거라는 문제에 공범적共犯的으로 관여하지 않을 수 없다.[14] 왜냐하면 거기에도 또한 피식민자의 미래를 식민자측이 마련한 구도 속으로 회수, 포섭하는 힘이 작동하고 있기 때문이다. 따라서 조교영의 '전향'을 확정적으로 기술하는 것은 그를 통해 표상되는 조선의 미래에 대한 점유 혹은 지배로 연결된다. 나카지마가 선택한 조교영의 미래에 관한 모호한 서술은, 이런 점에서 타자인 조선의 미래를 결정할 권리가 이쪽＝일본인에게 과연 존재하는가라는 질문과 밀접하게 관련되어 있다.

---

14 예를 들어 1920년대 일본의 사회주자들은 '민족'보다 '계급'을 우선시 하였고, 이러한 사고에 근거하여 일반적으로 민족주의에 입각한 조선의 독립운동을 부정적으로 평가하는 경향을 드러내고 있었다. 石坂浩一の, 『近代日本の社会主義と朝鮮』, 社会評論社, 1993.

나카지마의 동화주의에 대한 시선은 그것이 모순적인 운동 속에서 파탄에 이르는 이데올로기라는 것을 보여줌과 동시에 그것이 내포하는 타자의 미래에 대한 일방적인 점유라는 문제에까지 미치고 있다. 그렇기 때문에 그는 조교영의 미래에 단정적인 서술을 적용하는 것에 신중한 태도를 보인 것은 아닐까? 조교영의 모호한 미래는 그런 의미에서 주제의 후퇴가 아니라, 오히려 동화주의가 안고 있는 정치성에 대한 근본적인 비판이 가져온 필연적 결말로서 봐야할 것이다. 여기에 조선이라는 타자를 조작 가능한 인식대상으로서 간주한 동시대의 담론 — 그것이 식민지주의적이든 반식민지주의적이든 — 과 구분되는 나카지마의 조선인식의 고유한 위상을 확인하게 된다.

제2장
식민지 청년들의 이동과
'일본어 타이완문학'의 형성

1. 탁월한 모방자들

1930년대 일본문단에서 일어난 중요한 변화는 식민지 출신 작가들이 새로운 창작의 주체로 등장한 것이다. 그 시작은 식민지조선 출신 작가 장혁주의 등단이었다. 경북 벽촌의 저수지공사에 동원된 농민들의 비참한 삶과 그들의 저항을 그린 「아귀도餓鬼道」가 '개조사改造社'가 주관하는 1932년 제5회 '개조改造 현상'에 2등으로 당선된 것이다. 이후 장혁주는 잡지『개조』를 비롯해 여러 문예잡지에 자신의 창작물을 발표하며 일본문단 안에서 작가로서의 입지를 확고히 해갔다. 그리고 그의 '문학적 성공'은 그 자신에만 국한되지 않았다. 실제로 장혁주는 김사량을 일본문단에 소개하는 등 그 스스로 조선인 문학청년과 일본문단과 조선인 문학청년을 연결하는 역할을 담당하기도 하였다.

장혁주와 같은 이런 탁월한 '문학적 모방자'들의 출생지는 식민지 조선에 국한되지 않았다. 타이완 출신 작가지망생들도 꾸준히 일본문단의 문을 두드렸다. 그런 움직임은 먼저 일본어잡지의 창간으로 나타났다. 1933년 3월 당시 도쿄에 유학하고 있던 타이완청년들은 '타이완예

술연구회'를 결성하고 기관지로 일본어잡지 『포르모사*Formosa*』를 창간했다. 비록 창간의 목적이 일본문단의 진입을 목표로 한 것은 아니었지만, '타이완예술연구회' 자체는 일본의 프롤레타리아 문학운동과 연계되어 있었다. 그리고 이어서 장혁주의 등장에 자극을 받은 다수의 타이완 출신 작가지망생들도 일본문단에 모습을 드러냈다. 1934년 10월 일본의 문예잡지 『문학평론』에 양쿠이楊達, 1905~1985의 「신문배달부」라는 소설이 게재되었다. 이것은 일본에서 발간되는 문예잡지에 실린 최초의 타이완 출신 작가의 일본어 소설이었다. 이어서 1935년 1월호 『문학평론』에는 뤼허뤄呂赫若, 1914~1950의 소설 「소달구지牛車」가 실렸고, 드디어 1937년에는 장혁주의 일본문단 진입의 계기가 되었던 '개조 현상'에 룽잉쭝龍瑛宗, 1911~1999이 「파파야 마을パパイヤのある街」이라는 소설로 입선하기에 이르렀다.

당연하게도 이들의 등장은 식민지에서 동화정책의 일환으로 실시된 '일본어교육'이 없었다면 불가능했을 것이다. 뿐만 아니라 일본어 서적이 지속적으로 식민지로 유입되는 출판물 유통 환경의 변화도 일본어로 소설을 쓰는 식민지 출신 작가의 등장에 영향을 미쳤다.[1] 실제로 앞서 언급한 작가들은 예외 없이 식민지에서 실시되었던 일본어교육을 통해 일본어의 세계로 들어왔고, 일본에서 건너온 문학작품을 읽어가면서 작가로서의 꿈을 키워갔다. 또한 작가가 되기로 결심한 이후에는 일본의 작가들에게 인정받아 일본문단의 일원이 되기를 열망했다. 따라서 일본 내 잡지가 운영한 '현상제도'는 그들에게 일본문단 입회를 실현할 수 있는 유일

1　中根隆行, 『〈朝鮮〉表象の文化誌—近代日本と他者をめぐる知の植民地化』, 新曜社, 2004, 237~243쪽; 고영란, 「제국 일본의 출판시장 재편과 미디어 이벤트」, 『사이間 SAI』 제6호, 2009 등 참조.

하고 동시에 확실한 기회로 간주되었다.[2]

이들 타이완 출신 문학청년들은 새로운 문학을 언어로 일본어를 선택했고, 일본문단의 인정을 욕망했지만, 그렇다고 자신들의 문학을 '일본문학'의 일부로 삼으려고 하지는 않았다. 오히려 그들이 목표로 했던 것은 새로운 '타이완문학'이었다. 예를 들어 『포르모사』의 동인들은 '진정한 타이완 문예'의 확립을 내걸었고, 그것은 타이완인이 타이완의 특수한 사정을 그려낼 때 비로소 가능하다고 주장했다. 즉 그들은 문학의 주체와 내용에서 철저하게 '타이완적인 것'을 고수했고, 일본어는 타이완의 특수한 사정을 표현하기 위한 수단에 불과했다. 이들 뿐만 아니라 『문학평론』을 통해 등단한 뤼허러와 룽잉쭝 역시 일본어로 타이완의 현실을 드러낸다는 의식을 공유하고 있었다. 이들은 모두 일본인에 의해 자행되는 타이완인에 대한 '억압'과 '착취' 그리고 그로 인한 타이완인들의 '비참한 생활'을 그린다는 지향을 공유하고 있었다. 달리 말하면 타이완의 '절망적' 현실을 외부 세계에 알리기 위해 일본어로 쓴다는 의식을 갖고 있었다. 제국의 언어인 일본어에 대한 타이완 청년들의 수용적 태도는 타이완의 현실에 대한 비판적 인식과 대립하기는커녕 오히려 상호보완적 관계를 이루고 있었다.

이렇게 1930년대에 타이완 문단과 일본 문단을 횡단하는 형태로 '일본어 타이완문학'이라고 부를 만한 새로운 장르가 모습을 나타내고 있었

---

2 식민지 출신 작가들이 일본 문단에 나타난 현상을 제국일본이 식민지에서 실시한 일본어 교육의 '결과' 혹은 식민지 출신 작가들의 제국 문단에 대한 '동경'의 시각에서 분석한 연구로는 다음을 참고할 것. 南富鎭, 『文学の植民地主義―近代朝鮮の風景と記憶』, 世界思想社, 2006; 和泉司, 「憧れの「中央文壇」―一九三〇年代の「台湾文壇」形成と「中央文壇」志向」, 『文学年報 2 ポストコロニアルの地平』, 世織書房, 2005, 127~164쪽; 김계자, 『근대 일본문단과 식민지 조선』, 역락, 2015.

다. 그것은 타이완 청년들의 '월경적' 이동에서 비롯되었다는 점에서 어느 한 쪽의 상황만을 봐서는 전체상을 파악할 수 없다. 따라서 '일본어 타이완문학'의 출현 배경을 이해하려면 타이완 출신 작가들의 '동기'와 더불어 그들을 '발굴'한 일본의 문학자들과 일본 내 문단 저널리즘의 '전략'도 시야에 넣어야 한다. 달리 말하면 타이완 출신 작가들의 일본어문학이 현실화되기 위해서는 일본의 '중앙문단'을 향한 타이완 문학청년의 열망에 앞서 그들의 문학에 대한 관심과 그들의 문학을 평가하고 수용하는데 필요한 제도가 일본문단 쪽에 형성되어 있지 않으면 안 된다. 실제로 식민지 출신 작가들의 작품들이 대체로 '소재의 특이성'의 측면에서 평가받았다는데, 이는 '문학성'보다 '소재'를 중시하는 비평의 기준이 이미 일본문단 안에 기능하고 있었음을 의미한다. 따라서 1930년대 식민지 일본어문학의 출현 배경을 이해하려면 '진입하려는 쪽'과 '받아주는 측' 모두의 '전략'을 살펴보지 않으면 안 된다.

이 장에서는 1930년대 일본의 문단 저널리즘 안에서 식민지문학의 하위범주로서 '일본어 타이완문학'이 하나의 장르로 형성되는 과정을 살펴본다. 타이완 출신 작가들의 일본어 소설을 매개로 식민지 출신 작가들의 의도와 일본문단의 상황, 양쪽 모두를 분석의 시야에 넣고 논의를 전개하고자 한다. 분석과 논의는 다음과 같은 질문들을 중심으로 이루어진다. 첫째, 1930년대 타이완 출신 작가들의 일부가 일본어 창작과 일본문단의 진입을 '자발적'으로 선택한 이유는 무엇인가. 둘째, '일본어 타이완문학'을 추구했던 타이완의 문학청년들은 '타이완적인 것'과 '일본어'의 결합을 어떻게 정당화했는가. 셋째, 이 시기에 일본의 문단 저널리즘 안에서 '문학성'보다 '소재의 특이성'을 중시하는 비평 기준이 특별히 강조된 이유는 무엇인가.

2. 왜 일본어인가?

1933년 3월 왕바이위안王白淵, 1902~1965, 우쿤황吳坤煌, 장원환張文環, 1909~1978, 우융푸巫永福, 1913~2008 등 도쿄에 유학하고 있던 타이완 청년들은 '진실로 타이완인이 필요로 하는 신문예'의 확립을 주장하며 '타이완예술연구회'[3]를 결성했다. 이 '타이완예술연구회'는 일본프롤레타리아문화연맹과 연계되어 있던 '타이완문화서클'을 일종의 합법적 형태 재건한 조직이었다. 『포르모사』는 타이완의 '신문예'의 확립을 내걸었던 '타이완예술연구회'의 기관지로 1933년 7월 창간되었다. 제2호는 1933년 12월, 제3호는 1934년 6월에 발행되었는데, 발행자금의 문제로 결국 제3호를 끝으로 폐간되었다.

이들 동인들이 표방한 『포르모사』의 창간의 목적은 "진정한 타이완순문예를 창작"하는 것이다. 그렇다면 이들 『포르모사』의 동인들이 주장했던 '진정한 타이완순문예'의 조건은 무엇인가? 예를 들어 동인의 한 사람인 양싱둥楊行東은 창간호에 실린 「타이완문학계에 대한 대망」에서 무엇보다 새로운 타이완문예는 내용상으로 타이완의 '특수사정'을 표현한 것이어야 한다고, 그는 말한다. 즉 "타이완문예!! 그것은 무엇보다 타이완이라는 특수한 존재로부터 자연스럽게 나오는 표현이며, 지금 우리 타이완의 문화창조에 공헌할 수 있는 정신력이 있는 문학이자 문예이지 않으면안 된다."[4]

여기에 그는 새로운 타이완문예는 타이완인에 의해 표현되어야 한다고 덧붙인다. 따라서 "타이완을 배경으로 하는 걸출한 문예"라 하더라도

---

3   台湾総督府警察局, 「台湾社会運動史」, 『台湾総督府警察沿革誌』, 第二編中卷, 1937, 58쪽.
4   楊行東, 「台湾文芸界への待望」, 『フォルモサ』, 創刊号, 1933, 16쪽.

그것이 "타인"에 의한 것이라면 타이완문예에 포함될 수 없다. 양싱둥에게 "진정으로 철저한 의미의 타이완문예"는 "타이완이라는 존재 속에서 부단히 노력하는 삶을 이어온 자의, 자기 모습의 관조에, 울고, 웃고, 떠드는 그 끊이지 않는 외침 속에서만" 가능한 것으로 간주된다.[5]

이렇게 양싱둥이 전망하는 타이완문예는 '주체'와 '대상'을 철저히 '타이완적인 것'에 귀속시킴으로써 성립하는 것이었다. 그러나 예외적으로 타이완문예의 '언어'에 관해서는 이런 방칙이 적용되지 않았다. 양싱둥은 새로운 타이완문예의 표현수단은 일본어가 되어야 한다고 주장한다.

> 화문일본어, 필자주의 문예적 표현! 이것은 우리들이 장래에 가장 크게 활약할 유일한 무기이다. 특수사정 아래 있는 타이완, 그 문예도 또한 여기에 비로소 위대한 저작, 창작이 나타날 것이다. 현재 아직 모방적인 것에 지나지 않는 감이 없지는 않지만, 이미 상당한 성적과 활약을 보고 있다. 아니 장래에 진정한 문예적 분야는 아마 이 권내에만 속할지도 모른다. 우리들은 여기에 화문의 철저한 이해와 창작을 위한 충분한 발명이 있을 것을 필연적이라고 기대해 마지 않는다.[6]

양싱둥의 주장이 보여주는 것처럼, 『포르모사』의 동인들은 새로운 타이완문예가 그 내용에서는 '타이완의 특수사정'을 다루고, '타이완인'에 의해 쓰여야 한다고 말하면서, 문학언어는 타이완 내부에 존재하는 한문, 백화문, 타이완화문이 아니라 지배자의 언어인 '일본어'를 상정했다. 달리 말하면 그들은 식민지의 '민족문학'을 제국의 언어적 토대 위해 세우

---

5 楊行東, 앞의 글, 16쪽.
6 楊行東, 앞의 글, 21쪽.

려 했다고 할 수 있다. 당시 '타이완문학'이 '향토문학'을 의미했던 사정을 감안하면, 이들의 민족문학관은 '이례적'이라 말하지 않을 수 없다.[7]

이렇게 '이례적'이고 '일탈적'인 민족문학 인식은 『포르모사』의 동인들이 일본어와 맺고 있었던 세대적 체험과 무관하지 않다. 앞서 언급했듯이 동인들은 예외 없이 일본에 유학 중인 학생들이었다.[8] 물론 그 배경에는 1920년대에 들어와 '타이완교육령'의 발포를 계기로 타이완의 학교교육에서 일본어학습이 강화되었던 사정이 놓여있다. 그리고 이러한 세대적 경험은 그들에게 일본어로 창작 및 평론의 집필이 가능한 상당한 정도의 일본어 구사 능력을 제공했다.

『포르모사』의 동인들이 '타이완신문예'의 언어를 일본어로 할 것을 주장한 배경에는 사회주의 이념의 영향이 낳은 일종의 '국제주의'에 대한 신념도 영향을 미치고 있었다. 이것은 왜 일본어로 써야 하는가에 대한 '정치적' 이유라고 할 수 있다. 그런데 이것은 일본어 창작이 가져다줄 '문학적' 성과에 대한 기대감과는 구분할 필요가 있다. 그렇다면 이들이 일본어 창작의 정당성을 위해 거론한 '문학적' 이유는 무엇이었을까?

예를 들어 양싱둥은 같은 글에서 일본어 창작이 필요한 '문학적' 근거를 다음과 같이 제시한다. 우선 그는 일본어가 "살아있고 첨단화하는 현대적 감정을 표현하는 데" 적합하다는 점에서 일본어 창작의 필요성을

---

7   1930년부터 1934년 사이에 앞으로의 타이완문학이 그려야 할 내용과 문학언어를 둘러싸고 일대 논쟁이 벌어졌는데, 이를 '향토문학논쟁'이라 부른다. 이 논쟁이 향토문학논쟁으로 불린 것은 일차적으로 논쟁을 촉발시킨 황스후이의 글의 제목이 「왜 향토문학을 제창하지 않는가」였던 것에 기인한다. 이 논쟁의 양상에 관해서는 다음 문헌을 참조할 것. 최말순 편, 『타이완의 근대문학』1, 소명출판, 2013, 354~363쪽.

8   왕바이위안(王白淵)은 도쿄미술학교사범과 출신이었고, 우쿤황(吳坤煌)과 장원환(張文環)은 각각 메이지대학과 도요대학(東洋大学)에 재학 중에 있었다. 그리고 우용푸도 메이지대학 재학생이었다.

주장하고 있다. 반면 한문은 "점차 실생활에서 멀어져 불편해진 까닭에, 현대인에게 호소하기가 어렵게" 되었고, 백화문은 "자구字句의 성립과 특수한 용자법에 결점이 없지 않다"고 지적한다. 타이완화문에 대해서도 그는 그것에 의한 표현이 "비교적 민중적"이지만 "훌륭한 문학적 저술이 나타나지 않고" 있다고 지적하며, "민중의 반려자인 문자가 이렇게 문예적으로 활발하지 못하다는 사실 하나만으로도 현재 타이완문학계의 실망스런 소식을 감수해야만"[9] 한다고 꼬집고 있다. 즉, 한문, 백화문, 타이완화문은 근대적 문학에 요구되는 인물의 '현대적 심리 묘사'를 실현하는 데 적합하지 않다는 것이다.

양싱둥은 일본어가 문학의 언어로서 '우월한' 또 다른 이유로 거론한 것은 일본어 작품이 보다 많은 사람들에게 읽힐 수 있다는 점이다. 예를 들면 타이완문예가 "타이완적 특색 아래 그 모습을 발전시켜 나갈 것"을 바라지만 동시에 "타이완이라는 작은 지역 안에 머물고 싶지 않다"는 그의 주장에서 더 많은 독자에 대한 그의 관심을 확인할 수 있다. 그는 일본어는 점차 '대중화'될 것이며, 일본어문학은 보다 많은 독자들에게 읽힐 수 있는 기회를 제공할 것이라고 생각했다. 이에 대해 중국의 백화문은 "본도타이완섬, 필자주의 인텔리 정도"가 이해할 수 있을 정도로 그 "활동의 범위"가 제한적이고,[10] 타이완화문은 중국의 백화문보다 "민중적"이지만 그 범위가 역시 타이완에 국한되고 있다[11]는 점에서 한계가 있다고 지적하고 있다. 어떤 언어가 보다 많은 독자층을 확보하는 데 유리한가라는 기준이 그의 문학언어 선택에 영향을 주고 있음을 확인할 수 있다.

---

9   楊行東, 앞의 글, 20쪽.
10   楊行東, 앞의 글, 21쪽.
11   楊行東, 앞의 글, 21쪽.

한편 「신문배달부」로 일본문단에 등장했던 양쿠이의 일본어 창작에 대한 생각은 좀 더 복잡하다. 그는 '향토문학논쟁'에 직접 참여하지는 않았지만, 문학의 언어를 둘러싼 논쟁의 배경에는 복수의 말이 착종하는 타이완의 언어 환경이 있음을 분명하게 깨닫고 있었다. 그리고 바로 그런 이유로 타이완인의 일부는 언어 상의 정체성에서 일종의 '분열증'을 겪을 수 있다고 보았다. 당시 타이완 출신 작가들이 안고 있었던 언어적 고민을 양쿠이는 다음과 같이 표현하고 있다.

　　타이완 주민은 본래 거의 한족이기 때문에 문학 방면에서는 대륙의 식민지였다. 그러나 일본 제국주의가 타이완을 접수한 후 점차 한문 교육을 금지하고, 초중급 교육에서 일본어를 강제적으로 사용하게 하여 언어적인 기형아가 만들어졌다.[12]

달리 말하면 양쿠이는 그 자신이 다름 아닌 '언어적인 기형아'라는 의식을 갖고 있었던 것 같다. 하지만 이런 굴절된 의식이 근대문학의 언어에 대한 그의 사고를 심화시키는 방향으로 나아간 것 같지는 않다. 왜냐하면 그가 타이완문단에 발휘한 영향력이란 역설적으로 일본어소설을 일본의 문예잡지에 발표하고 일본문단으로부터 '인정'을 받았다는 사실에 의존하고 있었기 때문이다. 그에게 일본어와 일본문단의 '지적 권위'는 새로운 타이완문학을 생각함에 있어서 확고한 것이었다. 그것은 아래와 같은 그의 발언에서 엿볼 수 있다. 여기서 양쿠이는 타이완문단의 '현재'와 '진로'를 이해하기 위해서는 일본문단의 동향을 주시해야 한다는

12　楊達, 『台湾の文学運動』, 1935; 최말순 편, 앞의 책, 364쪽에서 재인용.

식으로 문학언어로서 일본어의 중요성을 우회적으로 표현하고 있다.

현재 우리 타이완문단은 중국문단보다도 일본문단과의 관계가 보다 긴밀하다. 우리 타이완문단을 알기 위해서는 우선 일본문단을 알지 않으면 안 된다. 우리들의 진로를 정하기 위해서는 우선 일본문단의 동향을 주시하지 않으면 안 된다. 물론 일본문단을 주시하는 것은 일본문단에 편승하기 위함이 아니다. (…중략…) 우리들의 창작은 아직 상품이 아니다. 우리들이 진실로 우리들의 생각을 철저히 하고, 우리들의 창작활동의 기초를 튼튼히 할 수 있는 것은 바로 지금이다.[13]

양쿠이는 일본문단을 주시하는 것이 그것에 '편승'하기 위함이 아니라 '타이완문학의 기초를 튼튼히' 하기 위함이라고 말하고 있지만, 여기에서 일본어와 일본문단의 '권위'를 인정하고 거기에 스스로를 '종속'시키는 태도를 읽어내기란 그다지 어렵지 않다. 실제로 여러 선행하는 연구들이 지적한 것처럼 양쿠이를 비롯한 타이완 출신 작가들의 일본어 창작을 추동한 것은 '일본문단'을 향한 강렬한 '동경'과 그 일원이 되고 싶다는 '욕망'이었다.[14] 예를 들어 『포르모사』의 동인인 우쿤황은 『포르모사』의 후속지로 창간된 『타이완문예』의 좌담회[1935.4]에서 '장혁주의 등단'을 언급하며 타이완 출신 작가들의 일본문단, 즉 "중앙문단" 진출을 독려하는 발언을 남기고 있다.

최근 정치경제의 급진에 따라 지금까지 관심 밖에 놓였던 타이완의 문화에

---

13   楊逵, 「芸術は大衆のものである」, 『台湾文芸』, 1935.2.
14   和泉司, 앞의 글, 141~142쪽.

주목하는 자가 늘어나고 있고, 그와 동반되어 타이완의 문예도 점차 진보의 경향을 보이고 있다. (…중략…) 타이완의 문예기관이 우후죽순처럼 일어나고 있다. 타이완의 정서를 표방하는 작품도 내지의 잡지에 진출해 중앙문단에 모습을 드러내고 있으며, (…중략…) 일본의 문단수준에 육박해 가고 있다. 또 여러 숨은 동지들은 문예춘추와 개조의 아성을 노리고 있다. 모두가 열심히 분투 노력하고 있기 때문에 가까운 장래에 조선의 장혁주와 같은 작가가 그 속에서 산출되리라 확신한다.[15]

이 좌담회는 양쿠이와 뤼허뤄가 『문학평론』을 통해 등단한 이후에 이루어졌다. 하지만 '현상'에 정식으로 입선한 사례가 없음을 의식하여, 우쿤황은 장혁주와 같은 작가가 곧 나오리라는 기대를 드러낸다. 실제로 이런 기대는 1937년 룽잉쭝의 '개조현상' 입선으로 실현되었다. 여기서 타이완 작가들에게 장혁주의 등단은 자신들도 '현상창작'에 입선할 수 있는 가능성의 증표이면서, 동시에 타이완 문단과 '중앙 = 일본문단'의 '거리'를 가늠하는 일종의 기준으로 작용하고 있음을 확인할 수 있다. 이처럼 장혁주라는 존재를 1930년대를 통해 식민지조선의 작가지망생 뿐만 아니라 타이완의 문학청년에게도 유의미한 '성공사례'로 인식되고 있었다.

그런데 장혁주도 '더 많은 독자'에게 읽히는 문학을 자신의 일본어 창작의 동기로 고백하고 있었다. 예를 들어 1932년 '개조 현상'에 당선된 일본어 소설 「아귀도」의 창작동기를 밝히고 있는 다음과 같은 구절에서 확인할 수 있다.

---

15 和泉司, 앞의 글, 142쪽 재인용.

조선민족 만큼 비참한 민족은 세계에 없을 것이다. (…중략…) 나는 이 실상을 어떻게든 세계에 호소하고 싶다. 그러기에는 조선어로는 범위가 협소하다. 일본어는 그 점, 외국어로 번역될 기회가 많기 때문에, 어떻게 해서든 일본문단으로 진출하지 않으면 안 된다고 생각했습니다.[16]

장혁주는 「아귀도」가 더 많은 사람들에게 조선의 '비참한 사정'을 알리고 싶었다는 동기에서 쓰였다고 설명하고 있다. 일본의 독자들에게 읽힐 수 있고 나아가 다른 외국어로의 번역이 상대적으로 용이한 '일본어'의 선택은 불가피했다는 주장이다. 나아가 장혁주는 일본어가 조선이라는 '지역지방'을 '(보편적) 세계'와 연결시키는 매개가 된다고 말하고 있는데, 흥미로운 것은 양싱둥도 유사한 생각을 하고 있었다는 점이다. 예를 들어 양싱둥도 일본어에 의한 타이완문학의 확립을 주장하는 글에서 일본어 창작이 "타이완적 문예를 국민적 문예로 만들고 나아가 세계적 문예로까지 올라"서게 할 것이라는 말했다. 장혁주와 마찬가지로 그에게 일본어는 단순히 예술을 예술답게 만드는 언어가 아니라 타이완이라는 '국부적인 지방'을 '보편적인 세계'와 연결시키는 회로로 인식되었다. 이렇게 식민지 출신의 작가들에게 일본어는 근대적 문학만이 아니라 '세계문학'으로 나아가는 '창'과 같은 것이었다.

---

16 保高德蔵, 「日本で活躍した二人の作家」, 『民主朝鮮』 1946年7月号.

3. '혼종성'이라는 아이덴티티 우융푸의 소설 「머리와 몸」

여기에서는 '일본어 타이완문학'의 구체적 면모를 살펴보기 위해 소설 「머리와 몸」을 분석해 보고자 한다. 이 소설은 우융푸의 처녀작으로 『포르모사』 창간호에 발표되었다. 「머리와 몸」의 작중세계는 화자인 '나'의 '독백'을 중심으로 이루어져 있다. 내용은 다음과 같다.

친구 S와 술을 먹은 '나'는 다음 날 S와 함께 학교로 향한다. 학교로 가는 도중 계행사偕行社의 외벽에 붙어있는 사자머리 모양의 분수구가 나의 눈에 들어온다. 나는 사자로 변하는 여러자신의 모습을 상상하면서 S와 도쿄좌東京座의 연극체홉의 「벚꽃 정원」에 관해 이야기를 나눈다. 방과 후, 연극을 보기에 앞서 히비야공원 으로 나온 두 사람은 미마쓰美松라는 백화점에서 시간을 보내고 있었는데, 갑자기 S가 어떤 설명도 없이 그곳을 나가버린다. 공원화장실에 갔다온 나는 화장실앞 수도에 부딪친다. '나'의 눈에 들어온 수도는 양의 머리 모양을 하고 있었다. 나는 오늘 목격한 두 개의 출수구出水口가 '평화로운 양과 사나운 사자의 머리'였다는 것에 묘한 감상을 떠올린다. 그 이유는 나의 눈에 비친 S는 '머리와 몸'의 문제로 고민하고 있는 것처럼 보였기 때문이다. S는 머리로는 계속 도쿄에 머물기를 원했지만, 고향에 있는 그의 부모는 결혼문제로 그의 귀향, 즉 몸을 요구하고 있었다. '머리와 몸'이 대립하는 상황에 처한 S의 처지에 나는 깊은 동정을 느낀다. 그 순간 나는 미마쓰에서 보았던 여자의 사진을 떠올리며, 그것이 S의 애인과 무척 닮았다고 생각하며 앞서 말없이 공원을 벗어났던 S의 행동을 이해하게 된다. 연극 관람을 마치고 나오자 S는 갑자기 귀향할 결심을 나에게 털어 놓는다. 그리고 돌아오는 길에 두 사람은 진보초神保町에 들른다. 나는 S에게 자신의 환상을 말하는데, 그 순간 '사자의 머리를 한 양의 몸, 사자의 몸에 양의 머리를 단 두 마리의 괴수가 가속도로 달려와 맹렬한 기세로 충돌하고', '승부가 나지않은 채로 스핑크스가 나타나'는 광경을 상상한다. 그 순간 나는 '이것이 인간이라는 것일까'라고 생각한다. 두 사람은 송별의 의미로 카페에 들어갈까 생각한다.

이렇게 소설은 상징적 표현과 환상에 관한 묘사가 특징적이다. 『포르모사』가 프롤레타리아문학과 깊은 연계를 갖고 있었다는 점을 생각할 때 이색적인 작품처럼 보이기도 한다. 발표 당시의 반응을 보여주는 자료는 아직 알려진 것이 없지만, 이 소설은 1990년 「首與體」라는 제목으로 중국어 번역본이 출판되면서 주목을 받아 지금은 타이완 문학사의 중요한 작품의 하나로 간주되고 있다.[17]

이 소설은 이른바 '유학생소설', 즉 고향과 도시 사이에서 아이덴티티의 혼란과 분열을 경험하는 유학생의 내면을 다룬 소설이라는 관점에서 주로 해석되고 있다. 예를들어 천팡밍陳芳明은 「머리와 몸」의 주제를 도쿄에서 유학하는 타이완 청년이 겪는 내적 모순이라고 언급하며, 그것은 도쿄의 현대생활이 주는 유혹에 그 원인이 있다고 지적하고 있다. "이는 역사와 가치 사이의 심각한 충돌이다. 고향이라는 역사적 경험은 본래 지식인의 성장과정에서 분리해 낼 수 없는 것으로 원초적인 인격의 기초가 된다. 하지만 근대화된 가치관념은 그의 역사적 경험에 냉정한 충격을 가한다. 소설 속의 청년들이 도쿄에 남기를 고집한다면, 자신의 역사기억은 분열되지 않을 수 없다. 다시 말해 그의 '머리', 곧 사상과 그의 '몸', 즉 행동에 분열이 발생하게 된 것이다. 이러한 이중 인격에 대해 소설은 '사자의 머리와 양의 몸을 가진 그리고 사자의 몸과 양의 머리를 가진' 두 마리

---

17 吳亦昕, 「帝都東京をさまよう曖昧な「日本人」」, 『文学研究論集』, 2006, 145쪽.

의 괴물 형상을 통해 지식인이 처한 곤경을 생생하게 그려내고 있는 것이다.[18] 첸지안충陳建忠도 또한 이 소설을 '낙후된' 고향타이완과 '자유로운' 도시도쿄 사이에서 유학생이 겪는 아이덴티티의 문제로 파악하고 있다. 즉 "도쿄에서의 유학생활은 진보와 개방의 가능성을 의미한다. 한편 연애, 결혼의 자유조차 허용되지 않는 고향타이완은 폐쇄적, 후진적인 장소로 간주되고 있기 때문에 자유, 이성을 동경하는 유학생들이 얼마나 '머리'와 '몸'의 괴리에 괴로워하면서 타이완인으로서의 아이덴티티 문제에 곤혹스러움을 느꼈는지 이해할 수 있다"[19]고 말하고있다

이렇게 선행연구는 공통적으로 이 소설을 '고향타이완'과 '도시일본' 사이에서 방황하는 유학생의 내적 갈등 = 분열의 심리를 다룬 것으로 파악하고 있다. 그런데 주의할 점은 이 소설이 유학생의 분열된 심리를 강조하는 것으로 끝나고 있지 않다는 점이다. 결론적으로 말하면, 이 소설은 내적 분열을 하나의 '아이덴티티'로 재해석하고 있다. 그것은 '두 마리의 괴물'이 충돌한 후 '스핑크스'가 출현하는 다음과 같은 장면에서 엿볼 수 있다.

나는 스핑크스를 생각했다. 왜 스핑크스였는가 하면, 스핑크스는 과거 어느 왕에 의해 수수께끼 같은 주문에 걸렸다. 그러자 두 마리의 동물이 하나가 되어 무엇인지 알 수 없는 동체가 양극단에 사자와 양의 머리를 붙이고 있다. 이것이 인간이라는 것이 아닐까?『포르모사』, 66쪽

---

18 陳芳明, 최말순 편, 「30년대 타이완작가의 근대성 추구와 저항」, 『타이완의 근대문학』 2, 소명출판, 2013, 344~345쪽에서 재인용.

19 陳建忠, 「困惑者－巫永福小說〈首與體〉中的留學生形象」, 吳亦昕, 앞의 글, 145쪽에서 재인용.

이 소설이 '사자의 머리를 한 양과 양의 머리를 한 사자'의 충돌로 끝났다면, 선행연구가 말하는 것처럼 이 소설의 주제는 유학생 청년의 내적 '분열'로 간주해도 무방할 것이다. 그런데 이 충돌에 이어서 양극단에 사자와 양의 머리를 한 스핑크스가 나타난다. 즉 충돌은 새로운 존재를 낳고 있다는 점이 중요하다. 분열은 새로운 존재의 '자기동일성'으로 수렴되고 있는 것이다. 나아가 그것을 작자는 '인간'이라는 존재에 대응시킨다. 결국 분열은 타이완 청년에 국한된 '특수한' 경험이 아니라, 인간이라는 존재에게 적용되는 '보편적'인 것으로 간주되고 있다.

이런 논의들과 달리 주인공들의 내적 분열에서 '혼종적 주체'를 이끌어내고 있는 우위신吳亦昕의 분석은 주목을 끈다. 그녀는 스핑크스의 존재가 "자아의 분열을 나타낸다기보다는, 조화이자 부조화, 적합이자 부적합이라는 혼합된 것을 나타내고 있"다고 지적하며, "이러한 수수께끼 같은 주문이 걸린" 스핑크스는 '나'가 자기 속의 '타자성'을 승인하는 가운데 '이종혼효적 신체'를 받아들임으로써 '도시'도 '고향'도 초월한 새로운 '내셔널 아이덴티티'를 창출하려는 시도를 상징적으로 보여주는 존재[20]로 해석하고 있다. 뿐만 아니라 우위신은 이러한 혼종적 주체에서 식민지 민족문화를 일본식으로 '단일화'하려는 제국일본의 문화지배에 대한 저항을 읽어내고 있기도 하다. 즉, 우융푸의 작품은 "언어와 문화의 다양성을 억압함으로써 제국일본이 추구하는 문화공간의 일원화에 숨겨진 정치적 의도, 즉 종주국에 의한 식민지 지배를 음화적陰畵的으로 폭로하고 있는 저항의 문예였다"[21]고 자리매김한다. 실제로 우융푸는 타이완의 아이덴티티가 민족적, 문화적 '혼종성'에 있다고 생각하고 있었다. 그는 「나의 창작문

---

20 吳亦昕, 앞의 글, 141쪽.
21 吳亦昕, 앞의 글, 139쪽.

제」라는 글에서 타이완문학의 창작언어에 관해 다음과 같이 말하고 있다.

> 타이완인은 원주민生蕃人을 어떻게 교화·감화했던가? 다른 문명이었던 일본
> 문화를 우리들은 어떻게 변형시켰던가? 나아가 일본문화와 더불어 서양문화
> 는 우리들에게 어떤 것을 가져왔던가? 그리고 우리들이 갖고 있는 재래의 모
> 습은 이러한 변화 이후의 모습과 어떻게 어울렸던가? 여기에 일찍이 우리들이
> 모국이라 불렀던 중화민국의 움직임이 타이완인에게 미친 영향은 어떠한 것
> 이었으며, 어느 정도였던가? 그리고 타이완의 풍토기후는 어떻게 본질적으로
> 분포적인 유리함과 불리함을 우리들 타이완인에게 안겨주었는가? 이렇게 우
> 리들은 생각하지 않으면 안 된다. 우리들 타이완인은 이러한 제 상태에 순응하
> 기 위한 기질과 성격을 갖추고 있다는 것을. 우리들의 활동형식, 습관, 언어, 우
> 리들의 능력, 우리들의 식물과 호흡은 항상 외적인 인상을 받으며 반복되고 있
> 다. 즉 우리들은 유전적인 제 성향과 동시에 뿌리깊은 후천성을 갖고 있다는
> 점을 생각하지 않으면 안 된다. 우리들의 언어는 지금은 본도어本島語＝타이완어와
> 일본어와 지나어중국어의 착종이다. 우리들의 시대와 환경, 그리고 우리들이 타
> 이완인이기 때문에 이러한 상황에 처하게 되었다. 우리들은 유의하지 않으면
> 안 된다. 우리들은 이 모든 영향 아래 있다는 것을. 우리들은 타이완인처럼 행
> 동하고 감각하고 있다. 이것은 자연스러운 것이다. 이것은 크게 주의할 필요가
> 있다. 이 이론에서 파생될 때 우리들은 향토문학을 갖게된다.[22]

그런데 여기서 주의할 점은 이 소설에서 혼종성이 제국의 수도 속에서
살아가는 타이완 청년들에게만 관련되고 있지 않다는 사실이다. '나'와 S

---

22   巫永福,「吾々の創作問題」,『台湾文芸』, 創刊号, 1934, 54~55쪽.

가 제국의 심장부인 도쿄에 거주하고 있다는 설정은 그 자체가 식민지 출신에 의해 도쿄가 민족적으로 그리고 문화적으로 혼종적 도시가 되었음을 간접적으로 드러낸다. 그런 점에서 혼종성은 타이완의 주체성만이 아니라 제국의 수도에서 펼쳐지고 있는 광경을 설명하는 개념이기도 하다. 제도帝都 도쿄의 형성은 "로컬한 장소에 있었던 신체가 집합하는 과정, 그리고 그런 사람들이 도시의 미디어와 소비공간의 편성 속에서 도회적인 것을 소비하는 '도쿄인'으로서 제2차적인 아이덴티티를 무의식 속에 신체화하는 과정"[23]을 통해 이루어졌다는 요시미 슌야의 설명은 제국화와 대중사회화가 교차하며 전개되었던 도쿄의 변용을 적절하게 포착하고 있다. 분명 혼종적 주체의 설정은 제국의 로컬 공간을 종주국의 문화로 획일화하는 문화지배에 대한 '저항'으로 읽을 수 있다. 하지만 혼종적 주체 자체가 제국 그 자체의 질서로부터 형성되었다는 점에서 거기서 나타나는 저항은 보다 신중하게 정의될 필요가 있다. 예를 들어 혼종적 저항을 다음과 같이 정의하는 호미 바바의 말은 경청할 필요가 있다.

저항은 반드시 정치적 의도를 지닌 적대적 행위는 아니며, 차이로서 지각되었던 다른 문화의 '내용'에 대한 단순한 부정이나 배제도 아니다. 저항이란, 지배담론이 문화적 차이의 기호들을 분절하고 식민지 권력의 예속적 관계들위계질서, 규범화, 주변화 등 내부에 그 기호들을 재연루시킬 때, 지배담론의 인식의 규칙들 내부에서 생산되는 양가성의 효과이다. 왜냐하면 식민지적 지배는 역사적, 정치적 진화론의 목적론적 서사 속에 지배의 동일성의 권위를 보존하기 위해 '왜곡'으로서의 간섭과 탈구된 현존의 혼란을 부정하는, 부인의 과정을 통해 성취

23　吉見俊哉, 「グローバルシティの変貌」, 現代思想, 2000.10, 56쪽.

되기 때문이다.[24]

여기에 역사적으로 '양가성'과 '문화적 혼종성'은 민중의 것이 아니라, 부르주아 식민지인의 전유물이며 식민지 당국은 이러한 분리통치를 통해 식민권력을 유지했다는 점을 덧붙여도 좋을 것 같다. 많은 경우 '문화적 혼종성'은 식민자와 비교적 접촉이 많고 식민지 교육을 받은 식민지 엘리트의 주장이었다는 점을 떠올릴 필요가 있다. 결국 '동일성에 대한 저항'은 여러 가능한 저항 가운데 하나에 불과한 것이라 할 수 있다. 권력이 지배를 행사하는 지점에서 저항이 발생하고 그 지배가 분절화되어 있다면 저항의 지점들을 세분화하고 다양화하는 작업들이 필요한 것이다.[25]

이런 점에서 이 소설은 좀 더 비판적으로 분석될 여지가 있다. 이때 다음과 같은 두 가지 점을 염두해 둘 필요가 있다. 첫째, 소설이 인물과 공간의 혼종성을 통해 동일화를 강요하는 제국의 지배에 저항적으로 기능할 수 있음을 인정하더라도, 역설적으로 이런 의도가 제국의 언어인 일본어로 표상되고 있다는 점은 이 소설이 내장한 본원적인 역설을 드러낸다는 점이다. 달리 말하면 텍스트는 혼종적 주체를 설정했으나, 그것을 일본어로 획일화된 표상공간에 존재시키고 있다는 비판을 피해가기는 어려워 보인다. 둘째, 이 소설에서 저항을 인정하기에는 소설 속의 일본과 타이완의 표상은 일종의 '오리엔탈리즘'의 시선을 답습하고 있다. 그들의 고향인 타이완은 무엇보다 '모더니티'를 결여한 공간으로 도쿄와 구별되고 있다.[26] 소설은 식민지와 종주국을 '선진과 후진', '자유와 진보'와 같은

---

24   호미 바바, 나병철 역, 『문화의 위치−탈식민주의문화이론』, 소명출판, 2002, 223~224쪽.
25   윤대석, 『식민지국민문학론』, 역락, 2006, 75~76쪽.
26   朱惠足, 「식민지 타이완문학에서 '고향'의 계보」, 한국문학연구31집, 2006, 51쪽.

서열적 관계로 표상하는 관습을 그대로 답습하고 있다. 그렇다면 이 소설의 본질적 분열은 '나'와 S의 내적 갈등이 아니라, 내용의 혼종성과 표상의 획일성 간의 어긋남에서 찾아야 하지 않을까?

4. 문단 저널리즘이라는 권력

1930년대 식민지 출신 작가들의 '월경적' 활동을 조망할 때, 1932년 장혁주의 '개조 현상' 입선은 식민지 작가들의 일본어문학, 즉 '식민지 일본어문학'의 출현을 알리는 신호탄이었다. 이후 장혁주의 '성공'에 자극받고 고무된 식민지의 문학청년들은 일본의 문예잡지가 시행하는 '현상제도'에 도전했다. 그 와중에 식민지 타이완도 '현상' 입상자를 배출하게 되는데, 그 주인공이 바로 양쿠이였다.

양쿠이는 「신문배달부」라는 소설로 1934년 『문학평론』이 주관하는 '현상'에 2등으로 당선된다. 가난 때문에 고향 타이완을 떠나 일본에 건너온 '나'의 가혹한 도쿄 생활을 그리고 있는 이 소설은, '나'가 신문보급소에 취직하지만 점주의 부당한 처사로 임금도 받지 못한 채 해고당한 후, 일본인 동료의 조언과 후원 속에서 노동자로서의 권리를 자각해 간다는 이야기이다. 점주로 상징되는 악덕 자본가에 맞서 타이완 노동자와 일본인 노동자의 민족을 초월한 연대를 주제화하고 있는 소위 프롤레타리아문학의 계열에 속하는 작품이다. 실제로 양쿠이는 작가가 되기 전에 타이완의 농민운동과 노동운동에 참여한 이력이 있으며, 「신문배달부」가 실린 『문학평론』은 기존의 프롤레타리아 문학운동이 해체된 이후, 도쿠나가 스나오가 중심이 되어 프롤레타리아문학의 대중성 강화와 '재건'을 표방하며 1933년에 창간한 잡지였다.

그런데 「신문배달부」가 처음 발표된 것은 『문학평론』이 아니었다. 이 소설은 『문학평론』에 게재되기에 앞서 타이완에서 발행되었던 『타이완신민보』라는 신문에 그 일부가 이미 실렸다.1932.5.19~27 『타이완신민보』에 실린 것은 『문학평론』 게재분의 전반부에 해당한다. 『타이완신민보』에 전체가 게재되지 못한 이유는 소설 내용에 나타난 강한 사회주의적 색채가 당시 검열에 걸려 후반부의 내용이 게재 금지 처분을 받았기 때문이다. 결국 「신문배달부」는 『문학평론』에 게재됨으로써 온전한 모습으로 세상에 나올 수 있었다고 할 수 있다.

그리고 이런 검열의 영향 때문인지, 『문학평론』 게재분의 경우 전반부와 후반부에서 주인공 '나'가 상이한 방식으로 제시되고 있는 점이 특징적이다. 전반부에서 '나'가 '타이완 출신'임을 알 수 있는 정보가 전혀 제공되고 있지 않다. 그런데 후반부'나'의 해고 이후 부분에 오면 '나'의 회상 장면과 가족이 보낸 편지내용을 통해 '나'가 '타이완 출신'이라는 점이 강조됨과 동시에 식민권력과 결탁한 일본자본의 침투로 생활의 궁핍함이 심해져 가는 타이완 농촌의 현실이 적나라하게 그려지고 있다. 요컨대 출신이 모호한 신문배달 노동자 '나'의 고단한 도쿄생활을 다루던 소설은 후반부에 접어들면서 '계급문제'에 일본의 타이완에 대한 지배라는 '식민지 문제'가 더해지면서 정치성이 한층 강화되는 구성상의 '비약'을 보여주고 있다.

그렇다면 이런 '비약'은 왜 일어났으며 그것이 의미하는 것은 무엇일까? 그 '비약'은 『타이완신민보』 게재 시점인 1932년에 이미 정해져 있었던 것인가, 아니면 그 이후 『문학평론』 게재를 앞두고 내용이 변경된 사실을 의미하는 것일까? 예를 들어 이즈미 쓰카사는 전반부와 후반부 사이의 '비약'을 『문학평론』 게재를 위해 양쿠이가 내용을 개작한 결과로 파악하고 있다. 즉 그는 작가 양쿠이가 『문학평론』 투고를 준비하면서 『문학평론』의 지향성에 맞춰 새롭게 '타이완적인 것'을 강조하는 방식으로 소설 내용을 변경했을 것이라고 추론한다.[27] 이즈미도 주목한 것처럼 당시 『문학평론』 자체가 '식민지'에 깊은 관심을 두고 있었다는 점을 고려할 때, 그의 '개작설'을 단지 가설이라는 이유로 가볍게 지나칠 수는 없다.

예를 들어 「신문배달부」의 심사평을 보면, "좀 더 예술화가 필요하지만 작가의 힘으로 지금은 불가능하다", "이것은 아직 소설이 아니다"와 같은 언급이 보인다. 즉 이 소설은 완성도나 표현력에서 그다지 좋은 평가를 받지 못했다. 이 소설의 장점은 "노동자농민의 작품에 관대해야 한다면, 식민지의 그것에는 더욱 관대하지 않으면 안된다"는 심사평에서 보는 것처럼 식민지 출신 작가가 계급문제를 '진정성'을 갖고 다뤘다는 점에 있었다. 편집장인 도쿠나가 스나오도 이 소설을 일본인이 기대하는 식민지의 모습을 그려냈다는 점에서 1934년의 기억할 만한 문학적 성취라고 높이 평가했다.[28]

「신문배달부」의 『문학평론』 게재를 작가 양쿠이의 등단을 위한 어떤 전략의 결과로 보는 관점은 뤼허러의 「소달구지」의 등장을 이해하는 데에도 적용된다. 다루미 지혜가 『문학평론』의 분석을 통해 밝힌 것처럼, 「소달구지」는 원래 「남국풍경」이라는 제목으로 투고되었다. 그런데 소달구지 하나로 생계를 이어가는 타이완 농민이 근대적 운송기관이 유입되자 일거리를 잃고 몰락해 가는 모습을 그린 소설 내용에 비춰볼 때, '남국풍경'이라는 '이국적 낭만성'을 자극하는 제목은 소설의 내용과 잘 호응

---

27 和泉司, 앞의 글, 137~138쪽.
28 德永直, 「三四年度に活動したプロ派の新人たち」, 『文学評論』 十二月号, 1934.

하지 않는다. 사실 「소달구지」는 1934년 9월부터 『문학평론』이 '시골의 생활, 마을의 생활'이라는 주제 아래 '지방색이 풍부한 문학'을 모집한다는 새로운 기획의 일환으로 게재되었다. 여기서 '남국풍경'이라는 최초의 제목이 이 기획에 맞춰 설정됐을 가능성을 짐작하기란 어렵지 않다.[29] 뤼허러의 등단도 양쿠이의 경우와 마찬가지로 『문학평론』이 신진작가에게 기대하는 문학적 방향에 철저히 부응하는 전략을 취함으로써 가능할 수 있었다는 점은 분명해 보인다.

당시 '식민지'에 대한 문단 저널리즘의 관심은 『문학평론』에 한정되지 않는다. 야스타카 도쿠조保孝德蔵가 1933년에 창간한 『문예수도』[1933]라는 잡지에도 식민지조선 출신 작가들의 글이 단골처럼 실렸다.[30] 특히 1935년부터 문예춘추사 주관으로 시작된 '아쿠타가와상'은 패전 때까지 '식민지 / 외국'을 소재로 한 작품들이 수상작의 대부분을 차지했다.[31] 그러나 역시 1930년대 '식민지 일본어문학'의 기원할 생각할 때, 1927년부터 시작된 잡지 『개조』의 '현상 제도'의 역할은 결정적이었다. 장혁주의 제5회 '개조 현상' 당선은 '식민지 일본어문학'의 출발을 알리는 사건이라고 말했는데, 그에 앞서 1930년 제3회 때부터 '개조 현상'의 당선작 중에는 '식민지나 외국'을 배경으로 하는 작품이 반드시 포함되어 있었다. 더욱이 이런 결과는 우연이 아니라, '현상'을 운영하는 '개조사'의 방침을 반영한 것이기도 했다. 예컨대 그것은 '현상' 운영을 책임졌던 편집자 사토 쓰모루의 다음과 같은 발언에서 확인할 수 있다.

---

29 垂水千恵, 『呂赫若研究』, 風間書房, 2002 참조.
30 잡지 『문예수도』와 식민지 일본어문학의 관계에 관해서는 다음을 참고할 것. 김계자, 앞의 책, 145~152쪽.
31 川村湊, 『異郷の昭和文学』, 岩波書店, 1990 참조.

응모작품은 매년 여러 지방으로부터 모인다. 멀리서는 남미, 북미, 이태리 근방의 재외 일본인에게서도 온다. 때문에 소재 혹은 지방색이라고 하는 점에서 보면 실로 버리기 아까운 독특하고 재미있는 것이 있다. 그러나 이들 가운데 대부분의 작품이 가작에는 드나 당선에는 이르지 못한 경우가 많다. (…중략…) 소재의 특이성을 생각하면 실로 안타깝다. 도쿄, 그 외 내지^{일본}의 도시에서 온 응모작품이 기술적으로는 매우 뛰어나더라도 내용은 심경소설이나 모방작인 것이 많은 것과 비교하면 흥미로운 대조를 이룬다.[32]

사토는 내용이 진부한 일본 내 투고작품에 비해 식민지나 외국에서 투고된 작품들이 비록 문학적 기량은 부족하나 소재의 특이성에서 흥미로운 것이 적지 않다고 말하고 있다. 실제 당선작에 '소재의 특이성'을 어필하는 작품이 꾸준히 포함된 사정에 비춰볼 때, 이런 발언은 편집자의 개인적인 감상으로 치부될 수 없다. 고영란이 언급한 것처럼, 당선작의 내용은 현상 지원자에게 일종의 '참고서' 역할을 했으며, 실제로 장혁주도 앞선 당선작의 경향을 감안해 「아귀도」를 썼다고 술회한 바 있다. 그리고 그 흐름 속에서 1937년에 드디어 타이완 출신 작가 룽잉쭝의 「파파야 마을」이 '개조 현상'에 입상하게 된다.[33]

이렇게 일본어 타이완문학은 근대적 문학을 지향하는 식민지 문학청년의 욕망과 새로운 문학적 소재를 통해 출판시장의 활로를 개척하고자 했던 일본의 문단 저널리즘이 함께 빚어낸 결과물이었다. 하지만 주의할 점은 그렇다고 해서 '일본어 타이완문학'이 등장하고 하나의 '장르'로 정착되는 과정에서 양자가 '대등한' 동반자 관계는 아니었다는 사실이다.

---

32 佐藤積, 「創作募集の経験から」, 『文芸通信』第3巻 第1号, 1935.
33 고영란, 앞의 글 참조.

당연하게도 입상과 등단을 결정하는 권한은 일본의 문단과 문예 저널리즘 쪽에 존재했다. '타이완적인 것'을 의식적으로 강조했던 양쿠이와 뤼허러의 '선택'은 역설적으로 그들의 문학활동이 식민지적 소재에 흥미를 나타냈던 일본문단의 동향을 치밀하게 의식한 결과였다. 그리고 그런 맥락에서 '프롤레타리아 국제주의'라는 이념에 의탁해 일본어창작을 정당화했던 타이완 출신 작가들의 인식도 비판적으로 검토될 필요가 있을 것이다. 예컨대 양쿠이의 소설은 타이완인과 일본인의 민족을 초월한 계급적 연대라는 이상을 따르고 있었지만, 현실에서 양쿠이는 일본의 프롤레타리아 문학자에 대해 '지도와 편달'을 요청하며 일관되게 '종속적'인 태도를 견지했다.

결국 1930년대 식민지 출신자에 의한 일본어문학은 '강제'의 산물도 아니지만, 반대로 식민지 출신 작가들과 일본의 문단 저널리즘 간의 대등한 '연합'의 결실도 아니었다. 거기서 일본어와 문단의 존재는 이미 식민지 작가들에게 '권력'으로 작동하고 있었으며, 식민지 출신 작가들의 위치는 일본 문단의 '식민지 지부'에 가까운 것이었다. 그런 점에서 '식민지 일본어문학'은 1930년대 문학의 영역에서 전개된 제국의 식민지에 대한 문화지배의 양상을 드러낸다.

5. 제국의 지식사 속의 식민지 일본어문학

1930년대에 출현한 식민지 출신자에 의한 '일본어문학'은 흔히 '일본어＝국어'의 강제보급이 낳은 결과로 간주된다. 하지만 두 사건 사이에는 '시간차'가 있다. 일본어 사용이 제국의 공용어라는 이름으로 식민지에서 강요된 것은 1938년 이후의 일이다. 물론 그렇다고 '식민지 일본어문학'이 제국일본의 일본어 보급 정책과 무관했다는 말은 아니다. 1910년대 이후 식민지의 '교실'에서 실시된 일본어교육이 없었다면 '식민지 일본어문학'의 창작자들은 배출되지 못했을 것이다. 그럼에도 불구하고 식민지 출신 작가들이 어떠한 언어로 어떤 내용의 문학을 만들 것인가라는 식민지 출신 작가들의 선택은 제국정부의 직접적인 통제의 '외부'에서 이루어졌다. 오히려 그런 선택은 근대적 문학을 꿈꾸던 식민지의 문학청년과 일본의 상업적 문예 저널리즘 간의 일종의 '공모共謀 관계' 속에서 이루어졌다. 달리 말하면 '식민지 일본어문학'의 출현은 '식민지'가 새로운 상품가치를 띠게 되었던 1930년대 일본 '문학시장' 내부의 변화와 관련되어 있었다.[34]

제국정부의 식민지에 대한 문화통제의 산물이 아니라는 사실은 '식민지 일본어문학'이 제국일본의 지배에 대해 비판적인 시각을 드러내고 있다는 점에서도 확인할 수 있다. 특히 이러한 특징은 (식민지조선의 일본어문학과 비교할 때) 타이완의 일본어문학에서 두드러진다. 양쿠이의 「신문배달부」는 식민권력과 결탁한 일본자본의 '수탈'을 통해, 뤼허러의 「소달구지」는 임의적으로 행사되는 일본인 순사의 폭력을 통해, 제국의 지배가 식민지 타이완에 초래한 '빈곤'과 '고통'을 고발하고 있다. 룽잉쭝의 「파파야 마을」도 '일본인'이 되려는 '타이완인'의 분투를 조소 섞인 시선으로 묘사함으로써 제국일본이 내건 '일본화' 전략의 허위성을 폭로하고 있다. 따라서 이 시기의 '식민지 일본어문학'을 1940년대 이른바 '황민화문학'과의 연속성의 차원에서 파악하는 것에는 주의가 필요하다.

---

34   고영란, 앞의 글, 135~137쪽.

그렇다고 하더라도 1930년대 '식민지 일본어문학'이 보여준 비판적 상상력을 곧바로 제국의 지배에 대한 '저항'으로 간주하는 것에도 신중함이 요구된다. 왜냐하면 이 시기 식민지 출신자에 의한 문학은 식민지에 관한 거대한 지식 체계의 일부로 기능했기 때문이다. 이 문제를 생각할 때, '식민지 일본어문학'이 일본의 문단 저널리즘의 전략과 기대에 부응하는 형태로 나타났다는 점을 놓쳐서는 안 된다. 예컨대 그것은 '식민지 일본어문학'이 '식민지문학'이란 명칭으로 범주화되고, 일본문학의 '하위 장르'와 같은 방식으로 간주되었던 사실에서 확인할 수 있다.[35] 그리고 이런 '식민지 일본어문학'의 제도화 과정에서 식민지 출신 작가들의 견해는 철저히 배제되었다. 입상과 등단의 여부에서 문학의 성격 규정까지, 이 모든 사항에 관한 결정은 제국의 문단과 문예 저널리즘의 '권력'에 귀속되어 있었다. 그런 점에서 '식민지 일본어문학'은 피식민자의 '자발적'인 일본어창작의 장려를 통해 식민지에 대한 제국의 문화적 지배가 관철되는 양상을 보여준다.

반복되지만, '식민지 일본어문학'은 일본의 문단 저널리즘이 출판시장과 소재의 범위를 확장하기 위해 도입한 '현상 공모'라는 제도에 작가로서의 '성공'을 지망하는 식민지 문학청년의 '자발적' 참여를 통해 출현할 수 있었다. 덧붙여 '식민지 일본어문학'을 '일본어창작'이라는 표면상의 공통점만을 갖고 1940년대 제국정부의 직접적인 문화통제 하에 형성된 '황민화문학'과 동일시해서는 안 된다고 말했다. 하지만 양자의 관계가 단절적인 것은 아니었다. 룽잉쭝과 장원환의 예가 보여주는 것처럼, '식민지 일본어문학'의 담당자 중 일부는 1940년대 '황민화문학'의 제국적

---

35 中根隆行, 앞의 글, 249~262쪽 참조.

버전인 '대동아문학'이 제창될 때, 그것을 실천하는 식민지 민족의 대표
라는 역할을 또한 '자발적'으로 받아들였다. 그리고 이들의 참여와 호응
이 제국일본에 의해 '황민화문학'이라는 문화적 국책사업의 '성공'을 보
여주는 사례로 선전되었음은 주지의 사실이다.

하지만 이런 '연속성'에도 불구하고, '황민화문학'이라는 '사후적' 관점
에서 1930년대 '식민지 일본어문학'을 이해하는 것은 정당화될 수 없음
은 재차 강조할 필요가 있을 것이다. 1930년대 '식민지 일본어문학'은 식
민지에 대한 제국일본의 지식사知識史에서 고유한 역사적 국면으로 간주
되어야 한다. 무엇보다 '식민지 일본어문학'은 문학의 창작 주체가 '식민
지 작가'였다는 점에서 일본인이 지식 생산의 주체였던 이전 시기와 구
별되기 때문이다. 또한 그것은 제국일본의 지배에 관한 그 구조와 성격을
둘러싼 문제와 관련해서도 그 고유성은 인정되어야 한다. 왜냐하면 '식민
지 일본어문학'은 '일본어'가 일종의 '규율권력'으로 작동하는 상황에서
상업성을 기조로 하는 저널리즘의 전략이 낳은 새로운 문학적 현상으로
서 제국국가의 직접적인 문화통제가 산출한 1940년대의 문학과 구별되
기 때문이다.

제3장

일본어연극 〈춘향전〉과
'조선적인 것'을 둘러싼 공방전

1. 1938년 경성의 '춘향전 붐'

1938년 3월, 근대 일본에서 '전위적'인 프롤레타리아 예술운동을 이끌었던 무라야마 도모요시村山知義, 1901~1977가 극단 신쿄新協를 통해 일본어연극 〈춘향전〉을 도쿄의 쓰키지築地소극장 무대 위에 올렸다. 공연 후 열린 한 좌담회에서 연출을 맡았던 무라야마 스스로가 언급한 것처럼, "일본의 연극 팬에게 미지未知의 조선 고전을 소개"하는 의미를 가졌던 이 공연은 일본의 연극계에 적지 않은 반향을 불러일으켰다.[1] 예컨대 일본어연극 〈춘향전〉은 도쿄 공연이 막을 내린 후에도 오사카와 교토로 장소를 옮겨 공연을 이어갔으며, 실제 흥행에서도 흑자를 내는 등 성공을 거두었다.[2] 그리고 이렇게 일본인 연출가에 의해 일본으로 건너갔던 〈춘향전〉은 다시 조선으로 돌아와 그해 10월 25일의 경성부민관 공연을 시작으로 11

---

1   「映画化される 春香傳 座談會-中」,『京城日報』, 1938.6.9.
2   무라야마에 따르면 도쿄 공연의 경우 "수지가 맞먹을 정도"였는데 반해, 오사카와 교토에서는 두 군데를 합쳐 2~3천 엔의 흑자였다. 村山知義, 「〈春香伝〉余談」, 『京城日報』, 1938.5.31.

월 8일까지 조선의 주요 도시를 돌며 상연되었다. 특히 조선에서의 순회 공연은 식민지 지식인들의 비상한 관심을 모았는데, 예컨대 이원조는 일본어연극 〈춘향전〉의 식민지 문화계에 일으킨 파장을 다음과 같이 기록한 바 있다.

> 같은 춘향전이라도 성악연구회와 청춘좌에서 춘향전을 공연했을 때에는 단순히 하나의 관극적觀劇的 태도밖에 보이지 않던 일반 문화인들이 일단 신협新協이 이것을 공연하자 깊은 관심과 물의物議가 일어나고, 처음 신협 극단이 춘향전을 동경에서 공연한다고 하자 어떤 사람은 춘향전의 개가改嫁라는 문장을 썼고, 이번에는 신협 극단이 경성에서 공연을 한다는 것이 들리자 어떤 신문에서는 춘향전의 근친覲親이라고 환영했다는 사실에 비춰보면, 이것은 하나의 극평의 문제가 아니라 이미 문화적 의미를 가진 것이다.[3]

이 글은 일본어연극 〈춘향전〉이 경성부민관 공연10.25~11.27을 마치고 지방 순회공연에 들어갔을 무렵, 이원조가 『조선일본』에 발표한 '관극평'의 서두이다. 〈춘향전〉의 일본공연을 '개가', 그것의 조선으로의 역수입을 '근친'으로 표현하는 자극적인 비유는 당시 식민지 조선의 남성 지식인들이 품었던 복잡한 감정과 함께, 〈춘향전〉이 현해탄을 왕복하면서 식민지 조선에 일종의 '센세이션sensation'을 일으켰음을 가늠케 한다. 실제로 1938년 식민지 조선에 상륙한 일본어연극 〈춘향전〉은 식민지 문화계의 최대 이슈였는데, 예를 들어 공연 이후 수많은 관극평이 쏟아져 나왔고 1938년 한해에만 이 연극을 소재로 수차례의 좌담회가 개최되었다. 특히

---

3   이원조, 「신협극단공연의 춘향전관극평(上)」, 『朝鮮日報』, 1938.11.3.

"내지와 조선의 사람들이 이렇게 한 자리에 모여 앉아, 하나의 연극 테마에 의해 기쁨과 슬픔을 나눈 것을 본 적이 있는가"[4]라는 아키타 우자쿠秋田雨雀의 감격스런 감상에서 보는 것처럼, 이 연극은 때마침 조선총독부가 내걸었던 '내선일체' 방침과 맞물리면서 '내선일체의 연극적 재연'으로 간주되기도 하였다.

이렇게 일본어연극 〈춘향전〉은 현해탄을 횡단하며 식민지 조선에 '붐'과 같은 현상을 불러일으켰지만, 이와는 대조적으로 공연 자체에 대한 식민지 지식인의 평가는 전반적으로 인색했다. 일본의 신극으로 재탄생한 〈춘향전〉의 '시국적 의미'와는 별도로 '극평'은 대체로 비판적이었다. 무엇보다 조선의 문학자들은 일본어와 일본인 배우에 의해 재현된 〈춘향전〉이 기존의 〈춘향전〉이 담고 있었던 '조선적인 것'을 제대로 표현하지 못했다고 한 목소리로 불만을 표출했다. 이러한 불만에는 무라야마가 야심차게 시도한 가부키적 연출법도 한 몫을 했다. 논란은 여기서 그치지 않았다. 〈춘향전〉의 경성 공연을 후원한 『경성일보』의 주관으로 열린 좌담회에서는 조선문화를 일본어로 표현가능한가를 둘러싸고 일본인 문학자와 조선 측 참석자 간의 날선 대립이 벌어지기도 했다. 이렇게 일본어연극 〈춘향전〉은 전례 없는 관심과 함께 일본인 제작자와 조선인 수용자, 그리고 수용자로서의 일본의 문학자와 식민지 문학자 사이의 메우기 힘든 균열을 노정했다.

기존 연구는 '식민제국 = 일본 / 식민지 = 조선'이라는 경계를 따라 표출된 이러한 균열을 대체로 식민지 조선을 문화적으로 '통합'하려는 식민제국 일본의 지배전략의 실패를 보여주는 사례로 간주하는 경향을

---

4   秋田雨雀,「故郷へ帰る〈春香伝〉－融合した二つの文化の交流」,『京城日報』, 1938. 10. 9.

보이고 있다. 예를 들어 〈춘향전〉을 둘러싸고 표출된 균열에 대해 문경연은 "일제 말기 제국의 문화통합 전략의 실패"[5]를 보여주는 사례로 보았고, 양근애는 "동일시의 욕망"에 사로잡힌 식민제국이 "식민지의 문화를 전유하여 지배적인 문화를 공고히 할 수 있다는 믿음이 기실 식민주의적 오인misrecognition에 불과했음"[6]을 의미한다고 지적한다. 한편 일본어창작을 요구하는 일본인 지식인들에 대해 식민지 지식인이 나타낸 비타협적 태도에 대해 서석배가 그것을 "문화민족주의"[7]로 규정하면서 그러한 반발의 배경에는 "조선의 문화와 관습이 식민자들에게 (잘못) 표상되는 데 대한 조심스러움"과 "(일본어에 의한) 번역이 조선 문화가 일본 문화로 완전히 동화되는 과정의 임시 단계가 아닌가하는 의심"이 놓여 있다고 보았다면, 윤대석은 그것을 "조선의 의사 소통 과정에 개입하는 일본어의 강제로부터 벗어나기 위한 일종의 포스트콜로니얼의 실천"[8]으로 간주하고 있다.

그런데 이상의 연구들은 〈춘향전〉을 일본어로 연극화한 무라야마와 일본어창작을 요구하는 일본인 문학자들을 암묵적으로 조선의 민족문화의 독자성을 위협하는 문화제국주의의 대행자로 간주하는 전제를 공유하고 있다. 문화의 표현수단으로 조선어 대신 일본어를 강조하는 일본 문화인들의 태도는 분명 식민지 문화의 자율적 발전을 부정하는 문화제국주의처럼 보인다. 그러나 이러한 전제를 고집한다면 이 시기 식민제국 일

---

5   문경연, 「1930년대 말 〈신협〉의 〈춘향전〉 공연관련 좌담회 연구」, 『우리어문연구』 36, 2010, 498쪽.
6   양근애, 「1930년대 전통의 재발견과 연극 〈춘향전〉」, 『공연문화연구』 16, 2008, 171쪽.
7   서석배, 「신뢰할 수 없는 번역─1938년 일본어 연극 춘향전」, 『아세아연구』 51권 4호, 2008, 64쪽.
8   윤대석, 『식민지 국민문학론』, 역락, 2006, 128쪽.

본 안에서 〈춘향전〉이 "동양문화의 전설"[9]이자 나아가 "우리의 전통"[10]으로 그 의미가 재발견되었던 사정을 이해하기 어렵다. 따라서 일본 지식인의 입장, 나아가 당시 식민제국의 식민지에 대한 문화통합의 논리를 식민지 민족문화에 대한 전면적인 부정과 침략으로 수렴시키는 것은 성급하다. 또한 동시에 식민지 문학자들의 일본어창작에 대한 집요한 반발을 곧바로 '저항'으로 연결시키는 것에도 신중함이 필요하다. 왜냐하면 뒤에서 언급하겠지만, 그들은 언어침략에는 민감하게 반응하면서도 식민제국의 전쟁협력 요청을 어떤 주저함도 없이 받아들이는 '이중성'을 드러냈기 때문이다. 〈춘향전〉의 붐이 동반했던 일본과 조선 사이의 '균열'을 (침략/저항)과 같은 단순한 이분법으로 환원하는 것은 이와 같은 사태의 복잡성을 간과하게 만든다.

일본에서의 성공적 흥행을 등에 업고 식민지에 상륙한 일본어연극 〈춘향전〉은 '내선일체'의 방침이 규제력을 발휘하던 식민지의 문화공간에 전례 없는 관심과 파장을 이끌어냈다. 하지만 주의할 점은 그러한 '춘향전 붐'이라 부를만한 현상이 이를 테면 '이견 없는 열광'을 의미하지는 않았다는 것이다. 대신 '붐'의 자장 안에서는 접점을 찾지 못한 욕망들이 부딪치는 갈등의 장면이 연쇄적으로 연출되었다. 게다가 그러한 갈등은 예외 없이 '식민제국=일본/식민지=조선'이라는 경계선을 따라 표출되었다. 하지만 앞서 말한 것처럼 이 갈등의 양상은 식민제국의 문화침략

---

9   극단 신쿄는 연극 〈춘향전〉의 도쿄 공연을 홍보하면서 원작을 "반도에 수 백 년 전부터 지금에 전해오는 이야기", "춘향이라는 미소녀의 슬픈 사랑과 운명을 그린 서정미와 낭만미의 향기가 가득한 동양전설"로 소개하고 있다. 『テアトロ』, 1938. 3.
10 연극 〈춘향전〉의 공식 팜플렛에는 연극이 "지금이야말로, 이 시기야말로 동양이, 조선이, 우리들 동포가 세상에 자랑할 고전을 우리들의 것으로 하지 않겠는가"라고 홍보되고 있다. 「春香伝伝説」, 『演芸画報』, 1938. 5, 61쪽.

과 그에 대한 식민지 민족주의의 저항이라는 구도를 따르지 않았다. 후술하는 것처럼 균열의 지점에서 대치했던 것은 '식민지 민족문화에 우호적인 제국주의'와 '제국의 팽창에 동참하는 식민지의 문화민족주의'라는 형용모순의 정치성을 내장한 두 개의 진영이었다. 이상과 같은 문제의식 위에서 이 글은 일본어연극〈춘향전〉을 둘러싸고 표출된 이처럼 일견 형용모순처럼 보이는 일제 말 문화지형의 정치적 의미를 탐색하고, 그 위에서 1930년대 후반 일본어연극〈춘향전〉이 촉발시킨 이른바 제국일본의 '조선 붐'이 당시 식민지 민족문화의 운명에 관하여 드러냈던 역설적인 정치적 효과를 서술하고자 한다.

2. '조선적'이지도, '일본적'이지도 않는 연극

1938년 10월 25일, 일본어연극〈춘향전〉의 경성 공연이 경성부민관에서 막을 올렸다. 공연은 첫 날부터 상연 5분전에 만원을 이루는 등 연극은 줄곧 관객동원에 성공을 거두었다. 당초 주최 측은 일본어연극인 탓에 일본인 관객이 많을 것으로 예상했지만, 실제로는 조선인 관객이 7할을 차지했다.[11] 여기서 일본어연극〈춘향전〉에 조선인 관객이 보냈던 열광적 호응의 일면을 확인하게 된다. 참고로 이 공연의 주최는 최승희의 오빠인 최승일의 '마네지먼트 메트로폴리탄 아트 뷰로'가 맡았고, 조선총독부의 양대 기관지인『매일신보』와『경성일보』가 후원으로 이름을 올렸다.

---

11   「春香伝批判座談会」,『テアトロ』, 1938.12, 81쪽.

이렇게 일본어연극 〈춘향전〉은 첫 날부터 만원사례를 기록하며 성공인 출발을 보였지만, 정작 연극 자체에 대한 식민지 지식인들의 반응은 비판 일색이었다. 무엇보다 식민지 조선쪽의 지식인들의 눈에 일본어연극 〈춘향전〉은 그들이 상정하는 '조선적인 것'의 재현에 실패한 것으로 비춰졌다. 우선 일본어 표현이 문제로 지목되었다. 예를 들어 이원조는 "이도령과 춘향이가 백년가약을 하는 장면에서 상전桑田이 벽해碧海된들 마음이 변하겠느냐하는 것을 『野原が川になって^{들판이 강이 되어−필자주}』로 한 것은 상전이 벽해 된들 하는 어감"과는 "이질적"이라 말했고, 서광제도 "방자는 조선말로 그대로 부르면서 이도령을 「와카사마 와카사마若様 若様」 하니 (…중략…) 이도령을 부르는 어감이 나"지 않았다며 언어문제를 들어 불만을 토로했다.¹²

"춘향전의 특수한 뉴안쓰"를 전혀 살리지 못했다는 이원조의 총평적 성격의 감상은 무라야마가 '조선적인 것'의 연극적 재현을 위한 노력을 처음부터 소홀히 했던 것은 아닌가하는 의심을 갖게 한다. 하지만 무라야마는 〈춘향전〉의 연출의도가 "가부키의 형식"에 "조선적인 전통과 색채"¹³를 담는 것에 있음을 분명히 했다. 또한 경성 공연에 앞서 일본 순회공연 직후에 열린 한 좌담회에서는 "용어나 언어의 리듬에 관한 조선적인 특성을 어떻게 다룰" 것인가라는 질문에 대해, "말을 옮기는 일에 힘껏 공부하"겠다는 뜻을 전제로 한 뒤 "내지 상연 때는 기침, 한숨, 네―, 아이고! 등은 모두 그대로 조선풍으로 하였"¹⁴다고 답변했다. 이처럼 무라야마는 '조선적인 전통과 색채'의 표현을 중요한 연출상의 목적으로 설

---

12 「新協〈春香伝〉座談会」,『批判』, 1938.12.
13 村山知義,「〈春香伝〉余談」,『京城日報』, 1938.5.31. (무라야마 도모요시, 이석만·정대성 역,『일본 프롤레타리아 연극론』, 1999, 135쪽 재인용)

정했을 뿐만 아니라, 어떤 조선어도 일본어로 번역될 수 있다는 제국의 언어에 대한 과잉된 믿음과는 무관한 인물이었다. 예컨대 무라야마는 연극 〈춘향전〉의 일본 순회공연이 흥행에 성공한 결과, '조선영화주식회사'의 요청으로 〈춘향전〉을 '조선어 영화'로 제작하는 기획에 착수하게 되는데, 이때 일본어연극을 다시 조선어영화로 다시 만들고자 하는 이유를 다음과 같이 말하고 있다. 즉, 그 이유는 "첫째로 이번 영화를 될 수 있는 한 '조선의' 영화로 하고 싶기 때문이며, 둘째로 춘향전과 같이 뼛속까지 조선적인 것을 어디까지나 조선적인 것으로 만들고 싶기 때문이며, 셋째로는 그것이 예술적으로 가장 딱 맞는 것, 틈새가 없는 것이 된다고 생각했기 때문"이라는 것이다. 이렇게 무라야마는 식민제국 안에서 일본어와 조선어가 '약분 불가능'한 관계에 있음을 자각하고 있었으며, 당시 내선일체 방침의 확산 속에서 노골화되고 있던 조선어에 대한 차별적 대우에 비판적이었다.[15]

그리고 실제로 무라야마는 조선적인 것에 관한 연극적 재현의 사실성을 높이기 위해 공연 준비 단계부터 다양한 노력을 기울였다. 그는 1938년 2월 연출보조인 안영일을 먼저 조선으로 보낸 후, 뒤이어 신쿄의 기획부원인 니키 도쿠진仁木独人과 함께 조선을 방문하여 작품 고증과 자료 입수를 활동을 펼쳤다. 이때 송석하의 안내로 창극과 토키 영화로 제작된 〈춘향전〉을 감상했고, 조선성악연구회의 고전음악을 직접 청취하기도 하였다.[16] 뿐만 아니라 헌옷 가게와 골동품 가게를 몸소 돌아다니며 각종

14　「映画化される 春香傳 座談會－中」,『京城日報』, 1938.6.9.
15　조관자, 「제국의 국민문학과 '문화 = 번역'의 좌절－스스로 식민지가 되는 제국일본」, 윤상인 편,『'일본'의 발명과 근대』, 이산, 2006, 231쪽.
16　大笹吉雄,『日本現代演劇史 昭和戦中編』Ⅰ, 白水社, 1993, 432쪽.

소도구들을 사들였고, 유치지의 극예술연구회가 1937년 〈춘향전〉 공연 때 사용했던 의상도 공연을 위해 모두 사들였다. 참고로 도쿄 공연에서는 이때 입수한 '이왕직 아악레코드'가 사용되었고, 유치진과 송석하가 의상이나 무대 장치의 고증에는 도움을 주었고, 조선적인 몸동작에 관해서는 도쿄의 재일조선인 연극관계자들이 협력했다.[17]

그렇다면 조선적인 것의 사실적 재현을 위한 노력에도 불구하고, 왜 무라야마는 식민지 조선의 지식인들로부터 지지를 받지 못한 것일까. 그 이유 중 하나는 실제 일본인 배우를 통해 나타난 조선(인) 표상의 내용 때문이었다. 무엇보다 식민지 지식인들에게 일본인 배우들을 통해 재현된 조선은 일본인들이 조선에 대해 산출한 기존의 부정적이고 왜곡된 조선 상像을 답습하고 있는 것처럼 보였다. 예를 들어 〈춘향전〉과 관련한 좌담회에서 서광제는 주요 등장인물의 형상화를 거론하며 이도령은 "연애꾼", 춘향은 "색정의 화신", 춘향모는 "갈보", 사또는 "인간성이 없는 짐승같은 놈" 같다고 불만을 토로했다. 또 같은 좌담회에서 이무영은 이런 서광제의 불만을 이어받아 농부들이 코를 풀어 신발에 닦는 장면을 들어 "조선 사람의 좋지 못한 점만을 너무 과장했다"고 지적하며 조선인에 대한 부정적인 형상화를 꼬집었다. 이렇게 식민지의 지식인들은 연극 속에 등장하는 조선인이 부정적이고 과장되게 표현된 것에 "불편함"과 "불쾌감"을 숨기지 않았다.[18] 요컨대 식민지 지식인들은 일본어연극 〈춘향전〉을 '사

---

17 「映画化される 春香傳 座談會－中」, 『京城日報』, 1938.6.9.

18 식민지 지식인의 반응을 좀 더 소개하면, 이서향은 "가부키에서도 거지라도 아름답게 표현하는 것이 아닙니까. 그런데 사또의 경박(?)한 것을 너무 지나치게 과장해서 여간 불편하지 않습니다"고 말했고, 이원조는 연극에서 길치마를 쓴 춘향이 "마치 남양토인들 게집애 같아서 매우 불쾌"했다고 토로하고 있다. 「新協 〈春香伝〉 座談会」, 『批判』, 1938.12.

실성'과 '윤리성' 모두에서 그들이 상정했던 조선표상에 대한 기대지평을 저버린 것으로 받아들였다.

연극에 대한 식민지 지식인들의 불만은 비단 조선표상의 '진정성'에만 국한되지 않았다. 앞서 소개한 좌담회에서 미적 표현을 중시하는 가부키의 표현 방식이 배우의 연기를 과장되게 만들었다는 이서향의 발언이 암시하는 것처럼, 연극 속의 가부키 양식은 〈춘향전〉의 조선적인 것을 훼손시키는 주범으로 지목되어 집중적인 비난의 대상이 되었다. 가부키적으로 연기하는 이몽룡의 "걸음걸이와 태도"가 마치 "사무라이 같았다"[19]는 반응처럼, 적어도 식민지 관객들의 눈에 가부키의 영향을 받은 배우들의 '과장된' 몸짓은 〈춘향전〉의 '일본적' 변용처럼 비춰졌다.

그렇다면 왜 무라야마는 가부키에 대한 이해가 낮을 수밖에 없는 조선인 관객 앞에 굳이 가부키의 연출 방식으로 구성된 〈춘향전〉을 내놓을 필요가 있었던 것일까. 이 문제를 생각함에 있어 흥미로운 사실은 조선인 관객이 가부키적 양식에 따라 움직이는 배우들로부터 이질감을 느낀 반면, 무라야마는 다음에서 보는 바와 같이 오히려 '인물의 유형화'라는 점에서 〈춘향전〉과 가부키의 공통점을 발견하고 있는 점이다.

〈춘향전〉 전설의 배경이 되는 악정이라든가 연애라든가 기타 아름다운 마음을 존중하는 기풍 등은 내지와 조금도 다르지 않습니다. 인물들의 마음의 움직임도 마찬가지입니다. 원래 희곡은 오랜 시간을 거치면서 형성된 것으로 그 때문에 선한 사람은 더욱 선하게 아름다운 사람은 더욱 아름다운 사람으로 구

---

19   이원조, 「신협 극단 공연의 춘향전 관극평」, 『조선일보』, 1938.11.3.

상화되었습니다. 그래서 인간은 모두 유형화되었고 사건이 커다란 서스펜스에 끌리면서 화려한 대단원이 된 것도 내지와 비슷합니다. 어떤 사람이 가부키에 나오는 인물, 사건과 조금도 차이가 없다는 말을 했는데, 저는 그 점에 흥미를 갖게 되었습니다.[20]

여기서 가부키의 도입이 〈춘향전〉을 대하는 무라야마의 태도가 조선적인 것의 사실적 재현보다 미학적 관심에 이끌렸다는 점에서 기인된 것임을 알 수 있는데, 이러한 의도를 실현하기 위해 그는 가부키 극단인 전진좌前進座의 도움을 받아 배우들에게 가부키적인 연기술을 습득시켰다. 그리고 그 결과로 일본공연에서는 여배우들이 남녀 주인공을 맡는 식으로 상연되었다. 이몽룡 역은 극단 신쿄의 여배우 아카기 란코赤木蘭子가, 춘향 역은 영화배우였던 이치카와 하루요市川春代가 맡았다. 여배우가 남자 역을 연기하는 것은 가부키의 온나가타女形 전통을 뒤집은 것인데, 무라야마는 그 의도를 다음과 같이 설명한다. 즉, "온나가타가 여자가 되기 위해서는 남자의 눈으로 본 여자의 가장 여성적인 부분을 의식적으로 연기할 수 있는 것과 마찬가지로, 여배우가 남자로 분장할 때에는 남자 속에 있는 가장 남성적인 것을 표현할 수 있다고 생각"했다는 것이다. 그리고 이를 통해 "춘향과 몽룡의 연애가 (…중략…) 현실에서부터 어느 정도 거리를 둔 형식의 미"[21]를 거둘 수 있다고 기대했다.[22] 하지만 무라야마의 기대와는 달리 일본 공연에서 뒤집힌 온나가타 형식은 관객

20 「映画化される 春香傳 座談會一下」, 『京城日報』, 1938.6.10.
21 「映画化される 春香傳 座談會一中」, 『京城日報』, 1938.6.9.
22 백현미, 「민족적 전통과 동양적 전통―1930년대 후반 경성과 동경에서의 〈춘향전〉 공연을 중심으로」, 『현대문학이론연구』 23, 2004, 227쪽.

들의 호응을 이끌어내지 못했고, 그 결과 조선 공연 때에는 남자 배우가 몽룡을 맡는 방식으로 변화를 주었다.

그런데 〈춘향전〉과 가부키의 결합이 이러한 '예술적 동기'에서만 비롯된 것은 아니었다. 거기에는 조선적인 것에 대한 직접적인 표현에 가해졌던 검열 당국의 시선을 회피하기 위한 '정치적 이유'도 작용하고 있었다. 당시 일본에서는 특히 조선인들로 조직된 극단의 경우, "상연할 희곡의 내용 여하에 관계없이 조선옷을 입고 무대에 오른다"는 이유만으로 공연중지 처분[23]을 받는 상황이었다. 따라서 조선의 고전을 가부키적으로 재해석한다는 것은 경찰을 비롯한 검열당국을 설득하는 유력한 수단이 될 수 있었다.[24] 그 결과 〈춘향전〉은 무사히 무대에 올라갈 수 있었고, 어느 사상검사로부터 "현대극에 가부카 형식을 혼합함으로써 일본의 전통적 공연예술을 더욱 발전시키고 일본과 조선의 화합을 촉진하는 데 기여했다"[25]는 평가까지는 받는 '성과'를 거두기도 하였다.

또한 무라야마의 가부키에 대한 관심은 근대 일본의 가부키를 '민중연예'로서 재창조하려는 그의 예술상의 포부와도 관련되어 있었다. 그는 근대 가부키 자체에 대해 비판적이었다. 그는 일찍부터 가부키를 지배계급의 가부키와 조닌町人의 가부키로 나누어 이해했는데, 전자가 일본의 근대화 과정에서 국가에 의해 장려됨으로써 가부키의 모든 것처럼 간주되는 것에 불만을 갖고 있었다. 따라서 민중연예의 측면에서 가부키를 살리는 것이 과제라고 생각했다. 그리고 이러한 인식을 공유한 것

23 村山知義, 「金史良を憶う」, 『新日本文学』, 1952.12, 55~56쪽.

24 이준식, 「무라야마 도모요시의 진보적 연극운동과 조선문화 사랑」, 『역사비평』 88, 2009, 291쪽.

25 平田勲, 「『春香伝』観劇所感」, 『テアトロ』, 1938.5.

이 전진좌를 이끌고 있던 가와라자키 조주로川原崎長十郎였다. 가와라자키는 가부키는 계급적 시각에서 파악했고, 그런 관점을 1931년 스스로 전진좌라는 극단을 조직하여 공연을 통해 실천했다. 그리고 무라야마가 신극에 가부키를 결합시키려 했을 때 이를 이론적·실천적으로 뒷받침하며, 무라야마가 〈춘향전〉을 공연할 때 가부키 동작을 지도해준 것도 다름 아닌 전진좌였다.[26]

이렇게 〈춘향전〉의 연극화에 가부키 양식의 도입은 무라야마 나름의 〈춘향전〉에 대한 독자적인 이해와 근대 가부키의 혁신이라는 과제에 근거하고 있었다. 달리 말하면, 그러한 시도는 임시방편적인 것이 아니라, 신극의 혁신에 있어서 결정적인 요소였다고 할 수 있다. 그러나 이러한 연출 의도는 실제 공연에서 조선인 관객에게는 제대로 전달되지 못했다.[27] 실제로 가부키적 표현에 대한 조선인 관객의 위화감은 〈춘향전〉의 첫 경성 공연에서 연출자인 무라야마가 1막이 끝나자 무대 위로 올라와 이례적으로 연출의 의도를 설명하면서 "춘향전과 가부키가 비슷하다"[28]는 논지의 설명을 덧붙이는 진풍경을 낳기도 했다. 이서향은 연극 〈춘향전〉에 관한 한 좌담회에서 막간에 무라야마가 등장했던 당시의 상황을 다음과 같이 설명하고 있다.

---

26 이준식, 「무라야마 도모요시의 진보적 연극운동과 조선문화 사랑」, 291쪽.
27 조선적인 것과 가부키의 부조화는 이미 일본 공연 때도 지적되었다. 윤영련은 도쿄 쓰키지 공연을 보고 난 후 『조선일보』에 게재한 관극평에는 다음과 같은 대목이 있다. "연출, 장치, 연구 등 무대 전체를 통해야 양식적인 것과 사실적인 것 사이에 일어나는 모순을 지적하지 않을 수 없다. 양식화에 의하야 조선적 특성이 무시되는 때와 특수적인 조선미를 강조하기 때문에 양식화에 파조(破調)를 일으키는 때가 그것이다. 때때로 대사와 동작이 대립되는 것도 일본 가부키적 대사와 조선인으로서의 특수적인 동작이 융합되지 않은 데서 오는 것이다." (윤영련, 「新協극단상연의 춘향전을 보고」, 『조선일보』, 1938.4)
28 박향민, 「新協 〈春香傳〉 座談會」, 『批判』 6권 12호, 1938.12.

나는 첫날 가보앗는데 제1막이 마치고 관객들이 낭하^{廊下}에서 모두 감상담을 이야기하지안겟습니까, 나도 그런말을 햇습니다마는 제1막에서 이도령의 언나나 동작이 부자연하고 게다가 과장이 심하다는 말을 모두하게 되니까 연출자인 촌산씨는 적어도 관객들의 이러한 의견을 종합해서 청취하려고, 말하자면 '手先きㅜ하'를 만히 느러노앗슬 것입니다. 그랫다가 이러한 의견을 드러다 이야기하니까 연출자는 다소 당황해서 막간에 나와 하기 전에 자기의 연출의도가 歌舞伎적 수법을 느니 뭐-니 한 것입니다. 만약 안 그러타하면 연출자가 개막하기 전에 당당히 자기의 연출의도를 관중에게 공표할 일이지 하필 왜 막간에 나와 그런 말을 하겠습니까.²⁹

여기서 무라야마의 막간 등장이 가부키적 연출에 대한 조선인 관객의 부정적인 반응에 따른 즉흥적인 판단에서 비롯되었다는 것을 짐작할 수 있다. 김남천도 같은 좌담회에서 무라야마의 행동을 "첫 막을 한 뒤에 일반의 평이 죠치 못하니까 갑자기 기선을 제^制하는 의미로 막간에 나와서 나는 간간히 가부키적 연출을 햇노라고 한 것"이라 추측하며, 거기서 "당황"³⁰한 연출자의 심리를 읽어내고 있기도 하다. 이렇게 배우들의 연기만이 아니라 연극 전반에 적용된 가부키적 연출에 대한 조선인 관객들의 반감은 상당했다.

그런데 가부키의 연극적 효과에 관한 흥미로운 사실은 조선인 관객만이 아니라, 일본인 관객도 조선의 고전과 결합한 가부키는 만족하지 못했다는 점이다. 예를 들어 경성 공연 직후 열린 좌담회에서 아키타 우자쿠는 여성배우가 몽룡을 연기한 일본공연보다 남성배우가 몽룡을 맡

---

29   이서향, 「新協〈春香傳〉座談會」, 『批判』6권 12호, 1938.12.
30   김남천, 「新協〈春香傳〉座談會」, 『批判』6권 12호, 1938.12.

은 경성공연이 좋았다는 어느 여성 관객의 말을 인용하며, 가부키의 온나가타 전통을 전도시켜 사용했던 일본공연을 우회적으로 비판했다. 또 같은 자리에서 아베 요시시게는 가부키를 모방한 연기보다 조선의 색채를 내는 편이 좋았다[31]며 〈춘향전〉의 주제와 가부키의 부조화를 간접적으로 지적했다. 이들만이 아니라 좌담회에 참석한 일본인들은 경성 공연에서 가부키적 형식이 제대로 표현되지 않은 것에 대해 불만을 표시했다.[32]

1938년 일본어연극 〈춘향전〉은 "가부키의 형식"으로 "조선의 전통과 색채"를 표현하겠다는 무라야마의 구상에서 기획되었다. 달리 말하면 무라야마는 신극의 혁신을 일본과 조선의 전통문화의 접목을 통해 시도한 것이다. 특히 경성 공연에서는 최승일의 재정 지원과 식민지 조선의 연극관계자들이 〈춘향전〉의 연극화를 위해 협력했다. 즉, 일본어연극 〈춘향전〉은 식민제국과 식민지의 경계를 가로지르는 '문화횡단적 실천'[33]을 통해 태어났다. 하지만 일본인 배우의 신체와 언어로 재현된 조선은 조선 관객들의 지지를 얻는 데 실패했다. 무대 위에 재현된 조선은 식민지 조선인들이 '알고 있었던' 조선과 달랐고, 무엇보다 그들이 기존의 부정적 조선상像의 극복이라는 기대지평도 충족시키지 못했다. 여기에 무라야마가 의식적으로 도입한 가부키 양식은 이러한 식민지 지식인들의 불만을 더욱 증폭시켰다. 그런데 역설적이게도 조선의 고전과 결합한 가부키 형식은 일본인 관객들로부터도 지지를

---

31 「〈春香傳〉批判 座談會」, 『テアトロ』 5권 12호, 1938.12.
32 양근애, 「1930년대 전통의 재발견과 연극 〈춘향전〉」, 166쪽.
33 문경연, 「일제 말기 극단 신협의 〈춘향전〉 공연양상과 문화횡단의 정치성 연구」, 『한국연극학』 40, 2010, 31쪽.

받지 못했다. 그들은 조선의 관객과는 정반대로 조선의 고전과 결합되면서 가부키적 표현이 어색해졌다고 생각했다. 결과적으로 가부키라는 형식은 〈춘향전〉을 충분히 조선적이지도 않고, 동시에 충분히 일본적이지도 않은 '무국적'의 영역으로 밀어내는 역할을 했다고 할 수 있다. 이렇게 1938년 식민지 조선에 상륙한 일본어연극 〈춘향전〉은 일본과 조선의 전통을 접목하여 근대 신극을 혁신하려는 기획에서 출발해, 공연을 앞두고는 내선일체의 연극적 재현으로 그 '문화적 의미'가 상찬받았지만, 최종적으로는 일본과 조선 모두에게 외면받는 가운데 어느 쪽에도 귀속되지 못하고, '정체성identity의 바다'를 표류하는 운명에 시달려야 했다.

3. 제국 / 식민지의 분할선과 두 개의 '모더니즘'

식민지 조선으로 '귀환'한 일본어연극 〈춘향전〉은 1938년 식민지 조선 문화계의 최대 이슈였다. 하지만 이 연극에 쏠린 집중적 관심에도 불구하고 그러한 '붐'의 이면에는 메우기 힘든 균열 또한 존재했다. 실제로 대중적 흥행에도 불구하고, 조선의 고전과 가부키의 결합이라는 전례 없는 시도가 낳은 신극 〈춘향전〉은 식민지 조선과 일본의 지식인 모두로부터 긍정적인 반응을 이끌어내지 못했다. 일본어연극으로 재탄생한 〈춘향전〉은 결국 귀속될 장소를 배정받지 못한 채 표류하는 운명을 떠안지 않을 수 없었다.

그런데 이런 균열은 일본인 제작자와 조선인 수용자, 그리고 일본인과 조선인 수용자 사이에서만 나타나지 않았다. 그것은 이 연극의 공동제작자인 장혁주와 무라야마 도모요시 사이에서도 존재했다. 일본어연극 〈춘향전〉에서 사용된 대본은 무라야마의 요청으로 장혁주가 집필한 희곡을 각색한 것이다. 하지만 원작자 장혁주와 연출가 무라야마가 〈춘향전〉을 통해 욕망했던 새로운 예술상의 내용은 이질적이었다. 다음에서 보는 것처럼, 일본인 연출가 무라야마와 조선인 수용자 사이에 나타났던 '식민제국 / 식민지'라는 분할선에 따른 균열은 공동제작자인 장혁주와 무라야마 사이에서 조금은 다른 양상으로 전개되었다.

1938년의 일본어연극 〈춘향전〉은 무라야마와 극단 신쿄만의 힘으로 태어난 것이 아니었다. 거기에는 또한 장혁주가 연극대본의 저본이 되는 희곡의 집필자로서 참여하고 있었다. 장혁주의 희곡 집필은 1937년 무라야마의 요청으로 이루어졌으며, 이렇게 해서 쓰인 희곡은 1938년 3월 잡지 『신조新潮』에 게재되었다. 이렇게 장혁주와 무라야마, 두 사람은 일본어연극 〈춘향전〉의 탄생에 있어서 공동제작자의 관계를 이루고 있었다.

잘 알려진 것처럼 장혁주는 1932년 소설 「아귀도餓鬼道」가 일본의 종합잡지 『개조改造』의 현상소설에서 2등으로 입선함으로써 일본문단에 정식으로 등단했다. 식민지 조선 농민의 비참한 착취 구조를 고발하는 이 소설을 통해 장혁주는 일본인 작가가 다룰 수 없는 소설의 소재를 그려내는 작가로서 일본 문단 내에 입지를 갖게 된다. 즉, 그의 등장으로 인해 일본 문단 내에 '식민지 조선'이라는 새로운 소설적 소재가 개척된 것이다. 장혁주는 일본어창작의 동기가 식민지 조선이 놓인 현실을 일본인 독자에게 호소하려는 것에 있음을 여러 차례 밝힌 바가 있는데, 실제로 그것의 의미는 일본의 식민지주의에 대한 비판이라기보다는 '조선'을 소재로 삼은 '일본어 소설'을 통해 일본 문단에 '입회'하는 것에 있었다.[34]

희곡 〈춘향전〉의 집필은 1930년대 창작 활동의 중요한 전환점이기도 했다. 장혁주는 1936년 일신상의 이유로 조선에서의 생활을 접고 거주지를 도쿄로 옮겼다. 이사를 기점으로 그는 조선적인 것을 다룬 소설에서 이탈해 일본적 사소설을 시도하지만, 별다른 호응을 얻지 못하며 문학적 슬럼프에 빠져든다. 이러한 때 두 가지 사건이 심기일전의 계기가 되었는데, 하나가 『후쿠오카니치니치 신문福岡日日新聞』으로부터의 장편소설 연재의뢰「치인의 정도」, 1937.6.16~11.6였고, 다른 하나가 무라야마의 의뢰로 처음 시도한 희곡 〈춘향전〉의 집필이었다.[35] 즉, 희곡 〈춘향전〉은 일본적 소설 형식으로 궤도를 수정했던 그가 다시 조선을 소재로 한 사실주의 경향으로 복귀하는 전환점에 위치한다.

연극 〈춘향전〉의 공연 대본이 장혁주의 희곡 〈춘향전〉을 저본으로 만들어졌지만, 실상 두 텍스트 사이에는 적지 않은 차이가 존재한다. 예컨대 그것은 다음에서 보는 바와 같이 '막과 장의 구성'을 보면 확연히 드러난다.

희곡 〈춘향전〉	막 과 장	대본 〈춘향전〉
가인풍류	제1막	가인풍류
(봄-광한루)	제1장	광한루 발단의 장
(수일 후의 밤-광한루)		광한루 결연의 장
(달밤-춘향의 집)		(삭제)
(막의 명칭 없음)	제2막	수색
(반 년 후 어느 가을날-춘향의 집)	제1장	춘향가 요원의 장

---

34   中根隆行, 『'朝鮮'表象の文化誌』, 新曜社, 2004, 208~228쪽.
35   시라카와 유타카, 『장혁주 연구—일어가 더 편했던 조선작가 그리고 그의 문학』, 동국대 출판부, 2009, 309쪽.

(다음 날 아침-오리정)	제2장	춘향가 이별의 장
신관 사또	제3막	이별 : 오리정 이별의 장
(며칠 후-관가)	제1장	
(수개월 후-관가)	제2장	
옥	제4막	신관사또
(제1막으로부터 수년 후-감옥)	제1장	지구점고의 장
(수일 후-감옥)	제2장	춘향 수리의 장
(2개월 후 초여름-남원군의 한 농촌)	제3장	춘향 옥중의 장
(막의 명칭 없음) (같은 날 밤	제5막	암행어사
	제1장	농촌 뇌사의 장
	제2장	옥중 재회의 장
대단원	제6막	대단원 어사출도의 장
(다음날-광한루)	제1장	
(전 장으로부터 수 분후-옥)	제2장	
(수일 후-광한루)	제3장	

〈춘향전〉은 몽룡과 춘향의 이별과 재회가 한 축을 이루고, 거기에 신
관사또의 학정과 몽룡에 의한 징벌이 이야기 전개의 또 다른 축을 이루
고 있는데, 위의 표에서 보는 것처럼 희곡과 대본은 이 서로 구별되는
두 가지 주제를 각기 다른 비중으로 다루고 있다. 우선 희곡에서는 몽룡
과 춘향의 이별이 '제2막'에 한하여 그려지고 있는 반면, 대본에서는 그
것이 '제2막 제2장'과 '제3막'으로 확대되면서 중시되고 있다. 대본은

희곡에 비해 상대적으로 남녀 주인공의 이별을 강조함으로써 역설적으로 사랑이라는 주제를 부각시키고 있는 것이다. 이에 대해 희곡은 신관사또의 패악에 좀 더 초점을 두고 있다. 이를 테면 신관사또의 패악을 3막에서 4막에 걸쳐 다룸으로써 그 패악이 지속적으로 남원 일대의 거주자와 춘향에게 미치고 있음을 드러내고 있다. 그리고 패악이 계속되는 이 시간은 달리 말하면 춘향이 감옥에 갇혀 있는 시간이자 이몽룡이 과거에 급제하여 암행어사가 되기까지의 시간이기도 한데, 이러한 설정이 신관사또의 학정과 몽룡의 급제 과정을 병행시켜 이야기 전개의 개연성을 높이고 결말의 극적 효과를 높이기 위한 장치임은 두말할 필요도 없다.[36]

그런데 장혁주의 희곡과 무라야마의 구상과 일치하지 않았던 것은 어떤 의미에서 당연한 것이었다. 왜냐하면 애초에 장혁주와 무라야마는 상정하고 있는 독자층이 달랐기 때문이다. 일본어창작을 통해 조선의 현실을 리얼하게 표현하는 것에 주력했던 장혁주는, 이후 스스로 '내지인본위內地人本位'라고 말한 것처럼 처음부터 일본의 관객에게 조선의 고전을 알리는 것을 최우선 목표로 하고 있었다. 반면 무라야마는 관객층을 "조선인과 내지인을 반반 정도로 예상하"고, "양쪽 모두에게 감동을 주는" 것을 의도했다. 그 때문에 대본은 장혁주가 힘을 기울였던 장면 — 3막에 수인囚人을 넣고, 어사와 역졸의 장 등 — 은 간략화하고, 희곡에서는 생략되었지만 조선의 관객이 통상 〈춘향전〉에 요구하는 장면, 예를 들면 춘향이 신임부사를 꾸짖는 장면이나 옥중에서 몽룡과 재회한 춘향이 몽룡을 자신의 남편으로서 돌봐줄 것을 모친에게 부탁하는 장면 등을 포함시켜 조

---

36   백현미, 「민족적 전통과 동양적 전통—1930년대 후반 경성과 동경에서의 〈춘향전〉 공연을 중심으로」, 225~226쪽.

선인관객의 기대에 부응하려 했다.[37]

하지만 희곡과 공연의 차이를 낳은 보다 근본적인 이유는 〈춘향전〉을 대하는 장혁주와 무라야마의 관점의 상이함에 있었다. 장혁주는 〈춘향전〉의 가치를 "당시의 조선 사회를 있는 그대로 그려내어 인정풍속의 작은 부분을 구현하며 도덕습관을 여실히 표현한 점"에서 찾았다. 즉, 〈춘향전〉은 "조선을 잘 표현한다는 점에서 리얼리즘의 극치"이자 그런 점에서 "조선 고전 중 백미"[38]라는 것이다. 그래서 장혁주는 희곡을 쓰면서 "자연발생적인 민족문학으로서의 특성, 조선의 민정풍속을 가장 리얼하게 표현하는 것"에 초점을 두고 "일본 내지인 독자들에게 이해가도록 다수의 원본에서 통일적인 내용을 추출하여 극적 요소를 가진 딴 내용을 창작해서 줄거리의 단조로움을 보정하고 현대극 형식으로 가다듬"고자 했다고 말하고 있다.[39]

장혁주가 〈춘향전〉의 '리얼리즘'에 주목했다면, 무라야마에 그것은 신극의 혁신 = 개량이라는 문제와 관계되어 있었다. 앞서 말한 것처럼 표현에 있어서도 사실적 재현보다는 가부키 양식의 도입을 통한 형식미의 극대화가 관심의 대상이었다. 무라야마는 일본 순회공연을 마친 뒤 경성에서 열린 한 좌담회에서 〈춘향전〉에서 발견한 예술적 의미를 다음과 같이 말하고 있다.

신협^{新協}이라는 것에 대한 일본 사람들의 고정관념을 타파하는 일이 아주

37 金牡蘭, 「帝国日本の〈春香伝〉―新協の春香伝と〈朝鮮的なもの〉をめぐって」, 『演劇映像学』 1, 2009, 226쪽.
38 張赫宙, 「春香傳について」, 『テアトロ』, 1938.3.
39 張赫宙, 「春香傳」, 『新潮』, 1938.3, 後記.

중요하며 지금까지는 어둡고 축축한 연극이 많았던 차에 〈춘향전〉과 같은 웅대한 주제와 美, 貞節, 正義에 대한 동경이라는 그 에스프리를 표현해 본 것입니다. 게다가 내지의 연극팬에게는 전혀 미지인 조선의 고전을 소개하여 상당한 반향을 불러 일으켰다는 것에 자부심을 갖고 있습니다. 연출상의 방침으로는 춘향전이 갖는 테마를 명확하고도 웅대하게 그 표현 스타일부터 아름다운 것으로 하고자 노력했습니다.[40]

이렇게 무라야마는 새로운 양식의 창조에 관심을 두고, 구체적으로 기존 신극에 새로운 변화를 만들어내기 위한 계기로서 〈춘향전〉에 주목했다고 할 수 있다. 한편 예술 표현상의 혁신과 실험을 강조하는 무라야마의 입장은 그가 1920년대 이른바 '모더니스트'로 예술 활동을 시작했다는 사실과도 무관하지 않다. 그러나 다른 한편 과거 모더니스트였던 무라야마가 가부키나 〈춘향전〉과 같은 동양의 전前 근대적인 문화에 관심을 기울였다는 점은 일견 모순적으로 보이기도 한다. 그런데 흥미로운 사실은 무라야마가 가부키를 통한 신극의 혁신을 시도하던 때와 거의 동시적으로 1920년대 일본 모더니즘문학의 주역이었던 가와바타 야스나리川端康成와 다니자키 준이치로谷崎潤一郎도 각각 『설국雪国』의 연재1935~1941와 『겐지 이야기源氏物語』의 번역1939~1941을 통해 서양식 모더니즘에서 일본의 전통으로의 전환을 감행했다는 점이다. 이러한 전환은 1930년대 중반 사회주의자의 대량 전향이 가져온 사상적 폐색상태가 초래한 문학적 '전향'으로 해석할 수도 있을 것이다. 하지만 가라타니 고진이 말하는 것처럼, 여기에는 서양의 모더니즘을 기준으로 하는 한 그것의 반복과 아류에 머물

---

40 「映画化される 春香傳 座談會－中」, 『京城日報』, 1938.6.9.

수밖에 없는 비서구 모더니즘의 예술적 불행을 극복하려는 의지가 관여하고 있다.

> 도쿄미술학교의 창설에서 전통파가 승리한 것은 그것이 전통적이었기 때문이 아니라, 그것이 서양측에 의해 평가되고 또한 산업으로서 성립한 것에 따른 것이다. 물론 도쿄미술학교는 설립 후 십 년도 지나지 않아 오카쿠라를 몰아낸 서양파로 대체되었다. 그러나 '서양파'는 그 이후 근본적인 배리^{背理}로 고민하게 된다. 왜냐하면 일본에서 첨단적이고 반전통적으로 보이는 일은 서양에서는 단지 모방으로서 보이고, '전통파'로 회귀하는 편이 오히려 첨단적으로 보이기 때문이다. 이 문제는 오늘날까지 이어지고 있다. 왜냐하면 일본에서 존경받는 '서양파'는 서양에서 어떤 가치도 부여받지 못한다. 그리고 어떤 형태로든 서양에서 평가받는 아티스트는 사실상, '전통파'로 회귀하고 있다. 왜냐하면 그쪽이 오히려 전위적으로 보이기 때문이다.
>
> 다른 영역에서도 같은 것을 말할 수 있다. 예를 들어 문학에서도 다니자키 준이치로, 가와바타 야스나리, 미시마 유키오 등은 원래 서양파의 모더니스트로 출발했다. 그들은 어느 시기부터 전통으로 향했던 것은 전통에 대한 향수라기보다는 오히려 그쪽이 보다 '전위적'으로 보인다고 생각했기 때문이라고 해야 한다.[41]

전위적 예술^{모더니즘}을 위해 과거^{프리모던}로 회귀한다는 역설적 논리는 물론 장혁주에게도 적용된다. 그의 문학은 식민제국 일본과 식민지 조선에 각각 '근대'와 '봉건'을 할당한 위에서, 제국의 언어인 일본어를 사용

---

41   柄谷行人,「美術館としての歴史」,『創造された古典』, 新曜社, 1999, 305~306쪽.

해 근대의 시점에서 조선의 전^前근대성을 비판적으로 바라보는 작품들이 다수를 점하고 있다. 즉, 그에게 근대로서의 일본은 식민지 조선을 비추는 거울이자, 일본어를 매개로 도달해야 할 그의 문학의 도달점이었다.[42] 그리고 주지하는 바와 같이 그러한 근대^{일본}를 향한 집요한 열망의 결과로 장혁주는 일본의 '중앙' 문단으로부터 1930년대를 통해 '식민지문학'이라는 새로운 장르의 개척자라는 위상을 부여받았다. 무엇보다 그것이 식민지 출신의 작가가 표현한 식민지의 현실과 그것을 일본어로 표현했다는 점이 기존의 일본문단에 전에 없는 새로운 시도로 간주되었던 점에서 비롯되었음은 두말할 나위가 없다.

장혁주와 무라야마에게 '조선적인 것'은 각자 상정하는 중심, 즉 일본과 서양에는 존재하지 않는 것이었다. 중심부가 결여하고 있는 것이기 때문에 중심부의 시각에서 보면 그것은 '참신하고 새로운 것'처럼 보일 수 있었다. 이렇게 보면 장혁주가 그 자신과 일본의 문단 사이에 상정했던 '교환'의 내용도 분명해진다. 즉, 그는 일본 쪽에서 보면 '미지'의 대상인 조선을 일본어로 번역하여 소개하는 대신, 1930년대 일본문학의 새로운 장르로 부상했던 '식민지문학'에 관한 독점적 지위를 요구했다고 할 수 있다. 물론 이런 다분히 식민지주의적인 교환에서 무라야마도 자유롭다고 할 수 없다. 왜냐하면 예술적 전위^{아방가르드}로 출발해 프롤레타리아 예술운동과 전향의 체험을 거치면서도 예술 상의 실험을 멈추지 않았던 무라야마의 이력을 고려할 때, 그 또한 동양의 식민제국 일본의 전통^{가부키}과 그 제국의 식민지에서 전래된 더욱 전근대적인 전통^{춘향전}을 융합함으로써, 비록 상상적 차원이지만, 서구라는 초월적 존재로부

---

42   장혁주의 일본어 창작과 근대를 향한 욕망의 관계에 대해서는 南富鎭, 「張赫宙論」, 木村
一信外 編,『〈外地〉日本語文学論』, 世界思想社, 2007 참조할 것.

터 '아류'가 아닌 모더니스트로 승인받기를 소망했음은 분명하기 때문
이다.

이렇게 두 사람은 '중심부'에 결핍되어 있는 것을 '보완'하는 방식으로
중심으로부터 인정받고자 하는 욕망을 공유했지만, 각각이 지향했던 '보
편세계'의 모습을 달랐다. 장혁주에게 그것이 일본을 참조항으로 하는
'근대성modernity의 세계'였다. 반면 무라야마가 상정한 보편은 서양의 예
술적 성취를 넘어서는 '진정한 모더니즘'의 세계였다. 결국 두 사람의 착
종하는 행보가 드러내는 것은 팽창하는 제국이 그 내부를 살아가는 사람
들에게 '강요'했던 보다 상위의 중심, 즉 보편을 향한 중단없는 욕망과 함
께, '제국 / 식민지'라는 경계선을 따라 갈라지는 보편세계를 둘러싼 상상
력의 격차라고 할 수 있다.

4. 식민지 민족문화를 어디까지 인정할 것인가?

1938년 일본어연극 〈춘향전〉은 '제국 / 식민지'라는 분할선을 따라 드
러나는 서로 구분되는 욕망들의 갈등을 표출시켰다. 하나는 민족문화 표
상의 기대지평을 둘러싼 균열이었고, 다른 하나는 보편세계를 둘러싼 일
본인과 조선인 제작자 사이의 상상력의 격차였다. 이 글은 여기에 번역과
식민지 민족문화의 운명에 관한 대립을 또 하나 덧붙여 두고자 한다. 일
본어연극 〈춘향전〉은 조선표상의 진정성을 둘러싼 논란에 머물지 않고,
일본어로 조선을 과연 '제대로' 표현할 수 있는가라는 번역과 관련한 근
본적인 문제를 촉발시켰다.

이 문제가 표면화된 것은 연극 〈춘향전〉의 경성 공연에 앞서 '조선문화

의 장래와 현재'라는 주제 하에 열린 좌담회였다. 이 좌담회는 〈춘향전〉 공연을 위해 무라야마 도모요시와 아키타 우자쿠 그리고 장혁주가 조선을 방문하고, 때마침 만주시찰을 위해 이동하던 중이었던 하야시 후사오林房雄가 경성에 머물게 된 것을 계기로 『경성일보』가 일본의 문학자와 조선 측 문학자들의 대화를 마련한다는 취지에서 열렸다. 이 좌담회의 쟁점은 일본어로 조선의 문화를 제대로 표현할 수 있는가였다. 논의는 좌담회에서는 장혁주의 일본어희곡 〈춘향전〉을 통해 이루어졌는데, 조선인 작가들의 입장은 장혁주의 희곡이 〈춘향전〉 본래의 맛을 표현하지 못했으며, 근본적으로 일본어로 그것을 표현하는 것을 불가능하다는 것이었다. 예컨대 임화는 "그 말조선어이 갖고 있는 맛을 번역하는 것은 아주 힘들"다고 말했고, 김문집은 "내지 말로 번역하면「춘향전」이 이상해"진다는 반응을 보였다. 반면 장혁주와 일본의 문학자들은 조선의 문화는 번역을 통해 일본에 소개될 필요가 있으며, 〈춘향전〉의 성공을 거론하며 이른바 '내선교류'를 위해서도 조선예술의 일본어 번역은 계속 이루어져야 한다고 주장했다.

〈춘향전〉의 번역을 둘러싸고 벌어진 양 측의 공방은 조선작가의 일본어창작의 문제로 이어졌다. 일본의 문학자들은 대체적으로 더 많은 사람들에게 읽히기 위해서라도 일본어창작 혹은 일본어로의 번역이 필요하다는 입장인 반면,[43] 조선인들은 그럴 경우 조선 문화 고유의 맛을 표현할수 없다는 이른바 '번역불가능성'의 입장에서 일본인 참석자들의 주장에이의를 제기했다. 예를 들어 이태준의 다음과 같은 발언은 조선인 참석자

---

43 물론 일본인 참석자들의 입장이 일률적인 것은 아니었다. '국어창작'을 강하게 주장하는 하야시 후사오를 제외하면 다른 참석자들은 대체로 권유의 수준에서 일본어창작을 주장했으며 조선어창작의 병행을 부정하지 않았다.

들의 심정을 대표한다.

사물을 표현하는 경우에 내지어로 적확하게 그 내용을 설명하는 것이 불가능할 듯이 생각되기 때문이 아닐까 합니다. 우리 독자의 문화를 표현할 경우의 맛은 조선어가 아니면 불가능한 것이 있습니다. 그것을 내지어로 표현하면 그 내용이 내지화해 버리는 듯한 느낌이 듭니다. 완전히 그렇게 되는 듯한 느낌이 듭니다. 그렇게 되면 조선 독자의 문화가 사라진다고 생각합니다.[44]

일본어창작을 둘러싼 일본인 문학자와 조선 측 참석자 사이의 의견대립은 일견 식민지에 제국의 언어를 강요하는 '문화제국주의'와 민족문화의 본질적인 것은 번역될 수 없다는 일종의 '문화본질주의'[45]의 대립처럼 보인다. 또한 일본의 문화침략에 민족문화의 위기를 느껴 반발하는 조선인 문학자의 태도는 '문화민족주의'를 연상시킨다. 그런데 식민지 지식인들이 보여준 조선어에 대한 민족주의는 1938년 3월 조선총독부가 발표한 '제3차 조선교육령'을 배경으로 한다. 이 새로운 교육령은 조선어를 필수과목에서 선택과목으로 변경하는 것을 골자로 했는데, 식민지 조선인들은 새 언어정책이 일본어의 상용화라는 명분하에 조선어의 사용을 제약시켜 결국은 조선어에 의한 소통의 세계를 위축시킬 것으로 받아들였기 때문이다. 달리 말하면 조선 문학자들의 언어민족주의는 식민지에서의 일본어 상용화를 위한 언어정책의 실시가 가져온 조선어를 둘러싼

---

44 「朝鮮文化の将来と現在」, 『京城日報』, 1938.12.
45 윤대석, 『식민지 국민문학론』, 126쪽.

위기의식의 표현이었다.[46]

그런데 여기서 일본 측의 논리를 조선 문화의 독자성을 근본적으로 부정하고 그것의 '동화'를 목적으로 하는 제국주의의 문화침략으로 규정하는 것은 성급하다. 왜냐하면 정확히 말해서 일본인 문학자들은 조선 문화의 존재 자체를 부정하거나 동화의 대상으로 바라보지 않았기 때문이다. 조선인 작가들에게 "작품을 내지어로 써 주었으면 한다"고 말하며 일본어창작에 관해 가장 위압적인 태도로 '제국적 욕망'을 드러냈던 하야시 후사오 조차 조선문학의 존재를 부정하지 않았다. 오히려 그는 아일랜드 문학의 사례를 거론하며 "내지의 영향"을 수용함으로써 조선문학의 활로가 열린다고 주장한다.

영국이 아일랜드에 취한 정책은 어떠했습니까. 그래도 아일랜드문학은 존재합니다. 우리가 이렇게 제군들과 좌담회를 해도 의미가 통하게 되었으며, 제군들이 우리와 똑같이 앉아 있는 오늘날, 조선어가 아니면 안 된다든지, 내지어에 저항해 간다든지 하고 말하는 것은 (…중략…) 오늘날 내지의 영향에서 벗어난 예술은 사라지고 있지요. (…중략…) 아일랜드어를 사용한 문학이 존재하는 것처럼, 조선문학도 결코 사라지는 것이 아닐 터이니까 그렇게 고집부리지 않아도 괜찮은 거요. 단지 많은 사람들에게 읽히기 위해 내지어가 좋다는

---

46 이러한 총독부의 언어정책의 전환 외에, 1938년 10월 일본군이 중국의 무한, 삼진을 점령한 사건도 식민지 지식인의 언어민족주의를 이해하는 데 간과할 수 없는 정치적 배경이다. 김재용이 지적한 것처럼, 무한, 삼진의 함락은 식민지 주민들이 품고 있던 독립에 대한 일말의 희망을 철저히 좌절시킴으로써, 예컨대 문학계는 '사실수리론에 입각한 협력'과 '비협력의 저항'으로 양분되었다. (김재용, 『협력과 저항─일제 말 사회와 문화』, 소명출판, 2004, 11~12쪽 참조) 거듭 강조하지만, 이 시기의 언어민족주의의 '저항성'은 문학계에서 일어난 '사실수리론'(백철)으로 대표되는 독립에 대한 '상실감'의 확산 현상과 함께 이해될 필요가 있다.

것입니다.[47]

하야시의 주장은 아일랜드문학이 영어를 받아들임으로써 세계적으로 알려질 수 있었던 것처럼 조선의 문학도 일본어의 세계 속에 들어옴으로써 널리 알려질 수 있으며, 그러한 과정을 통해 조선문학은 사라지기는 커녕 자신의 존재를 보다 확고히 할 수 있다는 것이다. 일본어창작을 '강요'하는 하야시의 태도는 그를 식민지 문화를 동화하려는 문화침략의 첨병처럼 보이게 하지만, 적어도 좌담회의 문면에서 파악되는 하야시의 입장은 조선의 문학, 나아가 식민지 조선 민족문화의 존재 자체를 부정하는 극단적 문화제국주의와는 관계가 없었다.

다른 한편, 일본어창작의 요구에 집요하게 반발하는 조선의 문화민족주의자들의 태도를 '저항'의 맥락에서 의미화 하는 것에도 주의가 필요하다. 왜냐하면 그들은 식민제국의 언어침략에는 저항적이었을지 모르지만, 종군요청에는 기꺼이 협력하는 입장을 보였기 때문이다. 좌담회에서 이렇게 식민제국에 대해 이중적 태도를 드러낸 것은 유진오였는데, 예를 들어 그는 일본어로 써주기를 바란다는 하야시의 말에 "조선어로 쓰지 않으면 안 된다고 생각"한다며 이의를 제기했지만, 곧이어 "사변에 조선인 문사가 종군하도록 총독부에 청원해 보면 어떻습니까"라는 하야시의 요청에는 거침없이 "대찬성"이라는 응답을 내놓았다. 그리고 그런 유진오의 의견에 다른 조선 측 참석자들은 어떤 반대도 표명하지 않고 있다. 실제로 좌담회에 참석했던 정지용, 이태준, 임화는 이듬해인 1939년 '황군위문작가단'의 일원으로 참가하여 '제국 군인의 위문'을 위해 중

---

47 「朝鮮文化の将来と現在」, 『京城日報』, 1938.12.

국 전선으로 향했다.

그렇다면 여기서 왜 조선의 문학자들은 유독 일본의 언어침략에만 강하게 반발했던 것일까, 혹은 그들의 정치적 협력과 문화적 비타협성은 어떤 조건 속에서 공존할 수 있었으며, 무엇보다 일본의 문학자와 조선인 문학자 사이에 존재했던 전선의 진정한 성격은 무엇인가.[48] '문화제국주의 / 문화민족주의'라는 해석틀이 대립의 성격에 대한 부분적 해명에 머물고 있는 점을 감안할 때, 새로운 접근방법은 불가결하다. 이런 문제를 해명함에 있어, 앞서 살펴본 것처럼 '문화제국주의 / 문화민족주의'라는 구도는 그다지 유효하지 않다. 대신 이를 테면 식민지 민족문화를 '존재'와 '표상'의 두 수준으로 나누어 보는 관점에서 실마리를 얻을 수 있다. 이런 관점에 따른다면 '조선적인 것'은 '표상 이전에 존재하는 조선적인 것'과 '표상된 조선'으로 구분해 볼 수 있다.

즉, 일본 측 참석자들은 '표상 이전의 조선', 즉 조선의 민족문화의 존재 자체를 부정하지 않지만, 조선을 표상함에 있어서는 일본어의 배타적이고 독점적인 지위를 주장했다고 할 수 있다. 반면 조선인 문학자들은 식민지 민족문화의 '존재'와 '표상'의 두 수준이 민족어인 '조선어'로 매개되어야 한다고 주장함으로써 일본 측 참석자와의 차이를 드러냈다고 할 수 있다. 따라서 양 측 사이의 대립은 직접적으로 식민지 문화의 존폐

48　서석배는 조선인 문학자가 보여준 문화적 저항과 정치적 협력의 이중성을 현실의 정치적 비대칭성을 일본과 조선 사이의 문화적 대칭성으로 보상받으려는 심리로 설명하고 있다. 즉, 그는 조선인 문학자들의 문화민족주의가 "문화와 언어에 있어서 조선과 일본 간의 대칭적 관계"를 지향한 것으로 간주하고 있다. (서석배, 「신뢰할 수 없는 번역」, 64~65쪽) 하지만, 뒤에서 서술하는 것처럼 식민지 문학자의 문화민족주의는 일본문화와 조선문화의 대등한 관계를 상정한 것이 아니다. 그것은 다민족제국 안에서 조선 민족문화의 독자적인 문화적 영토를 승인받고자 했던 문화청원운동에 가까운 것이었다.

에 관한 갈등이 아니라, 식민지 민족문화의 '자율성'을 어느 수준까지 인정^{보장}할 것인가를 둘러싼 것이라고 할 수 있다. 달리 말해 여기에서의 쟁점은 자율성의 범위를 존재와 표상 모두에서 인정할 것인가, 아니면 존재의 수준에 한정할 것인가에 있었다.

그럼에도 불구하고 왜 조선인 문학자들은 일본어의 독점적 지위 문제에 대해 왜 조선의 문학자들이 일관되게 비타협적인 태도를 고수했던 것일까? 바꿔 말하면 동화의 강요가 아닌, 식민지 민족문화의 존재를 인정하는 상대적으로 '관용적인 제국'에 대해 저항적 태도를 보였던 조선 측 참석자들의 심리란 어떤 것일까? 그것은 결론적으로 말하면 총독부의 새 언어정책을 배경으로 '강요'될 일본어창작이 조선어를 통해 형성되었던 문학의 영토를 침식해 버릴 것이라는 위기감이었다. 일본 측 참석자들은 조선 문화의 고유성과 독자성을 부정하지 않는다고 말했지만, '제국 / 식민지'라는 정치적 비대칭성이 엄연히 현실성을 띠고 있는 상황에서 민족어에 의한 표현의 권리를 박탈당한 민족문화의 장래를 긍정적으로 전망하기란 어렵다. 또한 민족어에 의한 재현의 권리를 박탈당한 문화, 오직 타민족에 의한 번역 = 재현만이 허용되는 문화가 전통으로서 생명력을 이어가기란 결코 녹록치 않다. 따라서 이태준은 "내지어로 표현하면 (…중략…) 조선 독자의 문화가 사라진다"고 말할 수밖에 없었던 것이다. 그런 의미에서 일본 측의 주장은 식민지 민족문화의 부정 혹은 동화를 부인하는 제국의 '관용성'을 표현하고 있지만, 현실적으로 그것은 문화제국주의의 방식으로 기능하지 않을 수 없다.

하지만 일본어 사용을 강요하는 일본 측 문인들에 대한 조선의 문화민족주의자들의 저항은 부분적이고 제한적이었다. 일본 측의 종군요청을 흔쾌히 수락했다는 것은 그들이 '제국 / 식민지'의 정치적 지배질서를 부정하지 않았음을 의미한다. 그런 점에서 그들이 보여준 문화적 저항성은 정치적 저항과 거리를 둔, 식민지 민족문화의 자율성을 '최대한' 확보하려는 비정치적 문화운동의 범위 안에서만 의미를 갖는 것이었다. 더욱이 일본인 참석자들의 의견을 먼저 묻고 그에 대해 자신들의 의사를 절제된 언어로 '승인'을 요청하는 듯한 식민지 지식인들의 화법과 태도는 정치적 관계만이 아니라 문화의 영역에도 관철되고 있었던 일본과 조선의 비대칭적 권력관계를 상기시킨다.

이런 관점에서 보자면 장혁주의 위치와 그의 문학 행보는 대단히 문제적이다. 그는 일본어창작을 통해 일본문단에 등단했으며, 일본어창작의 동기를 식민지 조선의 비참한 현실을 널리 알리기 위함이라고 주장했다. 그런 맥락에서 보면 일본어의 문학세계 안에서 조선을 소재로 하는 식민지문학의 '시민권'을 주장한 그의 입장은 다민족제국 안에서 식민지 민족문화의 자율성을 추구했던 문화민족주의와 그다지 먼 곳에 있지 않다. 물론 현실에서 양자는 메우기 힘든 '적대감'을 교환하는 관계였다. 장혁주는 조선 문화의 표상에서 일본어의 독점권을 승인하는 입장을 취한 탓에 식민지의 문학자들로부터 조선어문학의 존립을 위협하는 식민제국의 문화적 침략에 가담했다는 비판을 받아야만 했다. 그런데 문제는 조선 문화에 대한 일본어의 배타적 지위가 결국 조선 문화의 존재를 위기에 빠뜨릴 수 있다는 점에서 그의 일본어창작 지지는 역설적으로 조선문학의 독점적 소개자라는 그의 지위를 위태롭게 만들 수 있다는 점이다. 왜냐하면 조선문학의 소멸은 곧 그가 일본에 소개해야 할 문학적 소재의 고갈을 의미하기 때문이다. 일본어창작을 지지하는 것이 자신의 문학적 기반을 해체시키는 역설, 여기에 장혁주 자신은 자각하지 못한 그의 문학활동이 내장하고 있었던 모순을 읽어내는 것은 지나친 해석일까.

　일본어연극 〈춘향전〉이 계기가 되어 일어난 일본어창작을 둘러싼 일본인 문학자와 조선인 문학자 사이의 대립은 단순히 문화제국주의와 문화민족주의로 표출된 '침략 / 저항'의 구도로 환원될 수 없는 것이었다. 〈춘향전〉에 대한 일본 측 문학자들의 관심이 단적으로 보여주는 것처럼, 식민제국은 식민지 문화의 독자성을 부정하기는커녕 그것을 '동양문화'의 일부로서 재정의하고자 했다. 또한 조선의 문학자들은 언어침략에는 민감했지만 '제국 / 식민지'라는 정치적 지배질서에는 일관되게 침묵했다. 오히려 식민제국의 종군요청을 기꺼이 받아들이는 타협적인 모습마저 보였다. 일본과 조선의 문학자들의 공통된 관심사는 식민지 민족문화의 자율성을 어디까지 인정할 것인가에 있었다. 일본의 문학자들은 일본어창작이 조선문학의 존립을 부정하는 것이 아니라 다만 표상의 영역에서 일본어의 독점적 지위를 확고히 하는 것이라고 주장했다. 하지만 그것은 현실적으로 불가능한 논리였다. 민족어에 의한 표현기회를 박탈당한 민족문화는 결국 고사의 위기를 맞이할 것이기 때문이다.

　잘 알려진 것처럼 1938년 일본어연극 〈춘향전〉의 탄생이 계기가 되어 1940년을 전후로 제국일본의 출판계에는 '조선 붐'이라 불릴 만한 현상이 일어났다.[49] 우선 마해송이 편집인을 맡고 있던 일본의 대중잡지 『모던 일본 モダン日本』이 1939년 11월과 1940년 8월 두 차례 「임시증간호 조선판」을 발간되었다. 특히 1940년은 '조선 붐'의 절정기였는데, 그 해 김사량의 일본어소설 「빛 속으로 光の中へ」가 아쿠타가와 상 후보로 올랐고, 『조선대표소설집』, 『조선문학선집』과 같은 조선문학에 관한 앤솔로지가

49　朴春日, 『增補 近代日本文学における朝鮮像』, 未来社, 1985, 357~359쪽.

간행되었다. 김소운이 조선시집『젖빛 구름乳色の雲』을 일본어로 출판한 것도 1940년이다.[50] 이러한 일본어 출판의 형태로 나타난 조선 붐의 이면에는 조선어 창작의 급속한 위축이라는 또 다른 현실이 놓여 있었다. 1941년 11월 기존의 조선어 문예지『문장』과『인문평론』이『국민문학』으로 통합되고,『국민문학』이 당초 계획과 달리 단 두 차례를 제외하고 폐간 때[1945. 5]까지 일본어만으로 발행되었다는 사실이 이를 대변한다. 당연하게도 이런 상황 속에서 식민지 민족문화의 자율성을 주장하는 목소리도 더불어 자취를 감췄다. 결국 이태준의 예감은 적중한 것이다. 그런 의미에서 1938년 일본어연극 〈춘향전〉은 식민지 민족문화의 재발견이기보다는 그것의 식민제국 내부로의 소멸을 알리는 위기의 신호탄이었다고 할 수 있다.

5. 주권 없는 문화의 운명

일본어연극 〈춘향전〉이 계기가 된 일제 말기의 조선 붐은 식민지 민족문화가 더이상 열등성의 증표가 아니라, 식민제국의 관리 하에 보존되어야 할 새로운 전통으로 간주되는, 이른바 식민지 민족문화에 관한 의미상의 전환을 보여준다. 이러한 조선 붐에 정당성을 부여했던 1930년대 후반의 제국일본의 동양담론은 서양적 근대성에 대한 대결의지[근대의 초극]이면서, 동시에 식민지 민족문화에 대한 새로운 통합의 논리였다.

이렇게 식민제국이 내부의 문화적 이질성을 '근대 초극' 혹은 '동양'이

---

50   渡辺一民,『〈他者〉としての朝鮮—文学的考察』, 岩波書店, 2003, 80~81쪽.

라는 보다 확장된 시공간적 상상력을 동원해 지배의 권역 안으로 포섭한 이상, 민족적 차이나 민족문화의 고유성에 근거한 저항의 논리는 더이상 유효하게 기능하기 어렵다. 여기에 일제 말 일본어연극 〈춘향전〉을 계기로 나타난 조선의 문화민족주의의 정치성을 가늠할 수 있는 실마리가 놓여 있다. 반복되지만, 차이가 저항의 논리로 기능할 수 없는 상황에서, 문화민족주의가 주장하는 식민제국과 식민지 사이의 문화적 통역불가능성은 어떤 의미에서도 '지배/피지배' 관계에 대한 유의미한 도전이될 수 없다. 결과적으로 문화민족주의가 내세우는 민족문화의 차이는 다민족제국의 문화공간 안에서 자신들만의 고유한 문화적 영토를 '승인'받는 데 기여할 수 있을 뿐이었다. 그런 점에서 식민지 조선의 문화민족주의가 보여준 정치적 타협성과 문화적 저항성이라는 이중성은 이러한 지배 담론의 전환이 자극한 순화된 민족주의의 예정된 선택이었다고 할 수 있다. 요컨대 식민지의 문화민족주의가 꿈꿨던 것은 식민제국으로부터의 정치적 독립이 아니라, 관대한 제국의 보호=관리 안에서 식민지 민족문화의 자율성을 최대한 보장받는 세계였다고 할 수 있다.

한편 1938년의 일본어연극 〈춘향전〉은 조선의 전통과 일본의 전통을 결합시킨 전례 없는 문화적 실험이었지만, 그 혼종성이 역설적으로 이 연극을 충분히 일본적이지도 않고, 동시에 충분히 조선적이지도 않은 무국적성의 지대로 이끌고 말았다. 그러나 보다 중요한 지점은 정치적 주권을 상실한 쪽은 번역이라는 문화의 혼종화 과정에서 언제나 자국 문화의 위기를 느끼지 않을 수 없다는 점이다. 번역의 과정에서 원천텍스트의 손실과 왜곡은 불가피하다. 그러나 일제 말 조선의 지식인들이 보여준 일본어창작에 대한 집요한 반대는 단순히 번역에서 일어나는 이러한 손실과 왜곡에 대한 불만에서 비롯된 것이 아니었다. 오히려 그것은 주권 없는 문화는 번역에 취약할 수밖에 없다는 냉정한 현실에서 나온 자기보존을 위한 선택이었다고 봐야 할 것이다. 그리고 그런 점에서 일본어의 세계가 조선문학을 보다 '보편화'시킬 것이라는 식민제국 지식인의 발언은 제국의 관용에 대한 근거 없는 과신, 그 이상도 그 이하도 아니다. 〈춘향전〉의 표류는 그런 의미에서 번역에 대한 식민제국의 '무지'와 식민지의 '위기감'의 접점을 찾지 못한 갈등의 결과이기도 한 것이다.

제2부

불온한 타자와
제국의 생명정치

제4장
타자의 반란과 하강하는 사상
1910년대 야나기 무네요시의 생명사상을 중심으로

1. '초월적 생명'에서 '타자의 마음'으로

야나기 무네요시는 민예운동의 창시자로 알려져 있다. 반면 그가 서구 '생기론vitalism'[1]의 적극적 수용자였다는 사실은 그다지 주목받지 못했다. 그는 잡지 『시라카바白樺』 동인으로 활동했던 1910년대에 물리학과 화학이 의거하는 기계론적 논리에 대한 강한 거부감 위에서 심령과 생명에 몰두했다. 예컨대 '생기론'에 대한 그의 호의적인 관심은 1913년에 발표한 「생명의 문제」라는 글에 선명하게 드러나 있다. 이 글에서 그는 기계론을 따를 때 생명의 정체를 파악할 수 있다고 주장하는 물리학-화학의

---

1   생기론은 '활력설(活力說)'이라고도 불리는데, 기계론에 대립하는 생명이론을 가리킨다. 기계론이 생명현상을 무기적 자연의 법칙에 의해 전면적으로 설명하는 데 반대하면서, 생명현상은 무생물계의 현상과는 근본적으로 다른 원리에 의해 지배된다고 본다. 즉, 물리·화학적인 힘과는 관계가 없는 독특한 생명력 내지 활력(vital force)에 의해 만들어진다고 주장한다. 고대 그리스 시대부터 이러한 주장은 있었지만, 18세기 후반에서 19세기 초에 걸쳐 특히 스위스의 생리학자 핼러(A. von Haller, 1708~1777) 및 그 이후의 여러 철학자들에 의해 현재와 같은 방식으로 등장했다. 이후 물리학과 화학의 생물학에 대한 적용의 진전에 의해 점점 쇠퇴하다가 20세기에 들어와 독일의 동물학자이자 철학자인 드리쉬(H. Driesch, 1867~1941)의 '신생기론'을 통해 새로운 형태로 부활했다. 『철학사전』, 도서출판 중원문화, 1978, 338쪽 참조.

소위 지적 '오만'을 비판하면서 생명은 물질로 환원될 수 없고, 그런 점에서 '생기론'에 토대를 두고 있는 생물학의 독자적인 기여를 인정해야 한다고 주장했다. 즉, 그는 생명연구에서 보이는 물리학-화학과 기계론의 '물질일원론'에 대해 생물학과 생기론의 '독립'을 선언했다. 그리고 그의 이러한 문제의식은 같은 시기 집중적으로 이루어진 윌리엄 블레이크 연구에서도 확인할 수 있다.

1920년대 모습을 드러낸 야나기 무네요시의 '민예론'에 대해서는 그것이 어떤 지적 계보 위에서 형성되었는가가 중요한 쟁점으로 다루어졌고, 그 중에는 1910년대에 보이는 이 생명에 대한 관심이 후일 민예에 관한 구상에 이어진다는 논의도 존재한다.[2] 그러나 그의 생명론과 민예론 사이에 존재하는 조선예술에 대한 관심이 이전 시기의 생명론과 어떻게 연결되고 있는가의 문제는 거의 주목받지 못했다. 그의 조선미술론은 그 자체로 고립적으로 다루어지는 경향이 없지 않았다. 그러나 1910년대 야나기 무네요시가 앙리 베르그손과 윌리엄 블레이크를 통해 수용한 '직관'이라는 개념은 조선예술의 고유성을 해명하는 데 있어서 방법론의 핵심을 차지한다.[3] 그런 점에서 생명론을 조선예술론과 결부시키는 작업은 불가결하다. 조선예술에 대한 야나기의 관심은 주로 이 시기 서양미술에서 동양미술로의 전환이라는 맥락 속에서 이해되어 왔다. 하지만 이러한 전환이 이루어진 시기는 동시에 생물학과 생기론이 지적 가능성에 몰두하던 때였음을 기억할 필요가 있다.

---

2   예컨대 鈴木貞美, 『近代の超克―その戰前·戰中·戰後』, 作品社, 2015; 佐藤光, 『柳宗悦とウィリアム·ブレイク―環流する「肯定の思想」』, 東京大学出版会, 2015, 129~130쪽 참조.

3   이 문제에 관해서는 이하를 참조할 것. 中見真理, 『柳宗悦 時代と思想』, 東京大学出版会, 2003, 35~58쪽.

생명론과 민예론 사이에 조선미술론이 위치한다는 것은 야나기 무네요시와 3·1운동의 관계도 재고하게 만든다. 왜냐하면 1920년대 전반에 집중적으로 발표된 야나기의 조선미술론은 3·1운동의 충격 속에서 쓰였기 때문이다. 식민권력에게 3·1운동은 식민지 주민의 '반란'이자 식민통치의 '위기'를 의미했다. 식민지 주민이 무력한 '망국의 백성'이 아니라, 일본에 대한 반감을 내면에 감추고 있었음을 확인한 이상, 무력과 억압에 기초한 조선에 대한 식민통치는 변경이 불가피했다. 그 결과 '문화통치'로 명명된 3·1운동 이후의 새로운 통치 방식이 식민지 주민들의 내면을 겨냥했음은 주지의 사실이다. 반면 야나기는 3·1운동을 피식민자의 내면 지배를 위한 계기로 삼았던 식민권력과 달리 3·1운동을 조선인의 '마음'을 정당하게 인정하지 않은 일본인의 '오리엔탈리즘'이 초래한 비극적 사건으로 간주했다. 따라서 그는 조선인의 마음을 이해하는 것이 일본인에게 주어진 가장 중요한 과제라고 주장했던 것이다. 뒤에서 다시 언급하겠지만, 조선의 미술품에서 민족의 마음을 읽어낸다는 그의 방법은 이런 맥락 속에서 형성된 것이다. 결국 야나기는 생명이라는 초경험적 대상을 향했던 자신의 지적 시선을 3·1운동을 계기로 타자의 마음 쪽으로 선회시켰다고 할 수 있다. 그리고 이런 사상적 선회는 단절보다는 연속의 성격을 띠고 있었다. 달리 말하면 조선미술론의 방법은 이미 1910년대 야나기의 생명사상 안에 하나의 가능성으로서 존재하고 있었다. 이 장에서는 보편적 생명에서 타자의 마음으로 이행하는 1910년대 야나기의 지적 여정을 계보적으로 추적해 보고자 한다.

2. 야나기 무네요시의 생명론

그렇다면 야나기 무네요시는 생기론을 어떻게 이해하고 있었을까? 그는 「생명의 문제」[1913]의 서문에서 이 글의 논지가 생명에 대한 기존의 소위 이화학적 기계론Physico-chemical Mechanism의 학설을 비판적으로 검토하고 소위 생기론Vitalism에 입각해 생물학의 자율성을 주장하는 것에 있다고 밝히고 있다.[4] 그럼 여기서 말하는 이화학적 기계론이란 무엇이며, 그가 상정하는 생기론과 생물학의 관계는 어떤 것일까?

야나기는 이화학적 기계론이란, "유기무기 양자에는 어떤 근본적 차이도 없"다는 전제 위에서, "생명의 발현에 의해 그 신비를 연상하는 자는 그[생명] 본성에 관해서 어떤 과학적 지식을 갖고 있지 않음을 드러내"[5]는 것으로 간주하는 학설이라 정의한다. 당시 발달하고 있었던 생리화학Bio-Chemie을 이화학적 기계론의 대표적인 예로 들고 있다. 그는 이런 관점에서 파악된 생명은 "그 성질의 신비가 말해짐에도 불구하고 이화학적 규정에 지배되고 있는 기계적 현실에 다름 아"니며, "따라서 영원한 수수께끼인 '생명'의 문제도 언젠가는 모두 순수과학 즉 이화학적 기계론의 설명에 의해 해석"[6]될 수 있는 것으로 간주된다고 덧붙인다.

무엇보다 이화학적 기계론에 대한 야나기의 비판은 그것이 드러내는 일종의 지적 '오만'을 향하고 있다. 기계론에서 자연은 물질이라는 '일원적 본성'에 의해 연속되는 것으로 간주되는데, 이런 관점을 따르는 한 다원적 혹은 이원적 사상은 인정될 수 없다고 야나기는 지적한다. 또한 이

---

4 柳宗悦, 『柳宗悦全集 第一卷』, 筑摩書房, 1981, 272~273쪽.

5 위의 책, 274쪽.

6 柳宗悦, 앞의 책, 275쪽.

110 제2부 불온한 타자와 제국의 생명정치

화학과 생물학의 관계에 관해서도 그는 이화학적 기계론의 주장대로 무기세계물질세계와 유기세계생명세계가 연속되고 있다면 자연현상은 이화학적 기계론만이 아니라 생물학을 통해서도 설명될 수 있을 텐데, 이화학적 기계론은 이 후자의 가능성을 전혀 인정하고 있지 않다고 비판한다. 그는 기계론이 '자연의 연속률'이라는 원리에 입각해 생명의 기원도 물질의 특수한 집합에 기인한다고 보지만, 실제로 물질이 어떠한 과정을 거쳐 생명을 낳게 되었는지에 대해서는 설명하고 있지 않다고 지적한다.[7] 요컨대 그는 사상의 다양성과 생물학의 자율성을 부정한다는 점에서 기계론의 일원론을 문제삼고 있었다.

여기서 이화학적 기계론을 향한 야나기의 비판이 생명의 문제에 관한 기계론의 영향력을 물리치거나 부정하는 것이 아니라, 그것의 설명의 범위를 분명히 하는 데 초점을 두고 있다는 점에 주의할 필요가 있다. 야나기는 생명이란 '생체'를 필요로 하며, 생체가 물질계에 관련되어 있다면 '이화학'도 또한 생물현상을 연구하고 해석하는 데 기여할 수 있다는 사실을 인정한다. 다만 생명은 '신비하고 미묘'한 것이기에 이화학만으로는 충분하지 않다는 점을 강조한다.[8] 그는 이화학이 생명을 '기계적 현실'로

---

7   야나기는 이런 비판에 대응해 등장한 것이 '에너지불감의 법칙'이라고 말한다. 즉 이 법칙에 따르면 생명의 특질로서 열거되는 세력의 전환, 물질신진대사, 즉 동화 및 이화작용 또는 형태변경 등의 현상은 모두 이 법칙에 지배받으며 생물에 존재하는 각종 내기관의 운행 또는 외계표출의 운동은 에너지 조절의 결과라는 것이다. 하지만 이 법칙 또한 근본적 오류를 내포하고 있다고 야나기는 지적한다. 무엇보다 '생명 = 에너지'라는 전제가 충분히 검증되지 않았으며, '물질에 적용되는 이 경험률(법칙)이 바로 철학적 원리로서 생명의 문제에 적용될 수 있는지'에 관해서도 설명하고 있지 않다는 것이다. 오히려 야나기는 '생물은 결코 물질적 표현에 한정되지 않으'며, '생명을 양적 관계에 이끌려 수학적 법칙 아래 지배받는 현상으로 간주하는 것은 속단의 오류를 벗어날 수 없다'고 역설한다. 柳宗悦, 앞의 책, 282~283쪽 참조.
8   柳宗悦, 앞의 책, 295쪽.

간주한다면, 생물학에서 그것은 시간의 흐름에 따라 끊임없이 이루어지는 어떤 '활동'으로 간주된다고 말한다.

> 생물학의 관점에서 보면 이것생명의 문제, 필자주은 하나의 통체統體로서 생체를 조직하고 지배하는 힘을 말한다. 따라서 생명의 본성은 항상 활동Activity이다. 이것을 엄밀하게 말하면 베르그손이 주장한 것처럼 생명은 항상 순수하게 시간적 지속 위에 존재한다. 어떠한 의미에서도 우리는 생명을 공간적 현상에 이식해 설명할 수 없다. 공간성을 본질로 하는 현상만을 대상으로 하여 성립하는 이화학적 설명은 여기서 생명의 문제에 대해서 완전히 그 힘을 거둬들이지 않으면 안 된다. 우리가 분명히 한 것처럼 생물활동은 물질적 표현에 한정되지 않는다. 거기에는 반드시 물질과 범주를 달리하는 생명의 활동이 내재해 있음을 인식해야 한다. (…중략…) 생명이란 항상 그 표현을 향해서 물질을 사용하는 통체력을 말한다. 이화학이 다루려 하고 설명하려 하는 것을 결코 그 통체력이 아니다. (…중략…) 여기서 이화학적 기계론은 생물학의 문제에 대해 한정적인 힘에 그치게 됨을 인정하지 않을 수 없다.[9]

따라서 그는 생물학에는 두 가지 종류의 문제가 있음을 인식할 필요가 있다고 말한다. 하나는 생체의 물질적 표현, 즉 순수이화학의 대상이 되는 것으로 기계론이 설명할 수 있는 분야이고, 다른 하나는 생명의 통체력에 관한 것, 즉 '생기과학'생물학이 다루어야 할 주제이다. 동시에 그는 자연에는 '두 개의 질서'가 있음을 인정해야 한다고 말한다. 여기서 말하는 두 개의 질서란, '법칙의 세계'와 '생명의 세계'로서, 전자가 '제약'을 본질

---

9   柳宗悅, 앞의 책, 295쪽.

로 한다면 후자는 '자유'를 본성으로 한다고 규정하고 있다.[10]

여기서 야나기가 생각하는 생기론의 의미가 법칙의 세계와 구분되는 생명의 독자성을 인정하고, 이를 통해 생명의 문제에 대한 연구에서 생물학의 자율성을 인정하는 입장이라는 것을 알 수 있다. 원래 생기론이란 말은 독일의 생물학자 한스 드리쉬Hans Adolf Eduard Driesch, 1867~1941에 의해 기계론과 대립되는 의미로 발명되었는데, 야나기는 이 「생명의 문제」라는 글에서 세포의 재생능력에 관한 드리쉬의 실험을 거론하며, 생기론이 전제로 하는 생명의 의미를 다음과 같이 서술하고 있다.

우리는 이 복생復生의 힘을 단순한 물질의 집합의 결과로 간주할 수 있을까? 이런 순응의 작용이 생물에 한정된 것이 아님을 주장하기 위해 기계론자는 자주 그것을 결정의 복생과 비교한다. 그러나 후자가 단순히 같은 물질의 추가임에 반해 생물활동은 결코 단일성의 현상으로 끝나지 않는다. 그들은 항상 성전成全, Integration이자 통체Organization이지, 동질성의 집합물Homogeneous Aggregative Matter이 아니다. 언제나 그 현상의 배후에는 유기적 통일이 성립하고 있다. 따라서 (개체로서의 생물은) 하나의 조화적 통체이며, 그 체질은 결코 단순한 집합체가 아닐 뿐더러 그 생장生長은 순일純一한 추가가 아니다. 즉 유기체는 항상 전체Das Ganze, Whole로서 존재한다. 나는 이 전체로서의 유기적 존재를 가능케 하는 통체력을 가리켜 생명이라 부른다. 그것은 결코 외계에서 추가된 자극과 동일시해서는 안 된다. 생체에 내재하는 자율적 소인이다.[11]

그 위에서 야나기는 개체적 생물이 존재하기 위해서는 무기물과 관련

---

10 柳宗悦, 앞의 책, 296쪽.
11 柳宗悦, 앞의 책, 298~299쪽.

된 '생체'와 함께 그것을 통체하는 생명력이 필요하다는 점을 주장하면서, 그것은 "철학적 입론만이 아니라 생물학적 사실로서 승인"되어야 한다고 역설한다.[12] 즉, 생명이 생물을 하나의 통체로 유지시키는 내적인 힘이자 진화의 결정적 요인이라는 점을 인정할 때, 생명의 수수께끼를 해명하려는 철학적 작업이 비로소 성립할 수 있다고 말하고 있는 것이다. 따라서 야나기에게 '순수과학' 외에 '생기과학'의 자율성을 인정하고, 기계론과 함께 생기론 또한 긍정하는 것이 불가피하다는 것이다.

이상의 논의는 야나기가 이화학적 기계론의 일원론적 성격을 비판하고 생물학에 근거한 생기론의 자율성을 주장하고 있다는 점에서 이원론의 입장을 지지하는 것처럼 보인다. 실제로 「생명의 문제」의 마지막 부분에서 야나기는 독일의 과학자 칼 피어슨Karl Pearson의 과학에 관한 분류표를 소개하고 있는데, 여기에는 자연과학Science of Nature의 하위 학문으로 '순수과학'하위에 물리학과 화학과 함께 '생기과학'하위에 심리학과 생물학이 거론되고 있는데, 야나기는 그것들에 각각 '기계론'과 '생기론'을 대응시키고 있다. 그리고 이와 함께 그는 순수과학이 자연과학의 유일한 학문이 아니며 생물학이 하나의 '독립자율의 과학'이라는 점이 잘 나타나 있다는 주석을 붙이고 있다.[13] 여기까지만 보면 야나기는 과학의 이원론을 지지하는 것처럼 보인다.

그러나 여기서 야나기가 생명의 문제에 관해 순수과학과 기계론의 설명가능성을 완전히 부정하지 않았다는 점을 상기할 필요가 있다. 그가 궁극적으로 주장하려 했던 것은 생물학의 자율성을 통한 학문적 이원적 체계의 확립이 아니라, 양자의 '조화'에 있었다. 예컨대 그는 기계론의 한계

---

12   柳宗悅, 앞의 책, 299쪽.
13   柳宗悅, 앞의 책, 316~317쪽.

에 대한 인식을 통해 다음과 같은 결론을 이끌어내고 있다.

一 생명현상은 물질적 표현에 한정되지 않는다. 아니 오히려 생명은 그 표현에 대해서 물질을 사용하고 이것을 통체로 하는 힘을 의미한다. 따라서 물질 및 생명은 상호의존 혹은 상관의 관계에 있다. 따라서 기계론자가 비평한 것처럼 양자를 독립된 개별의 존재로 간주하는 것은 오류이지만, 그렇다고 생명을 물질현상의 하나로 귀결시키는 것 것도 기계론의 오류이다. 즉 자연에는 생명 및 물질의 두 질서를 인정하지 않으면 안 된다.

二 따라서 생명의 승인은 결코 기계론이 주장하는 것처럼 물질의 이화학적 현상과 모순되지 않는다. 생명과 물질에는 분리될 수 없는 조화가 있다. 생명은 결코 이화학적 법칙과 서로 모순되는 것이 아니다. 우리는 여기서 기계론과 생기로의 조화를 인정할 수 있다고 믿는다.[14]

즉, 야나기가 생물학의 자율성을 강조한 것은 이원론을 주장하기 위함이 아니다. 여기서 말하는 자율성이란 이화학에 대한 '상대적' 자율성을 말하며, 그것을 달리 말하면 이화학적 기계론만이 절대적 지식이라는 신념에 대한 비판을 의미한다. 오히려 야나기는 생명의 본질을 정확하게 이해하기 위해서는 양자의 '조화'가 필요하다고 주장하고 있는 것이다. 요컨대 다음과 같은 글에서 보는 것처럼 야나기는 과학의 이원론이 아니라 '이원적 일원론'으로서의 생기론을 지향하고 있었다. 다음과 같은 부분은 야나기가 생각한 '새로운 생기론'의 내용을 정확히 보여주고 있다. 결론

---

14 柳宗悦, 앞의 책, 286~287쪽.

적으로 그는 자신의 생기론을 '이원적 일원론'이라 명명한다.

생기론이 이원론으로 일관하고 있다는 기계론의 비평의 두 번째 오류는 우리가 앞서 지적한 것처럼 생명 및 물질을 개개의 별종의 두 실재로 속단하는 것에 있다. 그러나 내가 여기서 주장하려는 생기론은 결코 그런 두 개의 실재의 승인이 아니다. 데카르트가 이원론의 오류는 정신과 물체를 서로 의지하는 것이 아닌 대각선적 상반의 두 실체로 간주한 것에 있다. 또 스피노자가 마찬가지로 양자 사이에 어떤 인과적 관계를 인정하지 않았던 것도 그의 철학의 결점이다. 여기에서 말하는 이원이란 별종의 두 개의 실재가 서로 관계없이 존재하고 있다는 뜻이 아니다. 항상 상대적 의존의 관계에 서 있다는 것을 의미한다. 따라서 그 관계의 귀추는 항상 하나의 사실의 표현에 있다. 의미의 세계란 이것을 지시함에 다름 아니다. 즉 일원의 실재를 표시하기 위한 이원의 상관적 현실이다. 여기에서 말하는 이원적 이원론이란 이 주장을 총괄하는 명칭이다.[15]

야나기에게 '실재의 세계'란 다름 아닌 '의미의 세계'이다. 그리고 하나의 의미를 이끌어내기 위해서는 반드시 두 개의 상대적 현상에 의거할 필요가 있다고 말한다. 물론 이 원리는 생명과 물질의 관계에도 적용된다. 그는 예컨대 '마음'이 존재를 완성하기 위해서는 반드시 '물질적 표현'이 필요하다고 말하고 있다. 나아가 그 연장선에서 진화를 이런 의미의 세계를 개발하고 표현하기 위한 생명 및 물질의 발전으로 규정한다. 즉, 야나기에게 생명 없이는 표현을 얻을 수 없고, 물질 없이는 이런 발전을

---

15   柳宗悦, 앞의 책, 292쪽.

기대할 수 없다. 이렇게 이원의 존재는 하나의 의미를 표현하기 위한 필수적 조건이자 동시에 의미의 진화를 위한 전제로 간주되고 있었다.[16]

3. 1910년대 '생명'의 지식장

야나기의 「생명의 문제」는 '기계론 대 생기론'이라는 구도 위에서 서술되고 있다. 그런데 생명에 관한 논의를 이렇게 '기계론 대 생기론'의 구도로 파악하는 것이 야나기의 독창적 사고는 아니다. 그것은 '신생기론'의 주창자로 알려진 드리쉬에 의해 처음 제기되었다. 독일의 생물학자인 한스 드리슈는 『유기체의 과학과 철학』[1908]이라는 책에서 성게의 수정란이 두 개 내지 네 개로 분열되어도 각각 개별 개체로 성장하는 실험을 거론하면서, 수정란에 이미 성체조직의 근원이 구비되어 있다는 이른바 '기성설'을 부정하고, '네오 바이탈리즘 = 신생기론'을 주장한 바 있다. 야나기는 드리쉬의 이 '신생기론'을 '기성설'과 대비되는 '신생설'세포의 각 부분은 처음부터 결정되어 있는 특수성을 갖는 것이 아니라, 환경 및 세포 간의 상호관계에 의해 적응을 수행한다는 설의 대표적 이론으로 들고 있다. 이렇게 볼 때 야나기의 이 글이 드리쉬가 주장한 구도를 그대로 따르고 있음은 우연이 아니다. 야나기는 「생명의 문제」의 지면을 빌려 드리쉬의 신생기론을 신생설의 주요한 사례로 간주함과 동시에 그의 실험이 보여주고 있는 생명현상은 순수생물학적 사실에 해당되며, 그런 점에서 결코 이화학적 기계현상으로 환원될 수 없다고 주장하고 있다.[17]

---

16   柳宗悅, 앞의 책, 289쪽.
17   이렇게 야나기는 드리쉬의 영향을 강하게 드러내고 있으며, 그의 기계론과 생기론을

한편 야나기의 새로운 생기론은 드리쉬의 '신생기론'만이 아니라 진화의 내적 동인動因에 착목했던 앙리 베르그손의 생명철학도 중요한 지적 원천으로 받아들이고 있다. 생물학의 자율성과 생기론의 재해석을 시도하고 있는 「생명의 문제」에서 베르그손은 중요한 부분마다 인용되고 있다. 특히 이화학적 방법과 구별되는 순수생물학의 세 가지 관찰방법역사적, 심리적, 철학적을 논하는 부분은 거의 베르그손의 견해에 근거해 서술되고 있다. 야나기는 생명연구에서 역사적 관찰이 필요한 이유가 생명현상이 시간적 지속 위에서 과거에서 미래를 향한 끊임없는 '변화'를 본성으로 하고 있기 때문이라면, 심리적 관찰은 진화의 원인이 환경과 같은 외부적 요인이 아니라 생명체의 '내부'에 있다는 것에 의해 요구된다고 말한다. 그리고 철학적 관찰이 요구되는 이유는 진화의 최고 단계로 간주되는 '인간의 창조'가 보여주는 것처럼 진화는 어떤 '가치'나 '목적'을 향한 도정으로 파악되기 때문이다. 비록 베르그손이라는 고유명을 분명하게 거론하고 있지는 않지만, 이러한 설명이 베르그손이 말했던 '시간적 지속',[18] '생명의 약동', '진화의 종점이자 목적'으로서의 인간[19]이라는 개념에 근

넘어선다는 발상 또한 드리쉬의 '신생기론'과 무관하지 않을 것이다. 다만 드리쉬가 생기론의 의미를 자연과학의 맥락에 한정시켜 논하고 있다면, 야나기는 이것을 새로운 '생명론'과 같은 일종의 철학적 사고로 확장시켜 사용하고 있다는 점은 양자의 차이로서 지적할 수 있을 것이다.

18 이것에 관해 야나기는 다음과 같이 적고 있다. "생명현상이 기계적 제약이 아닌 창조진화를 운명으로 하는 한, 이것을 기정적인 정지물체로 연구하는 것은 불가능하며, 반드시 역사적 설명을 필요로 한다." 柳宗悅, 앞의 책, 309쪽.

19 예컨대 다음과 같은 문장을 보자. "오늘날 진화의 의의는 실로 생명의 왕국을 실현하기 위함에 있으며, 그 최고의 단계에 있는 인류의 창조는 생명이 그 존재의 지극한 가치의 세계에 진입하기 위함이다. (…중략…) 인간의 가치는 이 부여받은 생명의 힘에 의해 존재의 의미를 미식(味識)하고 직접적으로 실재의 세계를 만나 거기서 살아가는 것에 있다. (…중략…) 생물진화의 의의는 실로 이러한 의미의 세계, 실재의 세계를 만나기 위함이다." 위의 책, 311쪽.

거하고 있음은 분명하다. 특히 심리적 방법을 서술하는 다음과 같은 대목은 베르그손의 영향을 더욱 현저하게 보여주고 있다.

거기진화에는 내적 소인 즉 심리적 충동이 있지 않으면 안 된다. 생명의 진화 발전은 결코 모든 것을 환경의 영향에 돌릴 수 없다. 진화의 진의를 이해하려 한다면 우리는 모든 생물에 내재하는 생명에 관해 이것을 내부에서 관찰하지 않으면 안 된다. 우리는 진화가 어떤 환경의 각각의 사정에 관계되든 그 가장 근본적인 소인을 항상 살아있는 생명의 충동Vital Impetus에 구하지 않을 수 없다. (…중략…) 생체의 진화란 항상 생명의 부단한 표현에 동반되는 유기적 물질의 진화를 의미한다. 따라서 일체의 생물의 진화는 반드시 생명의 창조적 충동을 필요로 한다. 생명이란 무한을 향해서 전진하고 개척하고 주장하고 명령하는 근본적 힘이다.[20]

베르그손은 진화를 일으키는 힘을 '생명의 약동'이라 불렀다. 보다 구체적으로 말해 그에 따르면 진화에는 두 계열의 원인이 있는데, 하나는 "생명이 무기 물질 쪽에서 느끼는 저항"이고 다른 하나는 "생명이 자기 안에 보유하고 있는 폭발적인 힘"이다. 그러나 이 두 계열의 원인 중에서 진화=분화=분열의 심층적 원인은 후자, 즉 약동하는 생명력이다.[21] 이렇게 생명체들의 변화와 차이의 발생이 생명 자체에 내재하는 충동에서 비롯된다는 베르그손의 견해는 야나기에 이르러 진화의 '심리적 요인'이라는 말로 변주되고 있는 것이다.

그런데 야나기의 이런 베르그손에 대한 관심은 결코 개인적인 차원에

---

20   柳宗悦, 앞의 책, 310쪽.
21   앙리 베르그손, 황수영 역, 『창조적 진화』, 아카넷, 2005, 160~161쪽.

국한된 것이 아니었다. 실로 야나기의 「생명의 문제」가 발표된 1913년은 일본에서 베르그손 붐이 하나의 정점에 도달했던 때이기도 하다.[22] 다이쇼 시기에 접어들면서 베르그손의 철학에 대한 소개논문의 수가 늘어났고, 그의 저작도 대부분 번역되었다. 해설서가 출판되고 철학전문잡지에 그에 관한 논문이 다수 게재되었을 뿐만 아니라, 일간지 등에서도 베르그손에 관한 기사를 찾아볼 수 있다.[23] 예컨대 『도쿄아사히신문』은 '출판계', 『요미우리신문』은 '요미우리초よみうり抄'라는 제목의 문화란을 마련해 베르그손에 관한 기사를 게재했다.[24] 1931년 2월 당시 와세다대학 철학과 교수였던 가네코 지쿠스이金子筑水[25]가 베르그손의 『창조적 진화』의 번역본을 와세다대학출반부를 통해 발행했다. 그러자 이 책에 호응하는 형태로 아나키스트 오스기 사카에大杉栄와 도쿄제국대학 공과대학을 졸업한 특이한 이력의 저널리스트 나카자와 린센中沢臨川 등이 베르그손에 관한 글들을 차례차례 발표했다. 야나기의 「생명의 문제」는 바로 이런 당대의

22　이 시기 베르그손의 대유행과 갑작스런 소멸에 관해서는 다음 논문을 참조할 것. 宮山昌治, 「大正期におけるベルクソン哲学の受容」, 『人文』 4, 学習院大学, 2005.

23　鈴木由加里, 五十嵐伸治 外編, 「大正期のベルクソンの流行について」, 『大正宗教小説の流行ーその背景と"いま"』, 論創社, 2011, 188쪽.

24　예를 들어 1913년 5월 7일자 『도쿄아사히신문』의 출판란에서 다음과 같은 기사를 확인할 수 있다. 여기에는 도호쿠제국대학 교수 긴다 요시토미(錦田義富)가 번역출판한 『베르그손의 철학』에 관한 소개가 다음과 같이 게재되어 있다. "현대철학자 중에서 가장 명성을 세계에 자랑하는 불란서의 앙리 베르그손의 철학은 우리나라에도 이미 다소 소개되었지만, 베르그손 자신의 저서가 번역된 것은 이것이 처음이다. 이 책은 베르그손의 『형이상학 및 윤리학평론』 속의 「형이상학에의 서론」과 「변화의 지각」이라는 제목의 논문 두 종을 번역해 모은 것으로 극히 간단한 것이다. 그 철학의 양대 기초인 직관론과 무상적 진화론을 실로 명쾌하게 설명하고 있으며……" 鈴木由加里, 「大正期のベルクソンの流行について」, 188~189쪽에서 재인용.

25　『창조적 진화』의 번역자인 가네코 지쿠스이는 당시 정신적인 것의 가치를 재평가하고 그것의 우위를 주장하는 '신이상주의'를 역설했다.

사상적 분위기 속에서 쓰여졌다.[26]

　그런데 여기서 주의할 점은 야나기가 베르그손과 드리쉬를 모두 '생기론'의 범주에 포함시키고 있지만, 정작 베르그손은 자신의 생명철학을 드리쉬의 생기론과 신중하게 구별하고 있다는 사실이다.[27] 일반적으로 생기론은 개체로서의 생명체는 무수한 부분들 간의 조화를 통해 개체 전체의 생존이라는 공통의 목적을 향해 행동하는 것으로 간주된다. 이것에 대해 베르그손은 생기론이 기계론^{외적 목적론}의 난점을 지적하고 생명현상에 대한 과학적 설명의 근본적 한계를 일깨워 준다는 점에서 의의가 인정되지만, 그것은 동시에 목적성을 각 유기체의 내부로 축소시킴으로써 유기체의 개체적 측면이 과도하게 강조되는 문제가 있다고 지적한다. 그는 개체의 생존을 목적으로 볼 만큼 개체성 자체가 완전하거나 독립적이지 않으며, 또한 개별 생명체를 구성하는 각 요소들 자체도 하나의 유기체로 환원되지 않는 자율성을 지니고 있기 때문에 각 부분들은 전체 개체에 완벽하게 종속되지 않는다고 말한다. 따라서 개체 전체가 아닌 개체의 부분들에도 생명의 원리를 인정하는 것은 불가피하다. 그렇지 않으면 부분들의 자율성과 그것의 전체로의 종속을 모두 인정해야 되는데, 그러면 어떻게 해도 외적인 목적을 상정해야 하기 때문에 목적론을 비판하는 생기론과 양립할 수 없다는 것이다.[28]

26　鈴木貞美,『近代の超克－その戦前・戦中・戦後』, 224~225쪽.

27　베르그손은『창조적 진화』제1장「생명 진화에 관하여, 기계론과 목적론」에서 기계론과 목적론에 대한 비판을 전개하고 있는데, 거기서 드리쉬의 생기론은 목적론의 대표적인 사례로 거론되고 있다.

28　김재희,『베르그손의 잠재적 무의식－반복을 넘어서는 창조적 사유 역량의 회복』, 그린비, 2010, 341쪽. 야나기는 베르그손과 드리쉬를 모두 '생기론자'로 간주했다는 점에서 베르그손의 진화론에 대한 '오독'의 문제를 드러내고 있다는 점은 여기서 확인해 둘 필요가 있을 것 같다. 물론 이것은 야나기만의 문제라기보다는 베르그손 수용사에서 일

이와 같이 베르그손은 드리쉬와 달리 생명활동과 진화에 '목적'을 인정하지 않는다.[29] 사실 베르그손의 '생명의 약동'론은 이런 맥락에서 등장한다. 즉 그의 생명론은 생명현상의 목적을 개체의 생존에 초점을 맞춘 기존의 생기론에 대한 대안으로 제시된 것이다. 베르그손이 보기에 생명체들의 진화현상은 결국 생명체들의 공통된 발생의 근원이자 변이의 충동인 잠재적인 어떤 힘을 상정할 때 비로소 설명이 가능하다.[30] 예를 들어 그는 다음과 같이 말하고 있다.

생명은 물질과의 접촉에 있어서 충동이나 약동에 비교되지만 그 자체로 고찰되었을 때는 막대한 잠재성이며 수천의 경향들의 상호침투이다. 그러나 [물론] 그 경향들이 '수천으로' 되는 것은 일단 상호관계에 있어서 서로 외재화된 다음 즉 공간화된 다음이다. 물질과의 접촉은 이러한 분리를 결정한다. 물질은 단지 잠재적으로 다수였던 것을 실제적으로 분할하며 이런 의미에서 개체화

반적으로 보이는 하나의 경향이기도 했다. 황수영에 따르면 베르그손의 생명철학에 대한 가장 만연한 오해는 그를 생기론자로 간주하는 것이다. 하지만 베르그손의 생명철학은 생명을 운동과 시간, 진화, 지속의 우주론적 차원에서 다루어지고 있으며, 무엇보다 물질 그 자체의 비결정성과 지속 역시 인정하고 있다. 베르그손은 생기론이 주장하는 '생명원리'가 기계론의 맹목성과 우연성을 상기시키는 데 유용한 역할을 한다는 점은 인정하지만, 이 생명원리가 생명체 내부에서 개체 유지를 위한 부분들 간의 조화만을 고려한다는 점에서는 외적 목적론(예컨대 아리스토텔레스처럼 생명체를 최종적인 형상인을 향하여 존재의 위계적인 단계를 따라 단선적으로 진화한다고 보는 견해)과 동일한 모순에 처하는 내적 목적론에 지나지 않는다고 비판한다. 이에 관해서는 황수영, 「생명적 비결정성의 의미」, 『과학철학』, 1999, 80~82쪽 참조.

29 예컨대 진화의 조건에 관해 베르그손을 다음과 같이 말하고 있다. "첫째 에너지의 점진적인 축적이 있어야 하고, 둘째 변화 가능하고 비결정적인 방향으로 이 에너지의 통로를 만들어 그 끝을 자유 행위로 통하게 하는 것"이다. 앙리 베르그손, 황수영 역, 『창조적 진화』, 아카넷, 2005, 380쪽.

30 김재희, 앞의 책, 343쪽.

는 부분적으로는 물질의 작품이고 부분적으로는 생명이 자신 안에 포함하는 것의 결과이다.[31]

베르그손에게 생명체의 진화는 이 잠재적인 충동의 발산, 분화, 갈라짐이다. 이 과정은 원인과 결과 사이의 기계적인 결정 관계가 아닐 뿐더러, 이미 계획되어 있던 어떤 목적의 실현도 아니다. 이것은 비결정적이고 예측불가능한 차이를 생성하는 과정이다. 달리 말하면 잠재적인 힘은 현실화하면서, 스스로 분화하면서, 스스로 갈라지면서, 새로운 개체들을 생산하는 것이다.[32]

「생명의 문제」는 이런 동시대의 지적 상황만이 아니라 이전의 심리학에 대한 관심을 계승한 측면도 있다. 예를 들어 1910년에 발표된 「새로운 과학」에는 「생명의 문제」에서 논의되는 생명과 물질의 관계가 이미 심령과 물질이라는 방식으로 다루어지고 있다. 예컨대 그는 '아마도 물질적 세계는 절대적인 것이 아니다'라는 윌리엄 제임스William James의 말을 언급하며 다음과 같이 적고 있다. "이 단정을 뒤집어 보면 심령의 세계가 독립적 존재임을 인정하고 그것이 단순히 물질의 법칙에 의해 설명될 수 있는 것이 아니라는 것을 의미한다."[33] 여기서 야나기가 말하는 '새로운 과학'은 이 물리적 법칙에 의해 설명할 수 없는 심령현상을 연구하는 심리학을 가리킨다. 결국 생기론은 심령이 생명으로 전환되면서 '새로운 과학'을 대체하는 새로운 명칭으로 부여된 것이었다.

야나기의 생명론은 윌리엄 제임스의 심리학에 대한 몰두와 동시적

---

31 앙리 베르그손, 앞의 책, 385쪽.
32 김재희, 앞의 책, 343쪽.
33 柳宗悦, 앞의 책, 55쪽.

으로 전개되었던 신新신학에 대한 관심과도 연결되어 있다.[34] 야나기는 1910년 6월『시라카바』에 「근세에 있어서 기독교신학의 특색近世に於ける基督教神学の特色」이라는 글을 발표했는데, 여기에는 훗날 「생명의 문제」뿐만 아니라 블레이크 연구까지 지속되는 세계의 존재적 근원을 '내부'에 위치시키는 발상의 단초가 잘 나타나 있다. 이 시기 야나기는 윌리엄 제임스의 심리학에 몰두하는 동시에 기독교 연구에도 눈을 돌려 영국국교회의 목자였던 캠벨R. J. Campbell, 1867~1956의 저서 『신신학The New Theology』1907을 만난 것으로 알려져 있다. 야나기는 「근세에 있어서 기독교신학의 특색」에서 캠벨의『신신학』을 "구래의 비합리적인 사상을 탈각해 인생의 깊은 곳을 건드리며 강하고 깊은 신복음을 말하고 있다는 점에서 우리들에게 힘이 되는 저서"라고 높이 평가했다. 그렇다면『신신학』의 어떤 점이 야나기의 깊은 공감을 이끌어낸 것일까? 그것은『신신학』속의 '신의 위치'와 관련이 있다.[35] 야나기는 현대신학의 특색을 신을 초월적 존재가 아니라, 인간의 내부에 존재하는 것으로 보는 점에 있다고 말하며, 그것이야말로 '신신학'의 근본적 사상이라고 파악하고 있다.

이 신신학이 스스로 그 근본사상으로 삼고 있는 것은 신의 내재라는 사상이다. (…중략…) '신은 그의 세계를 통해 그 자신을 표현한다'라는 것은 캠벨의 말이다. (…중략…) 캠벨이 '모든 인간은 근본적으로 종교적이다'라고 말한 것도 이 때문이다. 그리고 이 사실을 가장 분명하게 보여주는 사람은 예수였다.

---

34 야나기의 '신신학'에 대한 관심에 관해서는 다음의 저서를 참조할 것. 佐藤光,『柳宗悦とウィリアム・ブレイクー環流する「肯定の思想」』,東京大学出版会, 2015, 145~153쪽.
35 이에 관해서는 다음을 참조할 것. 神田健次,「初期柳宗悦の宗教論と民芸論」,『基督教論集』(44), 2001; 佐藤光, 앞의 책, 118~119쪽.

그에게서 나는 신의 내재의 가장 높은 체현을 인정할 수 있다. '예술에게 인성은 신성이고, 신성은 인성이었다'라는 것은 「신신학」의 저자가 역설하고 있는 바이다.[36]

야나기가 그의 저서 『윌리엄 블레이크』에서 "그캠벨에게 인성은 신성이었다. 우리들이 신을 사모하는 것은 우리들에 신이 머물고 있기 때문이다"라고 썼던 것에서 알 수 있듯이, 당시 캠벨에 대한 관심은 윌리엄 블레이크에 관한 연구와 중첩되고 있었다. 바꿔 말하면 신이 인간 외부의 초월적 장소가 아니라 인간의 마음속에 머문다는 생각, 즉 인성이 곧 신성이라는 발상이 두 사람을 하나의 지평 위에서 연결시키는 것을 가능케 했다고 할 수 있다.

더욱이 캠벨의 '신의 내재 사상'이 윌리월 제임스의 '잠재의식'을 참고로 했다는 사실은 야나기의 생명론이 보다 복잡한 사상들의 연쇄와 관련되어 있음을 환기시킨다. 캠벨은 '신의 내재 사상'을 해석하면서 심리학을 적극 참조했는데, 이를 테면 그는 윌리엄 제임스가 말한 '잠재의식'에 대해 그것을 신의 계시가 전달되는 영역으로 보았다. 하지만 캠벨은 '잠재의식'이라는 용어는 적절하지 않기 때문에 '초의식the super-conscious' 내지 '무한의식the Infinite Consciousness'이라는 용어를 사용했다. 정신분석학의 '무의식'에 해당하는 것처럼 보이는 이 영역에 대해, 캠벨은 합리적 설명을 거절하는 신비체험과 종교체험이 발생하는 장으로 신성시하는 한편, 이 영역에서 들리는 목소리에 대해 '직관'과 '영감'을 이용함으로써 신의 의지에 근접해 갈 수 있다고 주장했다.[37]

---

36   柳宗悦, 앞의 책, 176쪽.
37   佐藤光, 앞의 책, 123쪽. 나아가 사토는 야나기의 독서체험이 갖는 글로벌한 지적 맥

이렇게 보면, 야나기는 제임스의 심리학과의 만남을 통해 과학의 밖에 놓여 있었던 심리현상을 과학의 영역 안으로 포섭했고, 캠벨의 '신신학'과의 접촉함으로써 '의미의 원천'으로서의 '신성한 내부'라는 관점을 획득했다. 그리고 그것은 「생명의 문제」를 거치면서 '생기과학'을 생명의 문제에 관한 자율적 학문으로서 '순수과학'으로부터 독립시키고, 생명진화의 원인을 충동과 같은 '심리적 요인'에 두는 방식으로 한층 더 구체화되었다. 야나기의 생명론은 그의 사상적 여정에서 갑작스럽게 생겨난 돌출부분과 같은 것이 아니었다. 오히려 그의 생명론은 '심리'와 '신성'이라는 추상적 용어가 과학적 담론과 합류하는 가운데 그 내용을 구체화해가는 과정의 산물로 형성되었다.

4. 선회하는 생기론 초월적 생명에서 조선이라는 타자로

앞에서 야나기의 생기론생명론이 그 이전의 심리학에 대한 관심에 구체성을 부여하는 성격을 띠고 있었다고 말했는데, 그의 생명에 대한 관심은 이후의 저술활동에도 이어졌다. 이 점을 생각할 때, 「생명의 문제」 안에

락을 다음과 같이 설명하고 있다. "캠벨은 『신신학』과 『신신학 설교집』(1907) 모두에서 심리학에 관한 정보원을 분명히 밝히고 있지는 않지만 1916년에 출판된 자전 『신앙의 편력』에는 윌리엄 제임스를 읽었다고 적고 있으며, 특히 『믿는 의지(信じる意志)』(1897)와 『종교적 경험의 제상(宗教的経験の諸相)』은 도움이 되었다고 적고 있다. 그렇다면 에드워드 카펜터가 1892년에 *From Adam's Peak to Elephanta : Sketches in Ceylon and India*속에서 사용한 '우주의식'이라는 개념이 1901년에 간행된 리차드 버크(Richard Maurice Bucke)의 '우주의식'으로 흘러들어간 후, 그것이 나아가 윌리엄 제임스의 『종교적 경험의 제상』에 영향을 주고 캠벨의 『신신학』에 연결되는 한 줄기의 사상의 흐름이 부상한다. 또한 마치 이 흐름에 몸을 맡긴 것처럼 야나기가 독서체험을 거듭했음이 보인다." 佐藤光, 앞의 책, 123~124쪽.

윌리엄 블레이크의 시가 언급되고 있는 사실을 놓쳐서는 안 된다. 왜냐하면 야나기는 1914년 4월 『시라카바』에 「윌리엄 블레이크ㄱ리ㅏㅁ·ㅂ레ㅡㅋ」를 발표했고, 뒤이어 12월에는 750여쪽에 달하는 방대한 분량의 동명 저작을 출판했기 때문이다. 실제로 야나기는 1913년부터 윌리엄 블레이크에 관한 글을 준비하기 시작한 것으로 알려져 있는데, 이것은 그의 블레이크 연구에 관한 기본적 구상이 생기론에 대한 재해석과 동시적으로 이루어졌음을 보여준다. 그런 의미에서 이 시기의 저술활동은 '생명'을 축으로 하는 일련의 연속적 과정으로 파악할 수 있다.

예를 들어 「생명의 문제」에서 블레이크는 생명의 운동이 초래하는 변화란 개변改變이자 '창조 = 창신'이라는 대목에 등장한다. 여기서 야나기는 다수의 과학자들이 생명의 문제를 기계적 제약으로 설명하려 할 때, 이 '천재'윌리엄 블레이크는 자신의 생명을 'Novelty, Creation'으로 노래함으로써 생명의 힘은 '일체의 계획designed plan을 허용하지 않는 자유로 넘쳐나고 있'[38]음을 자각했다고 평가한다. 그는 블레이크의 다음과 시를 소개하면서 여기에 자신이 생각하는 '생기론'의 핵심이 표현되어 있다는 주석을 단다.

To see a World in a Grain of Sand

And a Heaven in a Wild Flower

Hold Infinity in the palm of your hand

And Eternity in an hour

---

[38] 柳宗悦, 앞의 책, 316쪽.

이 시에 부친 야나기의 생기론적 주석은 다음과 같다. 즉 "이 세계는 유현한 생명의 세계이고, 이 빈약한 한 알의 모래에도 그것의 흔적이 깃들어 있다. 만약 우리가 이런 마음으로 성찰한다면 이 생명이 없는 모래에도 세상의 진실이 나타나 있음을 보게 될 뿐만 아니라, 그 속에서 무한의 의의를 포착할 수 있다. 또 이렇게 버려진 들판의 꽃에도 생명의 힘이 넘쳐나고 있다. 따라서 꽃의 마음을 아는 것은 바로 생명이 넘치는 천국의 계단을 보게 될 것이고, 이렇게 거기에 내재하는 영원의 의미를 손에 넣은 행운을 얻게 되는 것이다."[39] 그는 자연의 깊은 곳에 존재하는 생명의 세계를 시인하고, 그 가치와 의의를 찬미하는 이 시야말로 생기론의 주지主旨를 표현하고 있다고 말한다.

여기서 야나기가 강조하고 있는 것은 물질과 생명의 깊은 연관이며 그것에 관한 자각의 요청이다. 앞서 야나기가 주장하는 '생기론'이 물질과 생명, 기존의 기계론과 생기론의 대립을 넘어서려는 사상적 의지를 표현하고 있다는 점을 확인했는데, 사실 이 '이원론'을 극복한다는 발상이원적 일원론은 또한 블레이크 사상의 중요한 부분을 차지한다. 일찍이 블레이크는 기독계의 십계에 대해 이것은 '기독의 진의를 오인한 가르침에 지나지 않는다'고 비판하면서 '천국을 사랑하면서 지옥을 찬미했다. 선을 쫓으면서 악도 시인했다. 이성을 중시하면서 정력을 존중했다. 정신을 사모하면서 육체를 구가謳歌했다. 천사의 모습과 함께 악마의 목소리에도 힘을 인정했다'고 말했는데, 야나기는 이렇게 '존재하는 모든 것을 긍정'하는 블레이크의 태도는 그의 '도덕관의 추축樞軸'을 이룬다고 보았다. 나카미 마리가 지적한 것처럼 야나기는 블레이크 연구를 통해 '천국을 사랑함과

39 柳宗悦, 앞의 책, 319쪽.

동시에 지옥을 찬미'하는 그의 시점을 받아들임으로써 '이원二元'에 관한 독창적인 사고, 즉 대립하는 성질이 상호의존의 관계에 있다는 생각을 한층 확고한 것으로 만들었다.[40]

이렇게 생기론의 확장적 재해석에 확신을 제공한 블레이크 사상의 지적 여파는 1919년 이후 본격적으로 전개된 '조선미술론'에도 미치고 있다.[41] 잘 알려진 것처럼 야나기는 3·1운동[1919] 이후 집중적으로 전개한 조선예술의 독자성에 관한 논의에서 조선미의 특징을 '비애의 미'로 규정했다. 이러한 그의 조선미에 관한 이해는 식민지적 상황에 대한 사후적 승인이자 세련된 '조선멸시론' 혹은 '정체성론'의 일종으로 간주되었다. 그런데 이른바 야나기의 조선예술론에 작동하는 '식민지주의적 무의식'에 대한 비판이 계속되고 있는 것에 비해, 그가 예술에서 민족의 '심리마음'을 읽어낸다는 방법적 인식은 거의 주목을 받지 못했다. 그러나 타자에 대한 진정한 이해는 '지식'이 아니라 '직관'에 의해서만 가능하다는 야나기의 관점은 블레이크의 시에 헌사한 '꽃의 마음을 아는 것은 바로 생명이 넘치는 천국의 계단을 보'는 것이라는 주석을 낳은 시점과 결코 다르지 않다. 여기서 그가 이성, 합리, 지식을 거부하고 직관과 상상想像을 중시했던 블레이크에 깊은 공감을 표했다는 사실을 다시 한 번 상기해도 좋을 것

---

40 中見眞理, 앞의 책, 89쪽.

41 블레이크의 사상은 야나기가 조선예술에 관심을 갖기 이전에 동양적 정신에 관심을 갖게 된 계기였다는 점도 언급해 둘 필요가 있다. 예를 들어 야나기는 버나드 리치에게 보낸 편지에 다음과 같이 적고 있다. "동양이 장래 서양에 제공할 수 있는 최대의 선물은 이 상상적(想像的) 사상일 것이다. 과학과 이성은 서양에서 특별한 발전을 이뤘다. 이 상상적 사상을 다룬 두세 명의 서양 철학자가 있지만, 그러나 그들은 겨우 동양의 이념을 반사한 것에 지나지 않는다. 윌리엄 블레이크라는 거대한 예외를 제외하고 이 사상을 예술로 표현한 것에 성공한 예술가는 한 사람도 없다고 해도 과언이 아니다." 柳宗悅,『柳宗悅全集 第十四卷』, 筑摩書房, 1982, 73쪽.

이다.

야나기는 블레이크가 말한 '상상'을 신과 자연에 스스로를 몰입할 때에 얻을 수 있는 '종교적 법열religious ecstasy'에 빗대어 설명하기도 한다.

> 존재하는 모든 것은 신성하다. (…중략…) 인간의 가장 근본적인 성정 그 자체의 상징이며, 종교적 법열, 즉 '상상' 그 자신의 표현이다. 우리들은 그것상상의 상징에서 인간과 예술의 가장 완전한 융합밀착을 볼 수 있다.[42]

그에 따르면 블레이크에서 진리는 지식조작으로 구성되는 것이 아니라 가치내용으로 성립하는 것이며, 그의 철학의 핵심은 언제나 '상상'의 사상에 있다고 간주된다. 또한 블레이크는 '존경스런 지식'이란 지성 또는 이성이 아니라, '관용'이라고 생각했고, "이성의 범위를 넘어선 상상의 세계를 인정하지 않는 사상은 그에게 참을 수 없는 것"이라고 말한다. 달리 말하면 야나기는 '상상'을 이원적 대립으로 가득한 현실을 초월할 수 있는 힘이자, '존경스런 지식'과 '예술'을 가능케 하는 원동력으로 간주했다. 한편 상상이 이원적 대립을 극복한 '신의 세계'를 떠올릴 수 있는 인간의 능력을 의미한다면, 직관은 이 '신의 세계'에 다가서는 능력으로 정의된다. 그는 블레이크가 '직관'을 '실재를 파악할 수 있는 유일한 힘'으로 간주했다고 말한다.[43] 그리고 블레이크가 진리에 대한 접근을 가능케 하는 인식으로 역설한 '상상'과 '직관'은 이제 조선에 대한 지식과 경험이 일천함에도 불구하고 조선인의 마음을 이해할 수 있다는 야나기의 확신을 정당화해 준다.

---

42   柳宗悦, 『柳宗悦全集 第四卷』, 筑摩書房, 1981, 358쪽.
43   中見真理, 앞의 책, 44~45쪽.

예를 들어 3·1운동의 충격에 의해 집필된 「조선인을 생각한다」[1920] 속에서 상상을 결여한 지식은 아무리 그 양이 많더라도 조선에 대한 진정한 이해를 보증할 수 없음을 다음과 같이 말하고 있다. "나는 조선에 대해 충분한 예비지식을 가지고 있는 편이 못된다. 다소나마 가지고 있는 것이 있다면 그것은 약 한 달 동안에 걸쳐 조선의 여러 지방을 순례했던 일과 여행을 떠나기 전에 두세 권의 조선의 역사책을 읽었던 일, 그리고 일찍부터 조선의 예술에 대해 흠모의 정을 품고 있었다는 이 세 가지 사실 뿐이다."[44] 그러나 이런 한계는 조선을 이해하는 데 결코 장애물이 될 수 없다. 왜냐하면 그는 이미 조선의 예술에 마음을 빼앗겼으며, 타자 이해의 성패를 좌우하는 것은 지식의 양이 아니라 타자에 대한 애정에 있기 때문이다. 타자의 이해에서 중요한 것은 애정에 이끌리고 있는 '직관'의 힘에 대한 신뢰이다. 이어서 그는 다음과 같이 적고 있다.

나는 조선에 대하여 아무런 학식도 없는 사람이지만, 다행히도 그 예술에 나타난 조선인의 마음의 요구를 음미함으로써 조선에 대하여 충분한 애정을 가지고 있는 한 사람이라는 것을 느끼고 있다. 나는 어떤 나라 사람이 다른 나라를 이해하는 가장 깊은 길은 과학이나 정치상의 지식이 아니라 종교나 예술적인 내면의 이해라고 생각한다. 다시 말해 경제나 법률의 지식이 우리를 그 나라의 마음으로 인도하는 것이 아니라, 순수한 애정에 기초를 둔 이해가 가장 깊이 그 나라를 이해하게 하는 것이라고 생각한다. (…중략…) 예술은 실로 날카로운 직관의 이해이지만 과학이나 정치는 오히려 독단에 빠져 이기주의에 물들어 버린 불순한 이해인 경우가 종종 있었다.[45]

---

44   야나기 무네요시, 이길진 역, 『조선과 그 예술』, 신구, 2006, 19쪽.
45   위의 책, 19~20쪽.

과학에 의존할 수 없는 이유는 과학이 세계^{타자}를 '애정'에 근거해 보려고 하지 않기 때문이다. 또한 정치는 타자를 '통치'와 '지배'의 대상으로 간주한다는 점에서 진정한 타자 이해와 무관하다. 과학과 정치는 모두 '우리'와 '타자' 사이에 절대적인 위계의 경계를 설정하는 '이원론'에 근거하고 있는 점에서 공통적이다. 이러한 이원론에서 벗어나기 위해서는 '직관'의 힘에 기대지 않을 수 없다. 이원론의 기초한 '지식'은 그 양이 아무리 많아도 '우리'를 타자에 대한 진정한 이해로 이끌지 못한다. 오직 애정에 뿌리를 둔 '직관'만이 '우리'를 타자의 마음으로 인도하고, 타자에 대한 깊은 이해를 가능케 한다고 야나기는 주장하고 있는 것이다.

조선미술론의 방법론이 생기론에서 발전시킨 개념에 의존하고 있다고 해서 조선미술론을 이전의 생기론의 단순한 '변주'로 간주하는 것은 적절하지 않다. 왜냐하면 조선미술론에는 이전에 없었던 인식상의 전환이 표명되고 있기 때문이다. 생명론과 조선미술론이 맺는 확장적 연속성의 측면을 가장 분명하게 보여주는 것은 예술품을 통해 타자의 마음을 읽어낼 수 있다고 주장하는 대목이다. 그의 확장된 생기론은 물질과 생명의 상호작용과 그 양자가 맞물리는 순간에 어떤 하나의 의미의 세계가 출현한다^{이원적 일원론}는 것에 핵심이 있다. 그래서 그는 "위대한 예술은 이런 의미의 세계의 표현"이라고 말할 수 있었다. 그런데 이것을 달리 말한다면, 주관과 객관의 상호작용을 통해 태어난 예술을 통해 인간에 선행하는 생명의 의미^{실재}의 세계에 도달할 수 있다는 것이 된다. 그런데 1910년대 생명론 속에서 물질 혹은 객관이라 불렸던 예술창조의 외적 조건은 이제 조선미술론에 이르러 자연과 역사라는 보다 구체적인 맥락으로 전환된다. 「조선의 미술」¹⁹²² 속의 다음과 같은 구절, 즉 "예술에는 민족의 마음이 나타나 있"으며 "자연과 역사는 언제나 예술의 어머니"와 같은 조선미술론의 방법적 선언처럼 들리는 진술은 이전의 생기론이 구체적인 인간의 삶과 결부되어 야나기의 인식이 확장되었음을 드러낸다.

> 예술에는 민족의 마음이 나타나 있다. 어떤 민족이든 그 예술에 있어서만은 자신을 참되게 표현한다. 한 나라의 심리를 이해하려면 예술을 이해하는 것보다 더 빠른 길은 없다. 미술사가는 필연적으로 심리학자다. 나타난 미에서 심리의 번뜩임을 읽을 때 그는 진정한 미술사가일 수 있다. 만약 조선의 예술을 이해할 수 있다면 우리는 단지 그 미의 특질에 관해서만 알게 되는 것이 아니다. 그 표현을 통해 그 민족이 무엇을 원하고 무엇을 호소했는지 알 수 있을 것이다.
>
> 자연과 역사는 언제나 예술의 어머니였다. 자연은 그 민족의 예술이 걸어야 할 방향을 정해주고, 역사는 밟아야 할 경로를 부여했다. 조선예술의 근본적인 특질을 포착하려면 그들의 자연으로 돌아가고 그 역사에 들어가지 않으면 안 된다. (…중략…) 극동을 형성하는 세 나라, 중국과 조선과 일본은 어떤 대비를 이루고 있는가. 나는 이것을 돌이켜봄으로써 고유한 조선의 미를 찾아보려고 한다. 다 같이 동방의 기질에 같은 문화를 받고는 있으나, 그 자연의 다름과 역사의 다름으로 예술도 그 색조를 달리하고 말았다.[46]

야나기는 조선예술을 조선인이라는 주체와 자연 및 역사라는 객체의 상호작용이 낳은 의미의 담지체로 간주하고 있다. 그래서 그는 조선인의 마음을 이해하는 데 예술보다 빠른 길은 없다고 말할 수 있었던 것이다. 그런데 개념의 연속성에만 주목해 이 글을 이전의 생기론의 반복 정도로

---

46 야나기 무네요시, 앞의 책, 85쪽.

간주하는 것에는 신중할 필요가 있다. 생기론에서는 주체와 객체의 문제가 생명과 물질이라는 이분법 위에서 추상적으로 다루어진 반면, 여기에서는 조선민족의 미술을 그 민족의 자연과 역사처럼 명백하게 구체적인 지시대상으로 통해 논의하고 있다는 점을 놓쳐서는 안 된다. 게다가 객체의 자리에 '자연'만이 아니라 '역사'가 포함되고 있는 점도 눈여겨 볼 부분이다. 확장된 생기론이 그 이전의 '새로운 과학'의 구체적 표현이었다면, 야나기의 조선예술론은 생명에 관한 메타적 논의가 역사와 만나는 장면을 제시하고 있다. 그의 조선예술론이 3·1운동의 충격 속에서 쓰였다는 점을 생각한다면, 결국 3·1운동은 '초경험적' 경지에 존재했던 그의 생명론이 조선예술론과 민예운동과 같은 '경험적 생명生活'으로 전환되는 결정적 사건이었다고 말할 수 있을 것이다.

   야나기는 오랫동안 민예운동의 창시자로 알려져 있다. 반면 그가 서구 생기론의 적극적 수용자였다는 사실은 그다지 주목받지 못했다. 그는 잡지 『시라카바』 동인으로 활동했던 1910년대에 물리학과 기계론에 대한 강한 거부감 위에서 심령과 생명에 몰두했다. 그것은 1913년에 발표한 「생명의 문제」와 뒤이은 윌리엄 블레이크 연구로 귀결되었다. 또한 생명에 대한 야나기의 관심이 후일 민예론에 관한 구상으로 이어진다는 논의는 존재했지만, 그 사이에 존재하는 조선예술론이 이전 시기의 생명론과 어떻게 연결되는가는 거의 조명받지 못했다. 그러나 야나기가 앙리 베르그손과 윌리엄 블레이크를 통해 수용한 '직관'은 그의 조선예술에 관한 방법론의 핵심에 위치하고 있다. 그런 점에서 생명론을 조선예술론을 가능케 한 선행하는 사상적 원천으로 간주될 필요가 있다.

5. 문화적 조선독립론을 향해

　야나기 무네요시의 「생명의 문제」는 야나기 연구에서 주변적 텍스트로 다루어져 왔다. 그것은 그의 윌리엄 블레이크 연구를 위한 보조적 텍스트 정도로 간주되었다. 물론 이 장의 목적은 「생명의 문제」가 1910년대 야나기의 사상적 궤적에 있어서 주변적 텍스트라는 점을 부인하는 것에 있지는 않다. 오히려 이 장의 문제의식은 그것을 1910년대 야나기의 생기론 = 생기과학을 구성하는 핵심적 텍스트로 재평가하는 데 있다. 「생명의 문제」가 중요한 이유는 흔히 사변적 논의로 흐르기 쉬운 종교와 예술의 보편성을 새로운 과학지식, 즉 서구의 생기론과 베르그손의 진화론과 접목시켜 보다 보편적인 지식을 형성하려는 그의 의지의 산물이었기 때문이다. 바꿔 말하면 그것은 물리학과 화학에 대한 생물학의 '독립'을 실현시키고, 생기론을 과학적 학설에서 해방시켜 인간을 탐구하기 위한 학문이 근거해야 할 보편이론으로 '격상'시키는 형태로 나타났다. 이때 생기론은 베르그손의 '창조적 진화'라는 개념에 대한 재해석 위에서 구축되었는데, 야나기의 생기론이 설명하는 진화란, 그 원인이 환경이 아니라 인간의 내부에 있으며, 진화의 목적은 생명에 내재하는 의미 혹은 가능성을 현실화하는 것으로 간주된다. 이로부터 존재하는 모든 것은 생명진화의 목적을 표현하고 있기에 그 자체로 의미를 가진다는 결론이 도출된다.

　그리고 이런 고유한 생명론은 3·1운동을 경험하면서 잘 알려진 조선미술론 속으로 확장되었다. 반복해서 말하지만, 야나기의 조선미술론은 1910년대 사상과 무관하게 나타난 것이 아니라 생기론의 확장이라는 형태로 존재하고 있었다. 즉, 야나기는 베르그손과 윌리엄 블레이크로부터 받아들인 직관의 개념을 타자 이해를 위한 방법으로 전환했다. 타자의 마음을 이해하기 위해서는 지식이 아니라 직관의 힘을 통해야 한다는 주장은 이런 배경에서 나올 수 있었다. 나아가 그는 신신학에서 배운 '존재하는 것'이 곧 '신성한 것'이라는 발상에 의거함으로써 고유한 미적 세계를 가진 '조선'의 독립을 불가피한 것으로 인식했다. '비애'로 호명되는 조선의 미가 식민지로 전락한 조선의 현실을 사후적으로 정당화하고 있다는 비판과 의혹에도 불구하고, 야나기가 조선민족을 고유한 역사와 자연을 배경으로 대체가 불가능한 미적 세계를 구축한 존재들로 간주했다는 점은 부인할 수 없는 사실이다. 야나기가 제국일본의 동화주의를 생명에 반하는 정책이라고 비판했던 연유도 바로 여기에 있다. 그는 비록 주권의 회복을 통한 정치적 독립에 대해 명시적인 지지를 언급하지는 않았지만, 식민지 조선의 문화적 고유성이 정치적 독립의 전제가 된다는 점을 결코 부인하지 않았다. 이처럼 3·1운동은 야나기에게 생명을 매개로 한 타자 인식의 필요성을 깨닫게 했고, 동시에 그가 '존재하는 것 = 신성한 것'이라는 사고 위에서 식민지 조선의 '자립적' 미래를 긍정하도록 이끌었던 것이다.

제5장
'인종개량'의 이상과 '파국'의 상상력

1. '인종개량'이라는 이상

일반적으로 우생학^{우생사상}하면 한센병, 단종 등의 말이 뒤따른다. 신체적, 정신적으로 '우수한' 인간을 보호하기 위해 생물학적 열성자의 배제를 주장하는 우생학에서 한센병환자는 대표적인 열성자 내지 열악자^{劣惡者}로 간주되었고, 따라서 단종시술의 대상으로 분류되었다. 그리고 이것은 주장이나 제안에 그치지 않고 실제로 국가정책으로 실시되어 다수의 피해자를 낳았다.[1] 이런 사정으로 인해 우생학은 대체로 한 사회의 의학적·생물학적 '건강'을 위협한다고 지목되는 내부의 열성자를 배제 혹은 제거할 것을 주장하는 이념이자 운동으로 인식되고 있다.

우생학의 역사는 그것이 이 내부의 부정적 타자를 배제하려는 일종의 '지식권력'으로 작용해 왔음을 보여준다. 하지만 서구의 우생학을 '수입' 한 일본의 경우, 그것은 한센병환자, 정신병자와 같은 내부의 타자만이 아니라 외부에 존재하는 타자와의 관계 속에서 정당화되었다. 물론 여기서 말하는 근대 일본의 '외부적 타자'란 무엇보다 '서구 열강'을 가리킨다.

---

1   김호연, 『우생학, 유전자 정치의 역사』, 아침이슬, 2009; 米本昌平他, 『優生学と人間社会—生命科学の世紀はどこへ向かうのか』, 講談社, 2000.

19세기 말 일본에 상륙한 우생학은 그 초기부터 서구 열강과의 소위 '인종경쟁'에서 일본이 살아남기 위한 과학적 지식으로 간주되었다. 뒤에서 자세히 다루겠지만, 근대 일본에서 우생학은 서구 열강과의 경쟁에서 뒤처지지 않고, 궁극적으로 '승리'할 수 있도록 일본인^{일본민족}의 집단적 체질을 '개선'시키는 것, 즉 '인종개량'의 이념과 함께 받아들여졌다. 그런 이유로 근대 일본에서 Egenics는 우생학이 아니라 '민족위생^{Rassenhygiene}'이라는 말로 불렸다.

우생학은 유전적 우성자를 늘리고 열성자를 줄인다는 두 가지 계기를 포함한다. 그러나 현실에서 두 벡터가 동등한 힘으로 나타나지는 않았다. 생물학적으로 '우수한' 인간들 간의 결혼을 통해 우성의 인간이 자연스럽게 늘어나는 것을 기대하기란 쉽지 않기 때문이다. 그래서 현실에서 작용하는 우생학적 실천은 '우수한' 인간 간의 결합보다는 '열악한' 인간을 배제하는 쪽에 힘이 실렸다. 그것은 단종법 제정이 우생운동의 중요한 과제였다는 역사적 사실에서 알 수 있다. 하지만 이렇게 말하고 나면, 우생론자들에게 왜 단종법 제정이 우생운동의 중요한 목표였는지를 알 수는 있어도, 왜 그들이 단종과 같은 강제적인 배제의 기술에 집착했는가에 관한 '심리적' 이유를 이해할 수는 없다. 여기서 말하는 '심리적' 이유는 사회의 진화를 '자연선택'에 맡겨둬서는 안 된다는 강박관념과 관련되어 있다. 즉 우생론자의 심리란, 사회 내부의 유전적 열성자를 방치하면 결국 사회가 열악자로 가득차 결국 붕괴할지도 모른다는 '불안'에 다름 아니다. 근대 일본의 우생론자들이 단종에 집착하면서 동시에 식민지 출신자의 국내유입과 그들과의 혼혈에 반대했던 것도 바로 이런 '불안'에 따른 것이다.

이 장에서는 이상과 같은 문제의식 위에서 근대 일본의 우생사상을 '인종개량'과 우생결혼에 초점을 맞춰 통시적으로 조감하려 한다. 인종개량이 타자와의 관계 속에서 도출된 우생사상의 목적이라면, '우수한' 인간 간의 결혼을 가리키는 우생결혼은 인종개량의 목적을 실현하기 위한 중요한 수단으로 간주되었다. 그리고 당시 '화류병'으로 불렸던 매독과 같은 성병은 우생결혼의 최대 장애물로 지목받았다. 따라서 단종의 대상에 '성병환자＝화류병자'는 예외 없이 포함되었다. 이 글은 근대 일본에서 우생사상의 강조점이 1920년대 이후 인종개량에서 우생결혼으로 옮겨가는 과정을 기술하고, 그 위에서 우생결혼에 관한 논의가 지식인의 담론에 그치지 않고 법률화류병예방법과 같은 제도적 장치와 '우생상담소', '위생전람회'와 같은 문화적 장치를 통해 대중의 일상으로 파고들어 갔던 광경도 묘사하고자 한다. 그리고 최종적으로 우생론자들의 적극적인 대중계몽과 지속적인 단종술의 법제화 시도의 배후에는 앞서 언급했던 사회에 대한 '파국적 상상력'이 관련되어 있음을 논증하고자 한다. 이런 작업을 통해 특히 단종을 초점화하여 우생학을 사회의 내적 타자를 배제하는 지식권력으로 기술하는 데 치중했던 기존 연구[2]에 시각적 '균형'을 제

---

2 일본과 한국의 선행연구로는 다음과 같은 것이 있다. 일본의 연구로는 다음과 같은 것들을 들 수 있다. 鈴木善次, 『日本の優生學－その思想と運動の軌跡』, 三共出版, 1983; 藤野豊, 『日本ファシズムと優生思想』, かもがわ出版, 1998; 오구마 에이지, 조현설 역, 『일본 단일민족신화의 기원』, 소명출판, 2003; 가토 슈이치, 서호철 역, 『'연애결혼'은 무엇을 가져왔는가－성도덕과 우생결혼의 100년간』, 小花, 2013. 이 글은 '인종개량' 논의 및 '성병' 담론에 관해서는 후지노(藤野)의 연구를 참고했으며, 우생결혼에 관해서는 가토의 연구로부터 많은 시사를 받았다. 다만 이들 연구는 우생사상과 제국화하는 현실 간의 긴장을 내포한 관계에 대해 충분한 주의를 기울이고 있지 않다. 한편 한국의 주요 선행연구로는 강태웅, 「우생학과 일본인의 표상－1920~40년대 일본 우생학의 전개와 특성」, 『일본학연구』 38, 2012; 이혜린, 「우생학 담론에서 '배제'의 논리－생명관리 권력(Biopower) 이론을 통해 본 이케다 시게노리(池田林儀)의 우생운동」, 『일본역사연구』 36, 2012; 김경옥, 「총력전체제기 일본의 인구정책－여성의 역할과 차세대상을 중심으로」, 『일본역사연구』 37, 2013 등이 있다. 이들 연구는 각각 '우생학과 혼혈', '이케다 시게노리의 우생사상', '총력전시기의 인구정책'에 초점을 맞춰 심도있는 분석

공하고, 근대 일본의 우생사상이 제국화하는 현실과 맺고 있었던 착종적 관계가 드러날 수 있을 것이다.

2. 우생학, '인종개량'을 위한 '학지(学知)'

1921년 '연애'를 주제로 한 평론이 인기를 끌었다. 영문학자 구리야가와 하쿠손의 『근대의 연애관』이 그것이다. 『아사히신문』에 연재될 당시부터 화제를 모았던 이 평론은 단행본으로 출판되자 한 달 만에 40쇄를 넘겼다. 책머리에 인용된 영국 시인 로버트 브라우닝(1812~1889)의 "Love is best"라는 시구는 유행어가 되었다. 이 책의 핵심을 이루는 것은 '자기희생으로서의 연애'라는 관념이다. 이것은 연인을 위해 모든 것을 포기한다는 낭만적 연애관과는 관계가 없다. 그에게 따르면 여성(부인)에게 참다운 연애란 '생식'에 기초를 두며, 개인을 벗어나 가족과 민족 나아가 인류의 '진화'에 부응하는 것으로 정의된다.

이어서 결혼 관계에 들어서면 이 사랑은 물적 기초 위에서 더욱더 굳건해지고 강해지고 심화된다. (…중략…) 최초의 연애는 드디어 부부간의 상호부조의 정신이 되고 더없이 높고 커다란 정의(情誼)로 변하며, 나아가 자식에 대한 부

을 보여주고 있다. 이 글은 이러한 선행연구의 성과를 적극적으로 수용해 근대 일본 우생사상의 흐름을 '통시적'으로 조감하는 한편 우생사상이 타자의 배제를 지향하면서 동시에 타자에 대한 깊은 '불안'에 사로잡혀 있었다는 점을 논증하고 있다는 점에서 독창성을 주장하고 있다. 여기에 일본의 한센병작가인 호조 다미오의 문학과 우생학 관련 잡지미디어를 분석하고 있는 이지형의 연구도 우생사상과 문학의 접점이라는 측면에서 주목할 만하다. 이지형, 『과잉과 결핍의 신체─일본문학 속 젠더·한센병·그로테스크』, 보고사, 2019.

모의 애정으로 전화된다. 특히 부인이 갖는 가장 고귀한 모성애를, 성욕에 기반한 성적 연애의 연장이자 변형 그 자체로 보는 것은 지당한 견해일 것이다. 그것은 이윽고 부모에 대한 자신의 애정이 되어 돌아온다. 더 나아가 진화와 함께 이 같은 사랑의 정신이 확대되기에 이르러 가족에서 더 나아가 이웃에 이르고, 자신의 민족 전부 그리고 사회에 이르러 세계 인류에 미칠 때, 우리 인간의 완전한 도덕 생활은 여기에 성립한다. 사랑이 없는 곳에 도덕은 없다.[3]

여기에 표명되고 있는 것은 '종족 향상을 위한 연애'라고 할 수 있다. 즉, '자기희생으로서의 연애'란 사랑의 감정을 개인의 차원을 넘어 민족과 사회로까지 확장하는 것에 연애의 목적이 있다는 말에 다름 아니다. 그래서 '종족의 향상'에 복무할 때 연애는 도덕적인 것이 된다고 구리야가와는 말한 것이다. 연애보다 결혼이 그리고 그것보다 모성과 생식이 더 높은 가치가 있는 것으로 간주되고 있다. 그리고 여기서 짚어둘 사실은 구리야가와처럼 연애를 개인이 아닌 공동체의 '발전'으로 환원시키는 발상은 결코 예외적인 것이 아니었다는 점이다. 가토 슈이치가 『'연애결혼'은 무엇을 가져왔는가』에서 지적하고 있는 것처럼 1920년대 연애관의 주류는 '자유연애'라기보다 민족과 국가를 위한 연애, 즉 '우생연애'였다.[4]

근대 일본에서 연애·결혼·출산의 우생학적 개혁을 국가적 과제로 논하는 담론이 등장한 것은 1910년대의 일이다. 이런 논의의 출발을 알린 것은 우생학자 운노 유키노리海野幸徳, 1879~1955였다. 운노는 그의 첫 번째 저서 『일본인종개조론日本人種改造論』1910에서 러일전쟁의 승리가 보여주는

---

3   구리야가와 하쿠손, 이승신역, 『근대 일본의 연애관』, 도서출판문, 2010, 29~30쪽.
4   가토 슈이치, 앞의 책, 148~166쪽.

바와 같이 일본인은 '사회적 경쟁'에서 서양에 밀리지 않지만, '신체적·정신적'으로는 열세에 있으므로 개조가 필요하다고 주장했다. 그리고 결혼을 일본인의 '개조'를 위한 유력한 수단으로 제안하고 있다. 물론 이때 그가 생각하는 결혼의 이상은 '우량한 개체의 산출'에 있었다. 그리고 이어서 출간한 『흥국책으로서의 인종 개조興国策としての人種改造』1911에서는 우생결혼을 위한 배제의 논리를 분명하게 드러냈다. 그는 독일의 위생학자 플뢰츠Alfred Ploetz의 '두개계측학'의 통계를 인용하며 "가난한 자의 두뇌는 확실히 부유한 자의 두뇌보다 뒤떨어져 있다"고 말하며 "가난한 자는 형질상 열악자"라고 단정하고 있다.[5] 따라서 그는 '인종개량'을 위해 유전적 열악자를 배제하는 것은 불가피하다고 보았다.

결국 『흥국책으로서의 인종 개조』에서 그가 도달한 결론은 다음과 같다. 즉, "개인적 연애와 개인적 결혼"은 "사회적 연대와 사회적 결혼이 되고, 생산은 중대한 국가 문제가 되는 것이다." 따라서 새로운 시대의 연애는 어디까지나 '인종 개조'라는 '도덕'에 근거하여 "국가를 기점으로 해서(⋯중략⋯) 정신 형질과 사회 형질을 고려"하면서 행해져야 한다는 것이다. 여기에는 일찍이 기타무라 도코쿠가 '현실 세계'의 도피처로 동경했던 낭만적 '연애'는 사라지고 연애가 '결혼 = 생식'과 융합함으로써 국가를 지탱하는 도덕 규범으로 변질되어 버렸음을 볼 수 있다.[6]

운노 유키노리에 의해 개화한 '인종개량을 위한 결혼'이라는 발상은 제1차 세계대전을 거치면서 만개한다. 제1차 세계대전은 근대 일본 우생학의 역사에서 중대한 변곡점으로 간주된다. 무엇보다 세계대전이 유럽에 몰고온 청년남성인구의 격감은 일본이 유럽에 대해 '인종'적으로 우위에

---

5   海野幸徳, 『興国策としての人種改造』, 大空社, 119~121쪽.
6   가토 슈이치, 앞의 책, 114쪽.

설 수 있는 절호의 기회처럼 보였다. 그에 따라 대전이 진행되던 때부터 일본인의 '인종개량'을 위한 구체적 방책이 활발히 논의되었다. 위생행정의 측면에서도 이 시기는 전환기에 위치한다. 왜냐하면 이때에 이르러 콜레라와 페스트 등 급성전염병에 대한 예방대책에 일정한 전망이 열리면서, 결핵, 성병 등의 만성감염증과 정신병에 대한 대책에 본격적으로 착수할 여력이 생겼기 때문이다. 즉 급성전염병에 대한 대처에 쫓기던 단계에서 국민의 영양상태, 위생상태를 개선하고 질병을 미연에 막는 단계로 이행했다.[7]

이런 시기에 '인종개량'을 주장한 대표적인 지식인으로 당시 도쿄제국대학 의과대학 생리학교실 주임이었던 나가이 히소무永井潛를 빼놓을 수 없다. 나가이 히소무는 학자이면서도 1916년 보건위생조사회, 1927년 인구식량문제조사회의 위원을 역임하는 등 정부 관련 조사회에 빠짐 없이 이름을 올리며 우생사상의 정책화에 주력한 인물이었다. 또한 1930년에 설립된 일본민족위생학회의 이사장에 취임해 이후 '단종법' 제정 운동을 이끌었다. 1910년대 '인종개량'에 관한 그의 생각은 「인종개선학의 논리와 실제[1915]」라는 글에 잘 나타나 있다.

과거부터 오늘날까지 의술의 진보에 의해 인간을 강장彊壯케 하고 병을 박멸하려 노력했던 것도, 교육을 행하면 인간을 현명하게 만들 수 있다고 생각했던 것도, 종교와 법률의 힘으로 악인을 변화시켜 선인으로 만들 수 있고 믿었던 것도, 모두 예로부터 이어지는 잘못된 사상에 사로잡혀 있었기 때문이다. 아무리 갈고 닦아도 기와는 어쩔 수 없이 기와다. (…중략…) 갈고 닦는다는 것

---

7   藤野豊, 앞의 책, 56~57쪽.

은 물론 대단히 중요하다. 그러나 그것보다도 훨씬 중요한 것은 갈고 닦을 재료의 선택이다.[8]

그는 과학, 교육, 종교, 법률의 힘으로 인간을 '강하고, 현명하고, 선하게' 변화시킬 수 있다는 믿음이야말로 오래된 '오류'라고 잘라 말한다. 인간의 변화는 그런 '외적 영향'으로는 기대할 수 없는 것이다. 인간의 변화는 오직 '인간 자체'를 바꿈으로써만 가능하다는 것이 나가이의 주장이다. 그리고 그것을 연구하는 학문이 다름 아닌 '인종개선학', 즉 우생학이었다.

나가이는 학자이면서 동시에 우생학의 대중화를 위해 수십 편의 계몽적 성격의 글을 각종 잡지에 기고한 정력적인 저술가이기도 했다. 특히 『부인공론』과 같은 잡지에 여성독자를 의식한 글을 다수 발표했는데, 거기에서도 '인종개량'의 필요성을 역설하는 내용을 어렵지 않게 찾아볼 수 있다. 예를 들어 『부인공론』에 게재되었던 「좋은 자녀를 낳기 위해─인종개선학(우생학) 이야기」라는 글이 있다. 여기서 나가이는 "우수한 자손을 낳기 위해서는 여성에게도 책임이 있다는 점을 호소"하며, 그것을 위해서는 국가의 관여가 불가피하다고 말하고 있다. 즉 그는 국가가 적극적으로 "예를 들면 백치자나 상습적 범죄자나 기피해야 할 병이나 모든 인간의 행복을 방해할 수 있는 나쁜 유전을 행하는 종성種性이 번식되지 않도록 하는" 것과 "교육에 의해 유전 및 인종개선에 관한 지식이 얼마나 인류의 행복에 있어서 중요한가"를 널리 알려서 "사람들 각자가 결혼을 함에 있어서 종성의 선택을 가장 우선하도록" 해야한다고 주장하고 있다.[9] 나아

---

8   永井潛, 「人種改善学の論理と実際」, 『日本及日本人』(2), 1915
9   永井潛, 「良い子を生むために─人種改善学(優生学)の話」, 『婦人公論』 5, 1916

가 나쁜 종성의 유전을 방지하기 위한 방법의 하나로 "외과수술을 실시해 악질자로 하여금 생식불능에 빠뜨리는 것"을 거론하며 '단종법' 주창자로서의 면모를 드러냈다.

같은 시기 나가이 히소무와 함께 우생사상에 관해 활발히 발언한 자로서 당시 내무성 위생국 기사였던 우지하라 사조氏原佐蔵를 들 수 있다. 그는 "나는 불초하지만 민족위생학에 관해서는 우리 국민에게 소개한 최초의 한 사람이라고 자임하고 있다"고 말할 정도로 우생학자라는 점에 자부심을 갖고 있었고, 실제로도 '우생학 = 민족위생학'을 위생정책에 반영시키기 위해 노력했다. 예컨대 그는 관료이면서 동시에 「민족위생학의 발흥을 촉구한다民族衛生学の勃興を促がす」, 「민족위생학 발달의 역사民族衛生学発達の歴史」, 「민족위생학의 직책民族衛生学の職責」과 같은 글을 발표한 우생사상가였다. 참고로 당시 일본에서 민족위생학과 우생학이 거의 같은 의미였는데, 일반적으로는 민족위생학이 사용되었다. 나가이 히소무도 다수의 글에서 자신의 입장을 민족위생학이라는 용어로 표현했다.

우지하라의 '인종개량'론은 '구미인종'의 위협을 직접 거론하고 있다는 점에 특징이 있다. 그는 일본의 우생정책이 서구 열강의 뒤를 쫓고 있다는 상황 자체를 심각하게 받아들였다. 예컨대 1914년에 그는 다음과 같이 쓰고 있다.

구미인종의 '인종개량'이 진척되면 일본에게 큰 압박이 된다. (…중략…) 우리들은 충실한 일본제국의 신민으로서 온 힘을 모아 민족의 퇴행변성을 자연의 흐름에 맡기고 묵시해서는 안 되며, 당연히 가해질 것으로 보이는 우량백인종의 압박을 생각하면 오늘날에 있어서 물 건너 불구경으로 대할 수 없기에, 우리들은 조야의 유식자 및 모든 일반 국민에게 호소해 민족위생학의 연구심

과 흥미가 환기될 것을 희망하고, 절실히 우리나라에서 민족위생학의 발흥을 재촉해야…….[10]

우지하라의 결론은 '우량백인종'의 압박에 맞서 민족위생학을 고취해 일본이 '황색인종의 맹주'가 되는 것이다. 우지하라의 의도는 인종개량의 필요성을 역설하는 것에서 한 발 더 나아가 그것의 시급성을 강조하는 데 있다. 인종개량의 후발 주자인 일본은 언제 '우량백인종'의 압박에 직면할지 모르기 때문이다. 그때를 대비해 민족위생학의 발흥을 서둘러야 한다는 논리이다. 그는 이 글을 비롯해『대일본사립위생회잡지』에 발표한 우생사상에 관한 논고를 대폭 가필해 1914년『민족위생학』이라는 제목의 저서로 출판했다. 책 속에서 우지하라는 "후예번식의 가치를 인정받지 못하는 자에게는 인위적 방법에 호소해 생식불능에 처하도록" 해야 한다며, 미국의 단종법에 관해 상세히 소개하고 있기도 하다.[11]

제1차 세계대전이 종결되자 일본의 우생담론에도 약간의 변화가 일어난다. 즉, 인종개량의 필요성보다 그것을 위한 방법인 우생결혼이 중요한 관심사항으로 부상했다. 또한 연애와 결혼의 '국가사회 관리'를 주장한다는 점에서 이전과 다르지 않지만, 우생결혼을 '보통선거', '부인해방'과 같은 시대적 이슈와 결부시켜 논하고 있다는 점에서 특징적이다. 예를 들어 나가이는「'질質'과 '수數'와 보통선거」[1925]라는 글에서 보통선거에 찬성한다는 견해를 피력하면서 정치적 평등이 실현되면 그만큼 우생학이 필요해질 것이라는 전망을 제시했고, 또한「부인해방과 유전학」[1922]에서는 다음에 보는 것처럼 '유전적'으로 볼 때 '남녀는 평등하다'고 주장했다.

---

10 氏原佐蔵,「民族衛生学の勃興を促がす」,『大日本私立衛生会雑誌』372, 1914. 4.
11 氏原佐蔵,『民族衛生学』, 南光書店, 1914, 74~80쪽.

남존여비, 남자 중심의 가족제도는 '가계에 특유의 피'가 남자에게만 이어짐으로써 정당화되지만, 최근 유전학의 견해는 이와 일치하지 않으며 나는 유전적으로 남녀가 평등하다고 생각한다. 따라서 부인해방은 '생물학적 기초'에 입각해야만 한다.[12]

그런데 여기서 주의할 사항은 부인해방을 생물학적 기초 위에 세워야 한다는 나가이의 주장이 실은 가족제도에서의 남녀평등을 의미할 뿐, 여성의 사회진출까지를 지지하는 것은 아니었다는 점이다. 1917년에 발표한 「민족위생으로 본 결혼의 개량」에서 '부인의 각성이나 부인 해방'에 대해 "천직이어야 할 '어머니'를 이 때문에 버리고, 반성하지 않고, 결혼을 피하고, 육아를 부끄러워하는 것은 실로 성숙된 문화의 중독에 걸린 자"이며 "민족위생의 관점에서 단호히 이 같은 악습을 일소"해야 한다고 말한 것처럼 나가이는 여성의 특징을 생식에 특화해 가정에 붙박아두려는 발상을 포기하지 않았다.[13]

한편 다이쇼시기 우생학과 부인해방의 접합은 '모성보호논쟁'[1918~19]에서 히라쓰카 라이초가 펼쳤던 주장에서 그 전형적인 모습을 확인할 수 있다. 잘 알려진 것처럼 모성보호논쟁은 요사노 아키코与謝野晶子와 히라쓰카 라이초平塚らいてう 사이에서 시작되어 야마카와 기쿠에山川菊栄 등이 합류하며 논단의 이목을 집중시켰다. 논쟁은 요사노 아키코가 임신과 분만의 시기에 여성이 국가에 대해 경제적으로 특수한 보호를 요구하는 서양 여성운동의 주장을 국가에 대한 기식寄食이자 의존이라고 비판한 것에

---

12   요코야마 다카시, 안상현·신영전 역, 『일본이 우생사회가 될 때까지―과학계몽, 미디어, 생식의 정치』, 한울아카데미, 2019, 138쪽.
13   요코야마 다카시, 위의 책, 139쪽.

대해 히라쓰카가 "국가에 모성보호를 바라는 것은 당연한 요구"라고 반론하며 시작되었다.[14] 요사노는 여성의 직업적 독립이 있어야만 정신적 독립도 있다는 신념의 소유자였다. 모성에 대한 국가의 개입을 완강히 부정하는 요사노 아키코의 주장에 이른바 '다이쇼 데모크라시'의 분위기를 읽어내기란 그다지 어렵지 않다. 반면 여성은 모성을 통해 '국가적 존재'가 된다는 히라쓰카 라이초의 주장은 '부인해방'이라는 시대적 과제가 왠지 낡은 논리 안에 담겨져 있다는 인상을 준다. 이런 히라쓰카의 '이중성'은 가토 슈이치가 예리하게 지적한 것처럼 그녀가 모성보호를 우생결혼의 이념 속에 담아냈기 때문이다.

예를 들어 히라쓰카 라이초의 우생론자로서의 면모는 다음과 같은 글에 잘 나타나 있다.

자녀란 자기가 낳은 자기 아이라도 자신의 사유물이 아니라 그 사회의, 그 국가의 것입니다. 자녀의 수와 질은 국가·사회의 진보·발전과, 그 장래의 운명에 지대한 관계가 있으므로, 자녀를 낳고 또 키우는 어머니의 일은 이미 개인적인 일이 아니라 사회적인, 국가적인 일입니다. (…중략…) 그리고 이 일은 여성에게만 지워져 있는 사회적 의무로, 이것은 단지 자녀를 낳고 또 키우는 것뿐 아니라 좋은 자녀를 낳아서 잘 키운다는 이중의 의무가 있습니다.[15]

히라쓰카의 주장은 구리야가와의 말한 '종족 향상을 위한 결혼'과 다르지 않다. 히라쓰카는 출산이라는 행위가 여성을 '국가적인 존재'로 만든

---

14   '모성보호논쟁'에 관해서는 다음을 참조할 것. 이은경, 「다이쇼기 여성해방의 사상과 논쟁」, 『일본사의 변혁기를 본다─사회인식과 사상』, 지식산업사, 2011, 299~310쪽.
15   가토 슈이치, 앞의 책, 147쪽.

다고 말하고 있는데, 실제로 그녀는 여러 글에서 여성은 '어머니'가 됨으로써 개인적 존재의 영역을 벗어나 사회적·국가적 존재가 된다고 적고 있다. 이렇게 '모성의 국가관리'를 주장했지만 히라쓰카는 맹목적인 국가주의자는 아니었다. 왜냐하면 히라쓰카는 '좋은 자녀'를 낳아서 잘 키우는 것이 여성의 '국가적 의무'라고 규정하면서 동시에 여성이 그 의무를 이행할 수 있도록 국가는 모성을 '보호'해야 하는 의무를 지닌다고 보았기 때문이다. 즉, 히라쓰카는 의무를 둘러싼 국가와 개인^{여성}의 관계를 일방적인 것이 아니라 상호적인 것으로 인식하고 있었다. 그리고 이런 생각은 비단 히라쓰카만의 것이 아니었다. 근대 일본의 여성의학자 와다 도미코和田富子는 『여성』 '연애특집호'에 실린 「인격 없는 곳에 연애는 없다」에서 "민족 안에 숭고한 여성과 연애를 만들어 내"려면 사회가 "병독病毒이나…… 저뇌아의 도덕을 몰아내야" 한다며 우생연애를 위한 '사회의 의무'를 환기시킨 바 있다.[16]

그런데 여기서 주목하고 싶은 것은 히라쓰카가 말하는 '국가'가 현실의 국가라기보다는 개인과의 관계 속에서 정의되는 '보편적' 성격을 띠고 있다는 점이다. 여기서 말하는 '보편성'이란 가라타니 고진이 '다이쇼의 담론공간'을 거론하면서 다이쇼 시기에는 일본과 서양의 차이가 '질적 차이'가 아니라 같은 발전의 경로 위에 있는 '시간적 내지 단계적 차이'로 인식되었다는 주장을 참고로 한 것이다.[17] 이런 가라타니의 주장에 따른다면, 히라쓰카의 우생사상이 보여주는 '다이쇼적 성격'은 우생학적인 개인^{모성}과 국가의 관계가 마치 문명의 '보편적' 발전 단계처럼 간주되고 있

---

16 가토 슈이치, 앞의 책, 163쪽.
17 柄谷行人, 「近代日本における歴史と反復」, 『定本·柄谷行人集』 5, 岩波書店, 2004, 77~83쪽.

다는 점에서 찾을 수 있다. 그리고 이렇게 일본과 서양의 격차가 질적인 것에서 약간의 시간적 지체정도로 간주됨에 따라 '인종개량'의 담론도 힘을 잃어갈 수밖에 없었다. 인종개량이란 서양과 일본간의 질적 차이 위에서 의미를 갖는 비전이기 때문이다. 그리고 이렇게 인종개량의 이상이 후퇴한 자리를 이번에는 우생결혼이 차지하게 된다. 다음에서 보는 것처럼 1920년대 우생학 담론은 우생결혼을 중심으로 전개되고 있었다.

3. 우생결혼 이상과 '화류병'이라는 '적'

근대 일본에서 인종개량은 일본이 서구 열강과의 경쟁에서 살아남기 위한 방법으로 주목을 받았다. 인종개량은 '우수한' 인간을 늘리고, '열등한' 인간의 수를 줄임으로써 달성되는 것인데, 이를 위해서는 '우수한' 인간들끼리 알아서 '결혼'하는 일이 필요하다. 그런데 문제는 이것이 쉽지 않다는 점이다. 상대방이 '우수한' 인간인지 아닌지를 판단할 방법이 마땅치 않다는 판별의 곤란함도 문제지만, 소위 '유전적 우성자'들이 알아서 우생결혼을 실현해 주리라고 기대할 수 없는 현실적 난점도 크게 작용했다. 우생결혼의 이러한 난점을 의식한 운노 유키노리는 "양미良美한 형질을 가진 개체가 어떻게 해서 연애를 하기에 이르는가 하는 것은 사회 및 국가의 일대 문제"이기 때문에 "우리는 인위로써 어느 정도까지 우연의 기회를 제한하고, 우량한 남녀끼리 연애에 이르도록 돕지 않으면 안된다"[18]고 연애의 '국가 개입'을 주장하기도 했다. 뿐만 아니라 '연애지상

---

18   海野幸德, 『日本人種改造論』, 富山房, 1910.

주의자', '유녀', '색남' 등을 우생결혼의 '적'으로 지목하고 철저한 배격을 주장했다.

운노처럼 '성의 자유'를 국가의 '적'으로 보았던 사람들은 '악질자', '저열자'를 사회적으로 배제해 우생결혼에 우호적인 환경을 만드는 방식을 제안했다. 이때 '악질자', '저열자'란 대체로 정신병, 알코올중독, 나병, 성병, 결핵 등의 질환을 갖고 있는 사람을 가리켰다. 그 가운데 당시 '화류병'으로 불린 성병은 우생결혼의 최대 장애물로 간주되었다. 거기에는 나병이나 정신병 등과 달리 성병환자를 외관만으로 알아보기 어렵고, 생식에 직접적으로 악영향을 미치는 점이 크게 작용했다. 여기에서는 우생사상과 우생운동이 활발히 전개되었던 1920~1930년대의 우생결혼 담론에 초점을 두고 거기서 '성병'에 대한 배제의 논리가 어떤 방식으로 전개됐는지 살펴보고자 한다.

일찍이 1905년 우생학 잡지 『인성』을 창간했던 후지카와 유富士川游는 '사회위생학'의 필요성을 언급하면서 '화류병 박멸'을 주장한 바 있다. 그는 위생학이 '세균학 일변도'가 아니라 '위생에 관한 사회사상과 인류학적 사상'에 관심을 가져야 하는 필요로부터 '사회위생'의 개념이 생겨났다고 설명한다. 그는 '사회위생'을 "인류의 사회 생활과 더불어 식품, 주거, 의복, 직업, 교통 등의 여러 사항"이 건강에 미치는 영향을 연구하는 학문으로 정의하면서 동시에 알코올중독, 신경쇠약, 정신병 발생의 사회적 원인 및 결핵과 화류병 박멸을 사회위생의 주된 관심으로 규정하고 있다. 또한 후지카와는 다른 글에서 매독을 비롯해 결핵, 당뇨병, 정신병, 알코올중독은 아이에게 유전되기에 '수의적 피임법'을 실시해야 한다고 말했다.[19]

후지카와는 성병매독을 따로 강조하고 있지는 않지만, 나가이 히소무는

'민족'을 위해 화류병자의 결혼을 금지해야 한다고 주장했다. 그는 "결혼은 물론 개인과 개인, 일가와 일가와의 문제이지만, 동시에 또한 국가의 성쇠흥망에 관한 대문제"이기 때문에 국가가 결혼에 간섭할 이유는 충분하다고 생각했다. 나가이는 결혼하려는 자가 서로 건강한 심신을 갖고 있다는 점을 인정받지 못할 경우 국가는 그것을 허가하지 말아야 한다고까지 주장하면서 "화류병자의 결혼을 금하는 정도로도 막대한 이익을 민족 모두에게 가져올 수 있다"고 말하며 화류병의 유무를 강제적으로 진단하는 기관을 설치할 것도 주장했다.[20] 또한 제1차 세계대전 이후에 발표한 「세계의 노처녀」[1921]라는 글에서는 "양성의 비대칭은 결혼난, 출생의 감퇴를 초래할 뿐만 아니라, 매음, 화류병, 사생아 문제 등 '성도덕의 퇴폐'를 가져온다"며 '인종위생'의 견지에서 양성 비대칭의 교정과 성병에 대한 권리의 필요성을 언급하기도 했다.

1920년대 이후의 우생담론 속에서 '성병 = 화류병'은 우생결혼을 위협하는 사회적 질병으로 집중적인 비판과 제거의 대상이었다. "연애와 매독을 잠거시키려는 민족의 뇌수는 이미 썩었다"는 와다 도미코의 말에서 성병에 대한 우생론자들의 인식을 엿볼 수 있다. 후지노 유타카가 지적한 것처럼 여기에는 1920년대에 들어서면서 당시의 위생행정이 배제되어야할 질병의 하나로 '성병'을 지목하고, 그것을 배경으로 여성운동에서도 관심을 가졌던 것이 영향을 미쳤다. 후지노에 따르면 1920년 신부인협회가 성병에 걸린 남자에 대한 결혼금지법 제정청원운동을 일으켰고, 1922년 미국 산아제한회의 회장 마가렛 생어의 일본 방문은 산아조절운동을 고양시켜 우생사상과 성병배격의 유행을 자극했다.[21]

---

19   요코야마 다카시, 앞의 책, 85~86쪽.
20   永井潜, 「花柳病者の結婚を禁止せよ」, 『婦人公論』 7, 1919.

그렇다면 구체적으로 우생결혼과 성병의 관계는 어떻게 다루어졌을까? 1920년대 대표적인 우생사상가이자 우생운동가인 이케다 시게노리池田林儀 1892~ 1966의 성병에 관한 발언을 살펴보자. 이케다 시게노리는 나가이 히소무, 그리고 1924년 잡지『우생학』을 창간한 고토 류키치後藤龍吉와 함께 1920년대 후반 일본 우생운동을 이끌었던 인물이다. 그는 1926년 일본우생운동협회를 창설했고, 같은 해 11월 기관지『우생운동』을 창간했다. 그의 우생사상은『응용우생학과 임신조절』1926에 나와있는 "좋은 종자, 좋은 밭, 좋은 손질手入"이라는 표어에 집약되어 있다. '좋은 종자'란 '좋은 부모'이며, 이를 위해서는 '좋은 결혼가능하면 심신에 유전적 결합이 없는 사람의 결혼', '건강진단', '혈통의 조사', '임신조절', '제산制産수술'이 필요하다고 보았다. 또한 그는 '좋은 밭'이란 '좋은 사회'라 말하며 그것을 위해서는 '애국정신의 고취', '의회의 개혁', '자치성의 쇄신', '보건위생'이 필요하다고 말하고 있다. '좋은 손질手入'이란 '좋은 교육'을 가리키는데, 그는 이렇게 세 가지가 실현됐을 때 우생사상이 완성된다고 생각했다.[22]

이케다의 성병에 대한 인식은「통속우생학강좌通俗優生学講座」1927에서 확인할 수 있다. 이 글의 논점은 어떤 장애나 질병을 결혼금지 내지 '단종'의 대상으로 삼을 수 있는가에 있다. 이에 관해 이케다는 "열생자로서 가능한 한 결혼을 피해야 할 자는 나병과 같은 유전적 소질의 결함을 갖고 있는 자"이며, "매독이나 결핵과 같은 것은 엄밀히 말해 유전적인 것이 아니다. (…중략…) 하지만 이른바 군자는 위험한 곳에 가지 않는다는 의미에서 그런 위험성이 많은 자와의 결혼을 피하는 것은 결코 나쁜 것이 아니다"[23]라고 적고 있다.

---

21   藤野豊, 앞의 책, 62쪽.
22   藤野豊, 앞의 책, 94~95쪽.

한편 아쿠타가와 류노스케의 소설 「갓파」에 등장하는 '유전적 의용대'는 가토가 언급한 것처럼 1920년대 후반에 우생결혼의 관념이 일본 사회에 널리 퍼져있음을 짐작케 한다. '유전적 의용대'는 갓파의 세계에 들어온 화자 '나'가 우연히 길에서 발견한 포스터 속에 있는 문구이다. 소설 속 포스터의 내용은 다음과 같다.

> 유전적 의용대를 모집한다!!!
> 건전한 남녀 갓파들이여!!!
> 악惡의 유전을 박멸하기 위해서
> 불건전한 남녀 갓파와 결혼하라!!![24]

위의 인용에서 갓파의 세계에서도 우생운동이 일어나고 있음을 알 수 있다. 하지만 그 양상은 인간 세계의 그것과 다르다. 인간세계에서는 '건전한' 인간들 간의 결혼이 장려되지만, 갓파의 세계에서는 '건전한' 갓파가 '불건전한' 갓파와 결혼함으로써 '나쁜 유전'을 없앨 수 있다고 되어 있다. 소설 안에서 '나쁜 유전'이 구체적으로 어떤 것을 의미하는지는 나타나 있지 않다. 부모의 '정신병'이 유전되는 것을 두려워해 태어나기를 거부하는 태아 갓파의 에피소드를 참고하면 '정신병'으로 볼 수도 있을 것이다. 하지만 당시 '열성자'의 질환으로 정신병만이 아니라 성병, 결핵, 알코올중독 등도 거론된 사정을 생각할 때 정신병으로 특정할 필요는 없다. 중요한 것은 이 시기 우생결혼과 성병의 해악과의 연상관계가 대중적인 수준에서 존재했음을 확인하는 데 있다.

---

23 池田林儀, 「通俗優生学講座」, 『優生運動』 (4), 1927.
24 아쿠타가와 류노스케, 진웅기·김진욱 역, 『아쿠타가와 작품선』, 범우사, 2004, 106쪽.

당시 성병에 대한 사회적 경계심의 수준을 보여주는 사례로서 1927년 '화류병예방법'이 제정된 사실을 간과할 수 없다.[25] 법안의 골자는 화류병자의 '매음'을 처벌하는 것이다. 법안에 따르면, "예방의 대상은 '업태業態상 화류병전파의 우려가 있는 자"로 하고 "전염의 우려가 있는 화류병에 걸렸음을 알고서 매음을 행한 자는 3개월 이상의 징역에 처한다. 전염의 우려가 있는 화류병에 걸렸음을 알거나 혹은 알 수 있음에도 매음의 매합 또는 용지容止를 행한 자는 6개월 이하의 징역 또는 오백엔 이하의 벌금에 처한다"고 되어 있다.

일본에서 화류병예방법의 제정시도는 1921년부터 있었다. 1922년 '화류병예방법초안'이 마련되었으나 논의 과정에서 결국 '좌초'되었다. 이어서 1923년 6월 다시 '화류병예방법안'이 마련되었지만, 이번에는 그해 9월에 발생한 관동대지진의 여파로 관련 자료가 소실되어 법안 확정이 무기한 연기되었다. 그러다가 1927년에 이르러 '화류병예방법'으로 결실을 맺은 것이다. 1922년의 '화류병예방법초안'에는 화류병 예방을 위해 "예기芸妓와 사창私娼"에 대한 성병진단을 의무로 정하는 조항만이 아니라, "화류병환자전염의 우려가 있음을 알고 성교를 행했을 때", "화류병환자전염 우려가 있음을 알고 그 사실을 상대방에게 알리지 않고 결혼했을 때"는 벌금 내지 금고형에 처한다는 규정이 포함되어 있었다. 1927년 '화류병예방법'에 비해 적용 대상은 넓고 처벌 수위는 더 강해졌다. 이렇게 된 배경에는 1920년 신부인협회가 '화류병남자결혼금지법'의 제정을 요구하는 운동을 펼친 것이 영향을 미쳤는데, 그런 까닭에 1922년 '화류병예방법초안'은 남녀를 불문하고 성병환자의 결혼을 제한하고 있다는 점

---

25 '화류법예방법'의 제정 과정에 관해서는 다음을 참조할 것. 藤野豊, 앞의 책, 145~153쪽.

에서 우생결혼의 이념을 그대로 반영하고 있었다.

다시 1927년 '화류법예방법'으로 돌아오면, 이 법안은 1922년의 '초안'과 달리 부부 간 성교에 의한 감염 등은 예방과 처벌의 대상에서 제외하고 있지만, 처벌 조항은 기존의 '금고'에서 '징역'으로 강화되었다. 이렇게 처벌 조항에 '실형'이 규정된 이유에 관해 당시 내무정무차관 다와라 마고이치俵孫一는 다음과 같이 밝히고 있다. 그는 성병이 "소위 자손후예까지 해독을 전한다고 알려진 무서운 병독"이라는 인식 아래 "오늘날 현재의 사람만이 아니라 자손까지 해독을 전하고, 자손의 번영을 가로막을 우려가 있는 병독에 대해서는 국가는 무거운 체형으로 억지한다는 것은 피할 수 없는 것이라고 생각합니다"라고 밝히고 있다.[26] '자손후예까지 해독을 전하'기 때문에 성병에 걸렸음을 알고서도 매춘에 종사한 자는 보호가 아니라 징역형에 처해야 한다는 판단에서 우생사상의 영향을 명확히 읽어낼 수 있다.

'화류병예방법'이 성립되었던 1920년대 후반은 또한 단종법 제정 운동이 활발히 전개된 시기이기도 하다. '인구식량문제조사회', '일본의사회', '보건위생조사회'가 각각 우생정책民族衛生政策의 실시를 위한 방침을 모색하고 있었다. 예를 들어 인구식량문제조사회에서는 일부 사회정책학자들이 강력하게 신중론을 펼친 까닭에 단종법의 제정에 대한 합의에 이르지는 못했지만, 의학자가 중심인 일본의사회와 보건위생조사회는 단종법에 대해 적극적이었다. 어쨌든 이 시기에 산아조절 문제를 둘러싸고 단종을 둘러싼 주장이 분출했다. 그런데 이런 논의는 인구식량문제조사회, 일본의사회, 보건위생조사회에 국한된 것이 아니었다. 전람회와 같은 대중적

---

26 다와라 마고이치의 제국의회에서의 발언은 다음에서 재인용하였음. 藤野豊, 앞의 책, 149~150쪽.

인 이벤트도 활용되었다. 대표적인 것이 1930년 8월 도쿄 니혼바시日本橋의 미쓰코시백화점에서 개최된 '건강전람회'이다. 이 전람회 안에는 '유전과 민족위생'이라는 코너가 설치되어 큰 인기를 모았는데, 이처럼 우생사상의 대중화에 이런 전람회가 수행한 역할은 결코 적지 않았다.[27]

우생사상의 대중화와 관련하여 이 시기 주목할 만한 이벤트는 일본적십자사가 주최한 '민족위생전람회'이다. 일본적십자사는 1926년 도쿄본사 경내에 참고관參考館, 1932년부터 적십자박물관으로 개칭을 세우고 1927년부터 매년 1회 내지 2회 위생전람회를 개최했다.[28] 그리고 1928년 5월 참고관의 세 번째 위생전람회인 '민족위생전람회'가 개최되었다. 주최 측이 밝힌 개최의 취지는 다음과 같다. "근래 산업의 발달. 사회의 진보에 따라 우리나라에서 결핵, 성병, 신경쇠약, 알코올중독과 같은 소위 문명병은 그 위력을 더해가고, 특히 영유아 및 출산기 부인의 사망수는 열강 중에 찾아보기 어려운 정도의 높은 비율을 보이고 있다. 나아가 저능, 불구, 악질자는 지덕이 우수한 유식계급에 비해 번식이 왕성하여 열약무능 분자는 증가가 멈추질 않는다. 이렇게 우리 민족의 소질이 점차 저하되고 열약화劣惡化하는 것은 국가의 장래를 위해 근심을 금할 수 없다"고 우려를 표명하고 그렇기 때문에 "국민의 주의를 환기하고 적당히 이것을 지도하는 것"의 긴급성이 강조되고 있다. 그리고 그 결과로서 국민으로 하여금 "그 천부에 따라 각각 우량한 배우 및 자손을 얻어 가계의 개선, 민족의 우화優化에 기여케 하고", "악질자에 대해서는 사려를 결여한 결혼번식을 억제시키고 국가사회에 누가 미치지 않도록 노력할" 것을 요구하고 있다. 3주간의 개최기간 동안 1일 평균 650명이 관람했고 주최 측인 일본적십자사

---

27   藤野豊, 앞의 책, 139~140쪽.
28   위생전람회에 관해서는 다음을 참조할 것. 田中聡, 『衛生展覧会の欲望』, 青弓社, 1994.

도 '성황'을 이뤘다고 평가했다.[29]

민족위생전람회의 세부내용을 보면, 전시는 6개의 테마로 이루어져 있었다. '민족의 열화와 인구통계', '부모의 형질은 어떻게 자손에 유전되는가', '반성유전에 관한 자료', '유전과 결혼에 관한 자료', '민중전염병에 의한 민족 악화에 관한 자료', '알코올과 민족의 악화 및 산업의 발달과 민족의 건강에 관한 자료'이다. 특히 '유전과 결혼에 관한 자료'에서는 '무분별한 결혼, 신혼의 꿈에 빠지지 못한 이유'라는 설명문이 달린 병약한 처와 결혼해 고민하는 남편의 그림, '남자의 가계에 결함은 없는가', '남자의 건강에 문제는 없는가, 연령의 차이가 심하지 않은가', '남자의 인격능력에 부족은 없는가', '남자에게 당신의 단점, 결점을 보완하기에 충분한 미덕, 장점이 보이는가', '남자와 혈족관계는 아닌가'라는 '우생결혼 훈訓'을 여신으로부터 부여받는 젊은 여성의 그림 등이 전시되는 등 극히 통속적인 구성이 특징이었다. 또한 '혼약은 상호 신용할 수 있는 의사의 건강진단서를 교환한 다음에'라는 건강진단서를 주고받는 광경이 그림으로 전시되어 실제로 건강진단서가 실명으로 전시되고 있었다. '민중전염병에 의한 민족의 악화에 관한 자료'에서는 성병, 결핵, 한센병과 함께 전염병은 아닌 정신장해가 포함되어 있었다. 이런 전시는 지적장애자, 정신장애자, 한센병환자 등의 모습을 추악하게 그려 대중들이 그에 따라 그런 환자 장애자에게 혐오감을 갖도록 자극하는 형태를 띠고 있었다.[30]

이상과 같이 1920년대부터 1930년대 초반의 일본 사회에서 성병은 단순한 질병이 아니라 우생학적 견지에서 그것의 사회적, 국가적 '해악'으로 간주되고 있었다. 그것은 비단 우생론자와 위생행정에 관련된 관료

29　藤野豊, 앞의 책, 140쪽.
30　藤野豊, 앞의 책, 141~142쪽.

들만의 주장이 아니었다. 그것은 법률화류병예방법과 같은 '법적 규제'의 형태로 일상에 강제력을 가했고, '건강전람회'나 '위생전람회'와 같은 '문화 장치'를 매개로 사람들을 우생결혼의 담론 속으로 포섭했다. 법적 '강제'와 문화적 '유혹'이 교차하는 가운데 우생결혼의 담론과 사회적, 국가적 '적'으로서의 '성병＝화류병'이라는 인식이 확산되어 갔던 것이다.

4. 혼성화하는 제국과 우생론자의 불안

그렇다면 무엇이 우생론자들의 적극적인 계몽활동을 추동했던 것일까? 이 문제에 관해서는 대외적 요인과 대내적 요인으로 나누어 생각해 볼 수 있다. 대외적 요인으로는 제1차 세계대전이 '서구 열강'에게 안겨준 인구학적 변동을 들 수 있다. 앞서도 언급했듯이 제1차 세계대전은 유럽의 남성인구를 감소시켰는데, 일본의 우생론자들은 이것을 서구 열강과의 인종경쟁에서 일본이 감수해야 했던 불리함을 극복할 수 있는 기회로 받아들였다. 제1차 세계대전은 일본에서 인종개량이 분출하는 계기였다고 말했는데, 나가이 히소무도 「인류의 재생과 민족의 성쇠」라는 글에서 "천오백육십칠일 간 세계를 뒤흔든 미증유의 대선풍大旋風은 모든 유형, 무형의 것에 대파괴大破壞가 더해져 서서히 사라지려 하고 있다"고 말하며 유럽이 '몰락'하고 있는 이때야말로 '민족위생'을 국가적 과제로 삼아야 한다고 주장했다.[31]

한편 대내적으로는 노동자, 빈민, 외국인노동자 등 사회적 저변을 구성

---

31 永井潜, 「人類の再生と民族の盛衰」, 『婦人衛生雜誌』 7, 1919.

하는 사람들을 대상으로 '위생학적' 관심이 부상한 점을 들 수 있다. 실제로 1920년대를 통해 일본에서는 도시의 저변에 대한 일종의 '사회조사'가 광범위하게 이루어졌다. 역사학자 아리마 마나부有馬学는 당시 중앙관청, 지방기관 등에 의해 경이적인 수의 사회조사가 이루어진 이 시기를 '조사의 시대'로 명명하고 있다.[32] 그리고 이때 다수의 위생학자들은 정부의 '위탁'을 받아 빈민가의 주민, 공장 노동자特히 여공에 대한 실태조사를 실시했다. 나가이 히소무의 제자로서 근대 일본의 대표적인 위생학자의 한 사람인 데루오카 기토輝峻義等의 '노동과학'도 여공의 건강에 대한 참조 조사를 통해 탄생했다.[33] 뒤에서 다루겠지만, 우생론자들이 알코올중독, 정신병, 화류병, 결핵 등에 주목한 것은 이들 질병이 주로 사회적 하층의 사람들에게 자주 관찰되었다는 점과 무관하지 않다. 그들에게 '하층'은 대체로 생물학적 '열성자'를 의미했다. 즉, 그들이 말하는 '우성／열성'의 경계는 대체로 계급적계층적 분단선과 중첩되고 있었다.

그런데 이런 요인들은 우생론자들이 인종개량과 민족위생을 주장하면서 그것의 실천 방법으로 '단종'과 같은 배제의 조치에 왜 그렇게 집착했는가에 대해서는 충분한 설명을 제공하지 못한다. 결론을 앞서 말하면, 우생론자들이 단종에 보였던 일종의 강박적 태도는 그들이 사회에 대해 품었던 '파국적 상상력'과 관련되어 있다. 여기서 말하는 '파국적 상상력'이란, 한 사회 내부에 존재하는 의학적·생물학적 '열등자열약자'의 결혼과 출산을 통제하지 않으면, 그들의 상대적으로 높은 출산율로 인해 결국

---

32 有馬学, 『「国際化」の中の帝国日本1905~1924』, 中央公論新社, 1999, 293~295쪽.
33 데루오카 기토의 노동과학에 관해서는 다음을 참조할 것. 서동주, 「노동을 위한 '의학'·국가를 위한 '위생'─근대 일본의 위생학자 데루오카 기토의 과학적 위생론을 중심으로」, 『역사연구』 36, 2019.

'열성자'가 사회의 다수를 차지하게 되고, 급기야 인종적·민족적 '질'의 하락으로 사회가 붕괴해 버린다는 비관적 전망을 의미한다. 당시의 용어로 바꿔 말하면 '역선택'[34]이 초래하는 파국에 대한 '불안'이라고도 할 수 있다. 다음에 보는 것처럼 우생론자들은 인종개량이나 우생결혼과 같은 체계적인 용어를 사용하고 있지 않지만, '역선택'이 초래할 사회의 파괴와 파국적 상황에 대한 우려를 직설적으로 표현하고 있다.

'파국적 상상력'은 일찍이 인종개량의 필요성을 주장했던 운노 유키노리의 글에서 볼 수 있다. 예컨대 그는 『일본인종개조론』의 집필이 우생학적 조치가 방기된 사회는 '쇠패衰敗'한다는 비관적 전망에서 비롯되었다고 말하고 있다.

> 악질자의 생산력이 왕성한 것은 움직일 수 없는 정론이어서 국민의 척추골인 중류 인사는 자신 집안의 품위를 유지하고 사치를 누리기 위해 생산을 억압하며 그 번식 수를 감소시킨다. 이러한 결과는 뻔히 알 수 있는 일이며 결국에는 사회의 쇠패와 국가의 궤멸을 초래할 것이다.[35]

국가의 우생학적 개입이 없을 때 도래할 파국에 대한 불안은 나가이 히소무의 글에서도 찾아볼 수 있다. 예를 들어 1917년에 발표한 「민족위생에서 본 결혼의 개량」이라는 글에서 그는 다음과 같이 말하고 있다. 그

---

34 '역선택'은 '역도태'라고도 불렸는데, 다윈의 자연선택설을 참고해 골턴이 창안한 개념이다. 즉 골턴에 따르면 자연선택설은 동식물에는 적용될 수 있어도 문명을 가진 인간에게는 적용되지 않으며, 오히려 부적격자가 살아남아 집단으로서 바람직하지 않은 방향으로 나아가는 것이다. 鈴木善次, 柴谷篤弘外編,「進化思想と優生学」, 『講座進化②·進化思想と社会』, 東京大学出版会, 1991, 110쪽.

35 海野幸德, 『日本人種改造論』, 2~3쪽.

는 "근래 부인이 지식의 향상에 따라 소위 부인의 각성이나 부인개방開放"
의 영향으로 "결혼을 회피하고 육아를 부끄러워하는" "난숙된 문화의 중
독에 빠진" 모습을 보이고 있다고 지적하면서, "만약 국가에 이런 부인 한
사람이 더해진다면 그 나라는 오래지 않아 멸망할 것이다. 우리들은 민족
위생의 입장에서 단호하게 그런 악풍을 일소해야"하고 말하고 있다.[36] 즉,
'만혼' 여성이 늘어나면 국가의 멸망을 피할 수 없다는 주장이다.

히라쓰카 라이초도 '모성모호논쟁'의 와중에 발표한 글에서 '열등한' 인
간이 국가에 미치는 '해독'을 당시 해로운 균을 의미하는 '바실루스bacillus'
라는 말을 빌려 묘사한 적이 있다. 히라쓰카는 "어머니를 보호하지 않으면
갖가지 원인으로 대개 경제적 곤궁에 처한 어머니를 둔 사생아의 다수가
육체적으로 열등한 데다가 비사회적인 인간이며 범죄자·부랑아·매춘부
같은 자가 되는 것에서도 알 수 있듯이, 이런 사회적 바실루스를 사회에
많이 내보냄으로써 국가는 중대한 해독을 입을 수밖에 없다"고 말하고 있
다.[37] 즉 '바실루스'가 결핵을 일으켜 생명의 위협을 초래하듯이, 국가를 파
국으로 몰아넣는 '열등자'를 '사회적 바실루스'라고 비난하고 있는 것이다.

또한 앞서 잠깐 소개한 와다 도미코의 「인격 없는 곳에 연애 없다」에도
'매독'을 방치한 민족의 비극이 자극적인 비유와 함께 다음과 같이 표현
되고 있다.

민족 안에서 숭고한 여성과 연애를 만들어 내기 위해 사회는 병독이나 노예
제도, 폭력, 저뇌아의 도덕을 몰아내지 않으면 안 된다. 순혈 없는 곳에 참연애
는 한순간도 머물지 않는다. 연애와 매독을 잡거시키려는 민족의 뇌수는 이미

---

36   永井潛, 「民族衛生より觀たる 結婚の改良」, 『婦人公論』 10, 1917.
37   가토 슈이치, 앞의 책, 148쪽.

썩었다.[38]

우생론자들이 드러내고 있는 이러한 '파국적 상상력'은 감정적 호소를 위한 레토릭이 아니라는 점에 주의할 필요가 있다. 앞서 소개한 사례에서 볼 수 있는 것처럼 그들의 주장은 사회적 지위가 낮을수록 출생률이 높다는 '지식'에 근거하고 있다. 파국적 상상력이 '과학'의 외피를 입고 나타나고 있는 전형적인 사례는 위생학자 데루오카 기토의 주장에서 확인할 수 있다. 예컨대 그는 『사회위생학』[1935]의 '제4편 국민의 자질구성과 생존능력'에서 이러한 '공유된 지식'을 '사회위생학'이라는 '과학'의 이름으로 마치 '검증된 학설'처럼 다루고 있다. 그에 따르면 "사회에 직접 해를 미치는 유전적 악질을 갖고 있는 일군의 인간"이 있으며, 이들 "정신적, 신체적 능력이 저열한 사람들은 주로 하층에 존재"한다. 이어서 그는 "이들은 혈족집단을 이루며 상대적으로 높은 출산율을 보이고 있"어 만약 이런 추세가 지속된다면 사회를 이루는 '국민의 소질'은 점차 '저열한' 쪽이 위세해지는 것을 피할 수 없다고 말하고 있다.[39]

물론 이런 주장이 '사실'에서 벗어난 편견의 산물은 아니다. 실제로 교육과 직업에 따른 출산율의 차이에 관한 당시의 조사결과를 보면 교육의 정도가 낮을수록, 즉 수입이 낮을수록 출산율이 낮음을 볼 수 있다.[40] 그럼에도 불구하고 이런 주장은 빈곤과 질병의 관계에 관한 '도착적' 논리

---

38   가토 슈이치, 앞의 책, 163쪽.
39   輝峻義等, 『社会衛生学』, 岩波書店, 1935, 281쪽.
40   예를 들어 1934년 도쿄시의 조사결과에 따르면 '남편의 교육정도'가 '고등'인 경우 4·41이고, '무학'인 경우 '5·26'으로 되어 있고, '부인의 교육정도'에서도 '고등'이 4·27인 반면 '무학'은 5·28로 되어 있다. 또한 1939년 후생성이 공개한 통계에 따르면 농촌에 거주자의 출산율이 '교원', '은행원' 등의 직업을 갖고 있는 도시거주자에 비해 높게 나타나 있다. 이상의 내용은 다음을 참조할 것. 김경옥, 앞의 글, 38~39쪽.

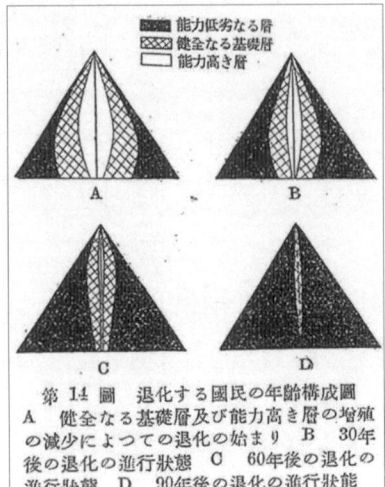

能力低劣なる層
健全なる基礎層
能力高き層
A
B
C
D
第14圖　退化する國民の年齢構成圖
A　健全なる基礎層及び能力高き層の增殖の減少によつての退化の始まり　B　30年後の退化の進行狀態　C　60年後の退化の進行狀態　D　90年後の退化の進行狀能
（ウィンクレルによる）

〈그림 1〉 퇴화하는 국민의 연령구성도
(데루오카 기토, 『사회위생학』 중)

에 의존하고 있다. 즉 이런 주장은 하층민의 경우 열악한 위생환경으로 인해 각종 질병에 노출될 위험이 높다는 '사회적 요인'을 무시하고, 마치 '열성자'이기 때문에 빈곤 상태에 빠지게 되었다는 '생물학적 결정론'을 채용하고 있다는 점에서 '인종주의'라는 비판을 피하기 어렵다.

나아가 데루오카의 논의는 '저열자' 방치가 초래할 수 있는 파국으로의 과정이 시각적 이미지와 함께 제시되고 있다는 점에서 주목을 요한다. 여기서 데루오카는 파국에 이르는 과정을 '시뮬레이션'하듯이 보여주고 있는데, 그 내용은 다음과 같다. 그에 따르면 한 사회 내에 생활능력과 정신능력을 기준으로 '능력이 높은 계층', '건전한 기초 계층', '능력이 저열한 계층'이 균등한 비율로 있다고 가정할 때, 능력이 저열한 계층일수록 출생률이 높기 때문에 시간이 지날수록 능력이 높은 계층의 '퇴화'가 불가피하게 일어난다는 것이다. 즉, '저열자'의 증가라는 외부 압력에 의해 "국민의 기초를 이루는 건전 분자가 감소하고, 능력이 높은 집단은 멸망"하게 된다는 것이다.[41] 데루오카는 30년 단위로 변화하는 계층 간 인구 비율을 나타내는 그림을 이용해 이 과정을 보여주고 있다. 〈그림 1〉에 따르면 저열한 계층을 가리키는 '검은 색'이 90년 후 사회를 뒤덮고 있는 'D'의 모습은 실로 우생론자들이 품고 있었던 파국에 대한 시각적 재현에 다름 아니다.

41　輝峻義等, 앞의 책, 285~286쪽.

데루오카가 상정하는 '신체적, 정신적 능력이 저열한 집단'에는 외국인, 특히 '식민지 출신자'가 포함되어 있었다는 점도 간과될 수 없다. 예를 들어 그는『사회위생학』에서 다음과 같이 쓰고 있다.

다음으로 고려해야 할 사항은 이주의 증가와 국민 건강과의 문제, 나아가 국민의 생존능력과의 문제이다. 대체로 말해 이출자는 비교적 청장년 연령계급의 유능자로 이루어져 있다. 하지만 이입자는 일반적으로 저열자가 많고, 주로 노역에 종사하거나 가장 간단한 작업에 종사한다. 오늘날 우리나라에서 남미, 만주국 그밖에 우리의 식민지로 이주하는 자는 모두 비교적 교양 있고, 큰 뜻을 품고 있으며, 계획을 세워 이주하는 자가 많지만, 이입된 많은 조선인들의 다수는 토공土工 내지 다른 노역자 많은 것을 보아도 어느 정도 알 수 있다.[42]

1920~1930년대 일본 내 조선인 노동자에 대한 실태조사 결과를 보면, '조선인'은 '내지인일본인'에 비해 정신적 능력이 부족해 '공장노동'보다 '토목노동'에 적합하다는 기술을 쉽게 볼 수 있는데, 데루오카도 이런 인종적 편견을 그대로 답습하고 있는 것이다.[43] 데루오카의 사례는 피식민자가 '저열자'의 범주에 들어가는 순간, 우생학이 주장하는 배제의 대상이 될 수 있음을 보여준다. 당시 다수의 우생론자가 식민지 출신자와의 혼혈에 부정적이었다는 사실도 이런 맥락에서 이해할 수 있다. 그런 의미에서 우생론자들을 사로잡았던 '파국의 상상력'은 인종주의에 빠져있던

---

42   輝峻義等, 앞의 책, 283쪽.
43   1920~1930년대 조선인 노동자에 대한 일본인의 인식에 관해서는 다음을 참조할 것. 吉見俊哉,「帝都東京とモダニティの文化政治」,『岩波講座 近代日本の文化史6 拡大するモダニティ 1920-30年代 2』, 岩波書店, 2022; 西成田豊,『在日朝鮮人の「世界」と「帝国」の国家』, 東京大学出版会, 1997.

제국의 지식인들이 몰려드는 식민지 출신자들에 대해 품었을 '불안감'을 상기시킨다. 어쩌면 그들의 본심은 식민지에 대한 인종적 '우월감'보다 늘어가는 식민지적 타자가 자극하는 제국 붕괴에 관한 '불안감'에 있었던 것은 아닐까?

5. 총력전 이념의 곤경

일본에서 우생사상은 일본인의 유전적 체질을 '개선'하고, 나아가 인종적 우수성을 확인하는 것을 목적으로 삼았다. 이렇게 일본의 우생사상은 서양이라는 타자와의 관계 속에서 '자기 = 일본인 = 일본민족'을 사상운동의 주체로서 설정했다. 물론 서구의 우생사상도 인종이나 민족을 중요한 개념으로 간주했지만, 엘렌 케이처럼 인류전체를 대상으로 사고하는 경우도 적지 않았다. 반면 근대 일본에서 우생학은 일본이라는 국가의 틀 안에서 '민족위생'이라는 개념을 통해 발화되고 사고되었다는 점에 특징이 있다.[44] 일본의 우생학은 사회 내부의 유전적 '열성자'를 배제하는 것만이 아니라 '서구열강'과 '피식민자'라는 타자의 위협으로부터 일본인의 '인종적 우수성'을 지키는 것을 자신의 존재근거로 하는 '지식권력'으로 작용했다.

일본의 우생학, 즉 '민족위생'의 이념은 우생결혼을 중요한 수단으로 간주했다. 그리고 우생결혼은 슬로건의 수준에 그치지 않고 대중의 일상으로 침투해갔다. 예를 들어 우생결혼을 장려하기 위해 결혼상담소가 설

---

44 가토 슈이치, 앞의 책, 159쪽.

치되었을 뿐만 아니라 전시회 형식의 이벤트에서는 우생결혼의 이상적 부부상像과 함께 회피되어야 할 배우자상像이 제시되었다. 하지만 실제로 우생결혼을 위한 구체적인 방법으로 중시된 것은 이러한 대중계몽이 아니라 '열성자'를 결혼과 출산으로부터 배제시키는 것이었다. 이때 '화류병자 = 성병환자'가 주된 배제의 대상이었다. 뿐만 아니라 다수의 우생론자들은 학술잡지와 여성잡지 등의 지면을 빌려 성병이 우생결혼의 최대장애물임을 역설했다. 일상의 영역에서 작용하는 우생학의 배제적 논리는 한센병환자보다 성병환자를 향하고 있었다.

이와 같이 근대 일본의 우생학은 내부의 타자를 배제하는 지식이자 운동이었고 동시에 '서구 열강'과의 경쟁에서 살아남고 '피식민자'의 유전적 '리스크'를 관리하기 위한 제국의 '학지'라는 성격도 띠고 있었다. 특히 제국의 '학지'로서 우생학은 제국화하는 일본에 대한 우월의식보다 오히려 유전적 '열성자'의 유입과 방치가 초래할 수 있는 제국의 붕괴에 대한 '묵시록적 불안'에 이끌리고 있었다. 실제로 1940년대 우생학과 총력전체제의 관계는 복잡한 양상을 띠고 있었다. 1940년에 제정된 '국민우생법'을 통해 우생론자들이 염원하던 '우생시술 = 단종술'이 합법화되었다. 그러나 이것으로 우생론자들의 '불안'이 종식되지는 않았다. 소위 '대동아공영권' 내에서 점증하는 민족 간 접촉은 그들에게 또 다른 '불안'의 요인이 되었다. 그래서 그들 대부분은 민족 간 결혼混血과 식민지 출신자의 일본 내 유입을 반대했다. 바꿔 말하면 제국일본의 총력전 이념은 인구의 '질적' 향상을 위한 우생학의 정책적 개입을 허용했지만, 다른 한편 그것은 '열성자' 집단인 식민지의 인구까지를 포함하는 말 그대로 '총동원'의 방식이던 까닭에 '타자'에 대한 우생론자들의 '불안'을 자극했던 것이다.

제6장

식민지는 어떻게 질병이 되는가?

1. 혼혈문제라는 아포리아

전전 일본의 주류 민족론은 혼합민족론이었다. 전시기 일본민족에 관한 공식적 견해는 "일본민족은 본래 단일민족으로 성립한 것이 아니다. 고대에, 이른바 선주민족이나 대륙방면에서 들어온 귀화인이 혼융·동화되어, 황화皇化 아래 동일 민족이라는 강한 신념의 배양을 통해 형성되었다"[1]는 서술에 잘 나타나 있다. 이런 혼합민족론이 주류 담론일 수 있었던 것은 그것이 다민족제국의 현실에서 민족 간 통합을 유지하는 데 설득력이 있었기 때문이다. 잘 알려진 것처럼 조선총독부는 일선동조론 위에서 '내선일체'를 중핵으로 하는 황민화정책을 실시했다.

혼합민족론이 대세를 이루고 있었지만 그것에 대한 반대가 없지는 않았다. 대표적인 반대 세력으로 국체론과 우생학을 들 수 있다. 예를 들어 전전 국체론의 선구자로 알려진 도쿄제국대학 교수 호즈미 야쓰카穗積八束는 『국민교육 애국심』[1897]이라는 책에서 "천조天祖는 국민의 시조이고 황실은 국민의 종가宗家"라고 전제한 뒤 "우리 제국은 동일한 인종, 한 계보

---

1   文武省社会科学教育局, 『国民同化の道』同化奉公会, 1942, 15쪽.

로 형성된 대민족이 순백한 혈통단체를 이룬 것"이라고 주장한다.[2] 즉, 국체론이 생각하는 일본민족은 천황을 정점으로 한 단일하고 순수한 혈족이라고 할 수 있다. 한편 우생학은 일본민족이 혼합민족이라는 것을 부인하지는 않았다. 하지만 그들의 관심을 일본민족의 '양'과 '질'을 개선하는 것에 있었고, 그런 목적을 달성하는 데 있어서 '혼혈'은 과학적 방법이 아니라고 생각했다. 그런 까닭에 1930년대 전반까지 우생학에서 혼혈 혹은 잡혼에 관한 논의는 소수에 불과했다.

국체론과 우생학 모두 사상운동이자 정치운동이었고, 특히 전시기에는 '황도주의'와 같은 이념을 뒷받침하는 학설의 역할을 수행했다. 그리고 둘 다 모두 '황실의 혈통적 순수함'을 높이 평가했고 민족 간 잡혼이나 혼혈에 반대했다는 점에서 다민족제국의 현실과는 맞지 않는 측면이 있었다. 그에 따라 1920년대 이후 국체론자들은 혼합민족론의 부분적 수용을 통해 '재편성'을 시도했지만,[3] 확대되는 제국의 현실 앞에서 입지의 축소는 피할 수 없었다. 반면 우생학의 상황은 달랐다. 1938년 후생성이 전시동원을 위한 인구관리기관으로 설치되자 다수의 우생론자들이 후생성에 '동원'되었다. 그들은 '단종시술'을 인정한 '국민우생법'[1940]과 일본의 인구증가를 위한 목표와 방책을 담은 '인구정책확립요강'[1941]의 수립에 깊이 관여했다. 다만 우생론자들은 혼혈이 일본인의 '우수한' 자질을 훼손한다고 생각했기에 혼혈의 가능성이 있는 식민지 출신자의 일본 유입에 소극적이었다.

앞서 말했듯이 1930년대 중반까지 우생학 안에서 혼혈문제는 중요한 관심사가 아니었다. 하지만 1930년대 후반 이후 상황이 변하기 시작했

---

2   穂積八束, 『国民教育 愛国心』, 八尾書店·有斐閣, 1897, 4~5쪽.
3   오구마 에이지, 조현설 역, 『일본 단일민족신화의 기원』, 소명출판, 2003, 184~204쪽 참조.

다. 우선 식민지의 동화정책이 한층 강화되었다. 중일전쟁을 기점으로 식민지 조선에서 황민화정책이 실시되었고, 그것을 1940년 창씨개명으로 이어졌다. 동시에 이런 분위기를 타고 조선총독부는 '내선결혼'을 장려하는 정책을 실시했다. 또한 전쟁의 확산이 초래한 노동력 부족을 메우기 위해 '강제연행'을 비롯한 여러 방식으로 식민지 출신자가 일본으로 유입되었다.[4] 그 결과 1920년대 10만 명대 수준이었던 재일조선인은 1940년에 100만 명을 넘어섰다. 당연히 조선인 남성과 일본인 여성 간의 통혼 수도 증가했다.[5] 이제 혼혈은 이론적 문제가 아니라 현실의 당면 과제로 부상했다. 더욱이 일본민족을 '대동아공영권'의 '지도민족'으로 하는 관념이 공식적인 민족관으로 인정받는 상황에서 무조건 혼혈에 대해 반대만 할 수도 없었다. 어떤 의미에서 전시기 우생학자에게 혼혈은 '뜨거운 감자'와 같았다.

이 장에서는 근대 일본의 우생학에서 혼혈이 어떻게 다루어졌는지를 고찰한다. 지금까지 주요 우생론자들의 혼혈론은 여러 연구를 통해 소개되었지만, 그것을 우생학의 중심적 목표가 시기에 따라 달라지는 맥락과 결부시켜 통시적으로 검토한 연구는 없었다.[6] 뒤에서 상세히 다루겠지만,

---

4   전시기 조선인의 일본 도항의 배경과 실태에 관해서는 다음 연구를 참조할 것. 西成田豊, 『在日朝鮮人の「世界」と「帝国」国家』, 東京大学出版会, 1997, 239~312쪽.

5   오구마 에이지, 앞의 책, 313~314쪽.

6   근대 일본 우생학의 혼혈 담론에 관한 주목할 만한 연구는 다음과 같다. 藤野豊, 『日本ファシズムと優生思想』, かもがわ出版, 1997; 오구마 에이지, 앞의 책, 2003; 강태웅, 「우생학과 일본인의 표상-1920~1940년대 일본 우생학의 전개와 특성」, 『일본학연구』 38, 단국대일본연구소, 2012; 박이진, 「일본의 혼혈 담론」, 『대동문화연구』 제103집, 대동문화연구, 2018. 후지노 유타카(藤野豊)의 연구는 후쿠자와 유키치, 가토 히로유키의 '인종개량'을 소개하며 '잡혼'에 관한 그들의 주장을 검토하고 있다. 하지만 제목에서 보는 것처럼 우생학(우생사상)이 어떻게 전시 파시즘체제에 협력했는가의 문제가 초점인 관계로 '혼혈' 문제는 단편적으로만 언급되고 있다. 오구마 에이지의 책은 우생학을 별

우생론자에게 혼혈은 '인종개량'이라는 보다 큰 목표를 달성하기 위해 취할 수 있는 여러 수단 가운데 하나였다. 뿐만 아니라 전시기의 우생학은 민족의 이동과 접촉이 증가하는 현실 속에서 혼혈의 발생을 막기 위한 논리를 만들어 내야 하는 곤란한 처지에 있었다. 그런 점에서 이런 사상적·역사적 맥락을 고려하지 않은 채 우생학은 혼혈에 큰 관심을 두지 않았고, 그것을 부정적으로 다루었다고 단정해 버리면 우생학이 혼혈문제에 대해 나타냈던 복잡한 태도를 이해할 수 없다. 이 글은 이런 문제의식 위에서 우생학 내부의 담론지형과 제국적 현실이라는 맥락을 교차시키는 가운데 우생학의 혼혈론을 재구성하는 것을 목적으로 한다.

2. 근대 일본의 인종개량 담론

근대 일본의 우생학이 혼혈 내지 잡혼을 부정적으로 다루었다는 점은 주지의 사실이다. 그들은 로마가 이민족과의 혼혈로 멸망했다는 '세계사'의 교훈을 언급하거나 혼혈은 특정 민족의 우수성을 훼손한다는 생물학

도의 장을 할애해 혼합민족론과의 대립이라는 구도 속에서 다루고 있다. 이 책의 초점은 우생학이 혼합민족론에 어떻게 대응했는가이고 혼혈 담론도 그런 맥락에서 언급되고 있을 뿐. 우생학사 안에서 혼혈 담론의 논법과 변용까지 담아내고 있지는 못하다. 강태웅의 연구는 오구마 에이지가 '우생학 = 혼혈 반대'로 규정한 것에 문제를 제기하며, 우생학 안에서 혼혈에 찬성한 학자들의 주장을 소개하고 있다. 우생학의 혼혈론에 대한 기존의 연구에 대한 비판적 관점을 제공하고 있다는 점에서 학술적 의의가 인정된다. 다만 찬성과 반대를 떠나 혼혈문제가 특정한 역사적 상황 속에서 우생학자들이 보였던 대응의 다양성까지는 포괄하지 못한 한계가 있다. 박이진의 연구는 전후 점령기의 혼혈 담론을 다룬 최초의 연구로 자리매김 할 수 있다. 그것의 전사(前史)로 전시기 혼혈 담론을 다루면서 근대 일본의 저명한 육종학자(育種學者)인 소 마사요시(宗正雄, 1884~1980)와 함께 이 글이 주목하는 고야 요시오의 혼혈론을 소개하고 있다.

과 유전학의 지식을 빌려 혼혈에 반대했다. 다수의 우생론자들은 민족의 '혈통적 순수성'을 중시했고, 그것을 이유로 이민족과의 혼혈을 권하는 정책에 반발했다. 실제로 우생학 세력은 혼혈을 긍정했던 소위 혼합민족론 세력과 지속적인 대립 관계에 있었다.

혼혈 혹은 잡혼을 둘러싼 우생학 세력과 혼합민족론자 간의 대립은 혼혈의 문제가 우생학 안에서 중요한 관심사로 다루어졌던 것 같은 인상을 준다. 하지만 1930년대 전반까지 우생론자들 사이에서 혼혈문제나 일본민족론과 같은 것은 부차적 이슈였다.[7] 오히려 그 여명기부터 일본우생학의 최대 관심사는 '구미인과의 인종경쟁'에서 일본민족이 살아남을 수 있는가라는 문제였다. 엄밀하게 말하면 혼혈이나 잡혼은 '인종경쟁'에서 살아남기 위해 요구되었던 '인종개량'의 한 방법에 불과했다.[8] 그런 의미에서 우생론자들의 혼혈론을 빠짐없이 모으는 것만으로 그들의 혼혈에 대한 인식의 전체상을 파악할 수 없다. 우생학 안에서 혼혈론의 위상을 '객관적'으로 보려면 우선 일본우생학의 형성기로 돌아가 인종개량이 하나의 이상으로 자리잡게 되는 과정을 살펴볼 필요가 있다.

일본에서 서구의 우생학은 19세기 후반 이른바 사회다윈이즘의 유행과 함께 수용되었다. 그리고 사회다윈이즘의 유행은 일본이 구미열강과

---

7   오구마 에이지는 1930년대 전반까지 혼혈문제가 우생학의 주된 관심사가 되지 못한 이유를 다음과 같이 설명한다. 우선 그는 우생학의 인종주의가 '백인'이 '황인'을 차별하기에는 적합했지만 '황인종'이 '황인종'을 차별하는 데 사용하기에는 적합하지 않았던 점을 든다. 즉 혼합민족론이 주류 학설로 인정받는 상황에서 조선인이나 타이완인을 일본인에 비해 열등하다고 주장하는 것이 쉽지 않았다는 것이다. 또한 혼혈 반대는 제국일본의 동화정책에 대한 비판을 의미했기 때문에 정부비판이라는 위험을 무릅쓸 정도로 혼혈문제가 절박하지 않았다는 점도 거론한다. 오구마 에이지, 앞의 책, 312~313쪽.
8   藤野豊, 앞의 책, 387쪽.

의 생존경쟁에서 살아남기 위해 무엇을 해야하는가에 대한 관심을 불러일으켰고, 생물학적인 '인종개량'론의 등장을 가져왔다. 이렇게 우생사상을 수용할 토양이 형성되자 1880년부터 1900년대에 걸쳐 '혈족결혼'의 기피, 결혼에 앞서 '혈통조사'의 필요성 등이 주장되었다.[9] 특히 1880년대 이후 일본우생학의 여명기를 대표하는 '인종개량'론을 생각할 때, 후쿠자와 유키치와 가토 히로유키의 문명론을 우회하는 것은 불가능하다.[10]

후쿠자와 유키치는 1870년대부터 유전에 대한 관심을 피력했다. 예컨대 「교육의 힘敎育なる力」1875에서 교육의 중요성을 강조하면서도 "인간의 능력에는 천부유전의 제한이 있고 결코 그 이상을 넘을 수 없다"[11]말했고, 『시사소언時事小言』1881에서는 유전을 이유로 무사가 농민보다 유능하다는 주장을 펼쳤다. 특히 『시사소언』에서는 프랜시스 골턴의 저서를 언급하며 유전학에 대한 관심을 드러내기도 했다.[12] 이후 「탈아론」1885을 기점으로 서구 우생학의 논리를 빌려 인종개량론을 본격적으로 주장하기 시작했다. 예를 들어 『복옹백화福翁百話』1897에서는 "박약한 부모 밑에는 박약한 아이가 있고, 강장强壯한 아이에게 강장한 부모가 있고", 신체 및 정신의 능력은 모두 유전에 따른다고 말하며, 인종개량을 위한 방책으로 다음과 같은 것을 제안했다.

우선 첫째로 강약지우 간의 잡혼을 막고, 체질이 약하고 마음이 우둔한 자에게는 결혼을 금지하든가 임신을 회피케 하여 자손의 번식을 막음과 동시에 다른 선량한

---

9   藤野豊, 앞의 책, 53쪽.
10 여기서 서술하고 있는 후쿠자와 유키치와 가토 히로유키의 '인종개량'론에 관한 내용은 다음 문헌을 참고로 하였다. 藤野豊, 앞의 책, 372~385쪽.
11 福沢諭吉, 『福沢諭吉全集』 二〇巻, 岩波書店, 1963.
12 福沢諭吉, 『福沢諭吉全集』 五巻, 岩波書店, 1959.

자손 가운데 특히 선한 자를 골라내 결혼을 허하며……[13]

여기서 후쿠자와가 훗날 우생결혼과 및 '열등자'에 대한 산아제한으로 불리는 우생학적 조치를 인종개량의 방법으로 제시하고 있음을 확인할 수 있다. 즉, 후쿠자와는 천부인권론을 골턴의 유전학과 결부시켰고, 사회다윈이즘의 발상 위에서 인종개량을 문명화의 방책으로 제시했다. 이처럼 그의 문명개화론은 훗날 '우생학'이리 불리는 지식과 통하는 요소를 적지 않게 포함하고 있었고, 이런 경향은 시간이 갈수록 그의 사상체계에서 그 비중을 확대해 갔다.[14]

다른 한편, 가토 히로유키는 『진정대의真政大意』[1870], 『국체신론』[1874]에서는 천부인권론을 주장했지만 『인권신설』[1882]을 기점으로 천부인권론을 부정했다. 후쿠자와가 유전에 따른 능력의 차이를 인정하면서도 천부인권론의 입장에서 교육을 통한 능력 계발의 기회를 보편적으로 인정한 반면, 가토는 타고난 능력의 차이로 인한 '우승열패'가 '만물법'인 이상 '자유자치 평등균일의 권리'를 인정하는 천부인권론은 인정될 수 없다고 보았다. 또한 인종개량의 방법에 관해서도 두 사람은 생각을 달리 했다. 후쿠자와가 '열등자'에 대한 번식 금지와 '우등자' 간의 결혼 장려라는 인위적인 방법을 주장한 반면, 가토는 이른바 '인위도태'에 부정적이었다. 그는 종교나 윤리를 이용한 교화 혹은 교육이 선천적인 심성과 능력을 어느 정도 바꿀 수 있다고 보았다.[15] 요컨대 두 사람은 천부인권론에 대한 입장은 달랐지만 능력의 유전에 대한 관점을 공유하고 있었고, 공통적으로 진화론을 받

---

13   福沢諭吉, 『福沢諭吉全集』六卷, 岩波書店, 1959.
14   藤野豊, 앞의 책, 380쪽.
15   가토 히로유키의 '인종개량'론에 관해서는 다음을 참조할 것. 藤野豊, 앞의 책, 382~385쪽.

아들여 그 위에서 자신만의 '인종개조론'을 세웠다.

이렇게 우생학은 1880년대 일본에 수용되어 메이지 지식인의 문명개화 담론 속에 모습을 드러냈다. 하지만 그것은 단편적으로 언급될 뿐 지적 유행을 형성할 정도는 아니었다. 우생학이 뿌리내릴 사회적 기반은 아직 갖추어지지 않았다고 말할 수 있다. 그러나 러일전쟁을 거치면서 우생학은 하나의 독립된 학문으로 인정받게 된다. 이를 테면 이것은 인종개량론이 기존의 '문명개화' 담론에서 분리되어 독자적인 담론으로 전환하는 과정이기도 했다. 그렇다면 이런 변화는 어떤 배경에서 이루어진 것일까? 가토 슈이치는 이에 관해 다음과 같이 설명하고 있다.

첫째, 메이지 초기에 단편적으로만 언급되었던 진화론과 유전학이 본격적으로 수용되기 시작했다는 점을 들 수 있다. 우선 1904년 오카 아사지로丘浅次郎의 『진화론 강화』가 출판되어 당시의 베스트셀러로서 진화론을 대중적 교양으로 확산시켰다. 우생학과 관련해서는 1905년에 후지카와 유富士川游가 『인성人性』을 창간한 사건이 중요하다. 후자카와 유는 1898년 독일 예나대학으로 유학을 떠나 1900년 의학사 학위를 받고 귀국한 인물로서 귀국 후 『인성』을 창간하기 전에는 각종 의학 관련 학회에 참여하는 한편, 의학 관련 학술지만이 아니라 『중앙공론』, 『태양』, 『개조』 등의 잡지에 글을 발표하는 등 활발한 집필활동을 펼쳤고, 1904년에는 『일본의학사』도 출간했다. 잡지 『인성』은 '자연과학상의 지식에 의거해 인류의 사회적 생활과 정신적 생활을 연구하는 학술잡지'를 표방했는데, 후지카와는 『인성』의 지면을 통해 동물학, 해부학, 생리학 등의 학문뿐만 아니라 특히 독일 '위생학Hygiene'의 현황과 '인종위생Rassenhygiene'에 관한 학문적 논의를 적극적으로 소개하였다.[16]

청일전쟁에서 러일전쟁으로 이어지는 시기에 우생학에 대한 관심의 고양에는 일본의 제국주의적 팽창도 영향을 주었다. 즉 이 시기에 관료와 학자들이 제국주의적 팽창을 뒷받침하는 인구정책의 필요성을 자각하기 시작한 것이다. 내각 통계국 조사관으로 일본 통계학의 시조로 일컬어지는 구레 아야토시吳文聰는 러일전쟁 직후 『전후경영인구정책』[1905]을 출간했는데, 여기서 그는 "일본의 인구를 상당히 늘리지 않으면 실제로 국위를 확장해 가는 것은 불가능하다"고 쓰고 있다. 인구의 '양'을 국력의 핵심 요소라는 발상이 잘 나타나 있다. 이런 일본 국내적 요인 외에 1907년부터 미국의 여러 주에서 정신박약자와 범죄자에 대한 강제적 단종술이 합법화되기 시작한 것도 우생학에 대한 관심을 자극했다. 예컨대 『인성』의 지면만 보더라도 '단종術'에 관한 글을 어렵지 않게 확인할 수 있다.[17]

이런 변화를 배경으로 1910년대에 접어들면 인종개량을 위해 연애·결혼·출산에 대한 우생학적 개혁을 국가적 과제로 제시하는 담론이 등장했다. 이런 움직임의 출발을 알린 것은 우생학자 운노 유키노리海野幸德였다. 그는 저서 『일본인종개조론』[1910]에서 사회진화론적 관점에서 생존경쟁을 신체적 경쟁·정신적 경쟁·사회적 경쟁의 세 가지로 나누고, 러일전쟁의 승리가 보여주듯이 일본인은 사회적 경쟁에서는 밀리지 않지만, 신체적·정신적 경쟁에서는 여전히 서양에 비해 열세에 있으므로 인종의 '개조'가 필요하다고 주장하고 있다.[18] 운노는 인종개조에 적극적 방법과 소극적 방법의 두 가지가 있다고 생각했다. 적극적 방법은 '우량한

---

16 요코야마 다카시(橫山尊), 안상현·신영전 역, 『일본이 우생사회가 될 때까지−과학계몽, 미디어, 생식의 정치』, 한울아카데미, 2019, 85~87쪽.

17 여기서 소개하고 있는 인종개량이 문명개화에서 벗어나 자립해 가는 과정에 관한 내용은 다음에 따른 것임. 가토 슈이치(加藤秀一), 서호철 역, 『'연애결혼'은 무엇을 가져왔는가−성도덕과 우생결혼의 100년간』, 小花, 2013, 110~112쪽.

18 『일본인종개조론』의 내용에 대한 분석은 다음을 참조하였음. 가토 슈이치, 앞의 책, 112~114쪽.

형질과 특질을 선취選取하는' 것이며, 소극적 방법은 '불량한 형질적 특질을 배제하는' 것이라고 정의한다.[19] 특히 적극적 방법과 관련해서 그는 인종개량은 국가적 과제이기 때문에 '우량한 형질'을 가진 개인끼리 연애와 결혼에 이를 수 있도록 국가가 후원할 필요가 있다고 보았다. 우생결혼에 대한 국가의 개입을 허용하는 견해라고 할 수 있다. 다만 적극적 방법은 필요한 것임에도 불구하고 실행하는 것이 쉽지 않기 때문에 '이상'에 가깝다는 말도 덧붙이고 있다.[20] 그래서 그는 적극적 방법보다 소극적 방법이 인종개량을 위한 현실적 방법이라고 생각했다. 즉, 그는 형질상의 결함을 완전히 배제할 때 '완전한 인종'을 얻을 수 있기 때문에 "인종개량에 있어서 우선 여러 종류의 결함을 배제하고 그 형질을 순량純良한 것으로 만들어야 한다"[21]고 말하고 있다.

인종개량의 소극적 방법이 갖는 중요성은 1911년에 출간한『흥국책으로서의 인종개조』에서 한층 강조된 형태로 제시되고 있다. 이 책에서 운노는 "가난한 자의 두뇌는 확실히 부유한 자의 두뇌보다 뒤떨어져 있다"고 주장한 독일의 위생학자 플뢰츠Alfred Ploets의 '두개계측학' 연구를 인용하며 경제적 하층계급을 이른바 우생결혼의 대상에서 배제시켰다. 그리고 그 위에서 "새로운 시대의 연애는 어디까지나 '인종개조'라는 '도덕'에 근거하고 국가를 기점으로 하여 (…중략…) 정신형질과 사회형질을 고려하"는 가운데 이루어져야 한다고 주장했다.[22] 또한 1913년 1월『국민잡지国民雜誌』에 발표한 「다이쇼 벽두의 흥국책大正劈頭の興国策」이라는 글에서도

19   海野幸徳,『改版 日本人種改造論』, 富山房, 1911, 99쪽.
20   海野幸徳, 앞의 책, 134쪽.
21   海野幸徳, 앞의 책, 103쪽.
22   海野幸徳,『興国策としての人種改造』, 大空社, 1911, 119~121쪽.

20세기에 들어와 '인류 생존의 원리를 연구'하는 분위기가 나타났다고 말하며 '인종개조'야말로 "20세기의 대문제"이자 "다이쇼 벽두의 대문제"라고 주장하고 있다. 여기서 운노는 외부 환경을 통해 인간을 '개조'할 수 있다는 견해를 강하게 비판하고 있다. 그는 정치가나 경제가 등이 주장하는 '사회개량'은 '인류가 아닌 오로지 외부 환경을 바꾸는 것'에 불과하다고 보았다.[23] '인간 '형질'의 변경 없이 '인류의 개조'는 있을 수 없다는 것이 운노의 생각이었다.

이렇게 운노 유키노리에 의해 개화한 인종개량 담론은 제1차 세계대전을 거치면서 만개의 시기를 맞이한다. 이 시기에 인종개량을 주장한 대표적인 지식인으로 당시 도쿄제국대학 의과대학 생리학교실 주임이었던 나가이 히소무永井潛[24]와 내무성 관료였던 우지하라 사조氏原佐蔵[25]를 들 수 있다. 우선 나가이 히소무는 자신의 인종개량론을 '인종개선학'이라고 불렀다. 나가이는 과학, 교육, 종교, 법률의 힘으로 인간을 '강하고, 현명하고, 선하게' 변화시킬 수 없다고 생각했다. 즉 그는 "기와는 아무리 갈고 닦아도 어쩔 수 없이 기와"이며, "갈고 닦는 것보다 중요한 것은 갈고 닦

---

23 「다이쇼 벽두의 흥국책」에 관한 내용은 다음 문헌을 참고한 것임. 요코야마 다카시, 앞의 책, 106~107쪽.

24 일본이 우생학사에서 나가이 히소무의 위상은 각별하다. 그는 학자이면서 동시에 정부가 설치한 보건위생조사회, 인구식량문제조사회의 위원을 역임하는 등 정책수립을 위한 조사회에 빠짐없이 이름을 올리며 우생사상의 정책화에 주력한 인물이었다. 또한 1930년에 설립된 일본민족위생학회의 이사장에 취임해 이후 '단종법' 제정 운동을 이끈 이력을 갖고 있다. 특히 나가이는 도쿄제국대학 의과대학의 교수이자 우생학계의 리더였지만, 동시에 우생학 이론을 사회적으로 확산시키기 데에 누구보다 적극적이었다. 그는 학술적 논문외에 대중계몽 성격의 글을 다수 발표했는데, 특히 1939년에 출간한 『결혼독본』은 우생학에 관한 상식을 알기 쉽게 해설하고 있는 우생학 대중서였는데, 출판 1년이 못 되어 8쇄를 찍는 성공을 거두기도 했다. 나가이의 대중적 저술활동에 관해서는 다음을 참조할 것. 가토 슈이치, 앞의 책, 204~205쪽.

을 재료를 선택하는 것"이라고 말하고 있다. 생물학적으로 '우수한' 인간이라는 '재료'를 만드는 것 외에 인간의 변화란 있을 수 없다는 발상[26]인데, 앞서 언급한 운노 유키노리의 '사회개량'에 대한 비판과 동일한 논리를 띠고 있다. 한편 우지하라 사조의 인종개량론은 '구미인종'의 위협을 직접 거론하고 있다는 점에 특징이 있다. 즉 우지하라는 구미의 경우 '인종개량'을 위한 조치를 앞서 실시했기 때문에 지금보다 인종개량이 진척되면 일본에게 더 큰 압박이 될 것이라고 생각했다. 그래서 그는 이러한 구미의 인종개량 움직임에 맞서려면 '민족의 퇴행변성'을 방관하지 말고 '민족위생학'의 발흥을 촉구해야 한다고 주장하고 있다. 우생학자이자 인종주의자인 우지하라의 궁극적 이상은 '우량백인종'의 압박에 맞서 '민족위생학'을 고취해 일본이 '황색인종의 맹주'로 올라서는 것이었다.[27]

우생론자들의 지상과제였던 인종개량은 1920년대 이후가 되면서 이전에 비해 중요성을 상실해 간다. 이제 일본도 서구열강과 어깨를 나란히 하는 강국이 되었으며, 이것은 더 이상 일본인이 서양인에 비해 열등하지 않다는 것을 보여주는 증거라는 생각이 확산되었기 때문이다.[28] 이때가 되면 우생론자들의 관심은 일본민족을 어떻게 개량改良할 것인가에서 일본민족의 '쇠퇴'를 어떻게 막을 것인가로 옮겨가기 시작했다. 물론 이것이 '인종경쟁에서 살아남기'라는 당초의 목표가 소멸했음을 의미하는 것은 아니었다. 서구와의 인종경쟁에 대한 의식은 일종의 '집요저음'과 같

---

25   우지하라 사조는 내무성 위생국의 기사를 역임하면서도 「민족위생학의 발흥을 촉구한다(民族衛生学の勃興を促がす)」, 「민족위생학 발달의 역사(民族衛生学発達の歴史)」, 「민족위생학의 직책(民族衛生学の職責)」과 같은 글을 발표한 우생사상가이기도 했다.

26   永井潜, 「人種改善学の論理と実際」, 『日本及日本人』 2・3, 1915.

27   藤野豊, 앞의 책, 60쪽에서 재인용.

28   강태웅은 1920년대 후반에 일본인의 '열성'에 대한 재인식이 일어났고, 1930년대부터 일본인의 '우수성'을 주장하는 학설이 등장했다고 지적한다. 강태웅, 앞의 글, 34~39쪽.

이 우생학 담론의 저변에서 흐르고 있었고, 결국 전시기에는 '영미'와의 전쟁을 '인종전쟁'으로 규정하는 주장을 통해 가시화되기도 했다. 그럼에도 불구하고 러일전쟁의 승리가 가져온 '대국의식'과 제1차 세계대전 종결 이후 조성된 대외적 긴장의 완화는 우생학의 초점을 '외부의 적＝서구'로부터 '내부의 적＝유전적 열악자'로 전환시켰다. 이것은 다이쇼시기를 통해 '근대국가'와 '국민형성'이라는 이상이 '사회와 개인의 발견'으로 옮겨가는 것과 정확히 대응한다.[29] 이제 우생결혼은 인종개량의 유력한 수단이라는 의미만이 아니라 '개인의 행복'을 보장하고 일본민족의 역량저하를 막을 수 있는 방책으로써 그 중요성이 재인식되기 시작했다.[30]

3. '혼혈'을 둘러싼 담론 투쟁

그렇다면 우생학의 인종개량론 안에서 '혼혈'은 구체적으로 어떻게 다루어졌을까? 여기에서는 혼혈문제를 둘러싼 우생학의 담론 지형을 통시적으로 추적해 보고자 한다.

후쿠자와 유키치의 '문명론'은 혼혈문제를 '인종개량'과 결부시킨 초기의 사례라고 할 수 있다. 예를 들어 후쿠자와 유키치는 「일본부인론」[1885]에서 인종개량의 방법에는 두 가지가 있다고 주장하고 있다. 하나는 '자

---

29 오사와 마사치, 서동주 외역, 『전후일본의 사상공간』, 어문학사, 2010, 90~92쪽 참조.
30 1920년대 이후 우생결혼 담론이 주로 성병, 당시에는 '화류병'으로 불렸던 질환을 배제하는 방식으로 작동하고 있었다는 사실에 관해서는 다음의 연구를 참조할 것. 藤野豊, 앞의 책, 114~155쪽; 가토 슈이치, 앞의 책, 129~166쪽; 서동주, 「근대 일본의 우생사상과 '파국'의 상상력－'인종개량'과 우생결혼 담론을 중심으로」, 『일본문화연구』제75집, 2020. 7.

력의 방법'이고 다른 하나는 '타력의 방법'이다. 그는 자력의 방법을 "우리 남녀의 체질을 개량해 완전한 자손을 얻는 방법"이라고 정의한다, 그리고 이것을 위해서는 일본의 여성이 자신의 "신체를 강장_{強壯}케 함으로써 좋은 자손을 얻고자 하는" 마음을 가져야 한다고 말한다. 이렇게 후쿠자와는 인종개량의 목적에 대한 여성의 자각을 강조했고, 그렇게 함으로써 일본 여성은 봉건도덕과 남성의 억압에서 벗어날 수 있다고 주장했다. 한편 '타력의 방법'이란 '잡혼'을 의미한다. 후쿠자와는 이것의 사례로 일본인과 구미_{歐美}인의 결혼을 거론한다. 그런데 인종개량을 위한 두 가지 방법은 사정에 맞게 선택할 수 있는 성질의 것은 아니다. 후쿠자와의 논지는 '자력의 방법'이 가장 좋지만, 필요하다면 '잡혼'과 같은 '타력의 방법'도 생각할 수 있다는 것이다. 즉 '잡혼'을 부정하지는 않지만 그렇다고 권장하지도 않는 입장이라고 할 수 있다.[31] 반면 『시사신문』 기자였던 다카하시 요시오도 잡혼을 적극 지지하는 견해를 피력했다. 그는 잡혼을 제한적으로 지지했던 후쿠자와와 달리 '인종개량'을 위해서는 잡혼이 반드시 필요하다고 주장해 가토 히로유키의 반발을 사기도 했다.[32] 가토 히로유키는 다카하시의 혼혈 찬성론에 대해 그것은 '인종개량'이 아니라 '인종의 변경'에 불과하다고 비판했다.[33]

한편 우생학의 혼혈론으로 가장 이른 사례는 아마도 『일본인종개조론』의 저자 운노 유키노리가 쓴 「조선인종과 일본인종의 잡혼에 대하여_{朝鮮人種と日本人種との雜婚に就て}」1910일 것이다. 운노의 혼혈에 대한 기본인식은 혼혈은 인종개량의 유효한 방법인데, 다만 유사한 인종 간의 혼혈이 바람

---

31   藤野豊, 앞의 책, 378~379쪽 참조.
32   藤野豊, 앞의 책, 381쪽 참조.
33   藤野豊, 앞의 책, 385쪽 참조.

직하다는 것이다. 백인이나 흑인처럼 상이한 인종과의 혼혈은 악영향을 가져올 수 있다는 것이 그 이유였다. 그는 이런 관점 위에서 조선인과 일본인의 혼혈을 지지했다. 나아가 "우등인종의 형질은 열등인종의 형질을 압도"할 것이기에 조선인은 일본인과의 결혼으로 소멸해 버리고 결국은 일본에 흡수되어 버릴 것이라고 생각했다. 그런데 운노 유키노리가 근대 일본의 우생학사에서 차지하는 중요성에도 불구하고, 그의 '잡혼지지론'은 우생학의 지배적 담론이 아니었다. 그의 잡혼론은 그만의 독자적 주장이기보다는 인종사상가로서 동화정책에 대해 동조를 표명하는 성격이 강했다. 거듭 말하지만 오히려 우생학의 주류는 '혼혈기피론'과 동화정책 반대론이었다.[34]

한편 오구마 에이지는 우생학적 인종주의의 입장에서 혼혈기피를 주장한 가장 이른 사례로 가와카미 하지메河上肇를 거론한다. 가와카미는 「일본민족의 피와 손日本民族の血と手」이라는 글에서 영국의 인종사상사 챔버레인Houston Stewart Chamberlain의 학설에 기초하여 혼혈론을 비판했다. 챔버레인은 우수한 인종이 다른 인종과 혼혈을 이룬 후 다른 인종과 격리되어 피의 순결을 지키는 것이 중요하다고 생각했고, 그에 따라 영국인은 켈트족과 튜튼족의 혼혈이지만 그 이후로 오랫동안 순혈을 유지했기에 유럽에서 가장 우수한 인종이라고 주장했다. 그리고 가와카미는 챔버레인의 논의를 빌려 일본민족도 소위 신대神代에 "혈액의 대혼합이 일어난" 후 "오늘에 이르기까지 실로 2000여 년의 오랜 세월동안 피의 순결을 유지"했다는 점에 인종적 우수성이 인정된다고 말한다. 이런 논리에 따른다면 조선인과의 혼혈은 일본인의 우수성을 훼손하는 일에 다름 아니다. 실

---

34   오구마 에이지, 앞의 책, 308~309쪽 참조.

제로 가와카미는 가축의 교배와 달리 "일본인과 조선인을 혼혈시켜 중간 인종을 얻는 것은 우리나라 사람들이 참을 수 없는 바이다"라고 말했다.[35]

전전 일본의 우생학계를 이끌었던 나가이 히소무도 혼혈에는 비판적이었다. 예를 들어 1936년 일본민족위생학회 대회에서 행한 「민족의 혼혈에 대하여」라는 제목의 강연에서 일본민족의 우수성을 유지하려면 혼혈을 피해야 한다고 주장했다. 그는 "우수 민족의 입장에서라면 성취해야 할 혈통의 순정을 계획하고 혼혈을 피해야만" 한다고 강조했다. 또한 그는 일본민족은 '혼합'에 의해 생겨났지만 "섬 제국이라는 은혜로운 지리적 조건 때문에 오늘에 이르기까지 순혈을 보존할 수 있었고, 이런 일은 세계사에서 유례가 없는 것"[36]이라고 하며 혼합민족론을 부분적으로 받아들인 논조를 폈다. 하지만 무차별적인 혼혈은 로마제국의 경우처럼 몰락을 피할 수 없다고 경고했다.

나가이의 경우처럼 로마제국의 멸망이라는 사건은 일본의 우생론자들이 혼혈회피를 정당화하기 위해 자주 활용했던 상투적 논거였다. 예컨대 타이완총독부의 관료이면서 동화정책에 강하게 반대했던 도고 미노루東郷実도 로마의 멸망을 일본의 혼합민족론자이 기억해야 할 역사의 교훈으로 언급했다. 즉, 도고는 "도처에서 동화정책을 시행하고 잡혼정책을 채용한다면 2000년 동안 순결을 지켜 비로소 완성된 귀중한 일본민족의 성격이 저들 이민족과의 혼효에 의해 점차 퇴폐에 이르러" 마침내 로마제국과 같은 길을 가게 될 것이라고 말했다.[37] 혼혈문제와는 직접 관련이 없지만, 우생학자이자 후생성 관료였던 고야 요시오古屋芳雄는 로마제국의

35   오구마 에이지, 앞의 책, 309~310쪽 참조.
36   永井潜, 「民族の混血に就て」, 『民族衛生』 2巻4号, 1933, 56쪽.
37   東郷実, 『植民政策 民族心理』, 岩波書店, 1925, 236~271쪽.

멸망을 '향락주의'와 '산아제한'이 초래한 사건으로 간주하며 서구 개인주의와 자유주의의 영향으로 소위 일본의 '상층'계급에서 나타나고 있던 출생률 저하를 비판하기도 했다.[38]

　로마의 멸망이라는 역사의 교훈만이 아니라 혼혈은 우수한 인종의 능력과 소질을 저하시킨다는 주장도 우생론자들이 혼혈반대를 위해 자주 거론했던 논거였다. 특히 이런 식의 명제는 생물학, 유전학 등의 연구에 따른 '과학적 지식'이라는 외피를 쓰고 나타났다는 점에 그 특징이 있다. 예를 들어 법의학 전문가로서 가나자와의대 교수였던 후루하타 다네모 土古畑種基는 당시 우생학계의 주목을 끌었던 혈액형 연구를 근거로 혼혈기피론을 주장했다. 그에 따르면 일본민족에는 주변 민족들과 다른 독자적인 혈액형의 비율이 있고, 그런 이유로 "만세일계의 황실을 받드는 우수한 대가족"을 이룰 수 있었기 때문에 혼혈은 일본민족의 고유하면서도 우수한 소질을 손상시킨다는 것이다. 나가이와 마찬가지로 후루하타도 최초의 혼혈이래 오랫동안 '순혈'을 유지했다는 점을 세계에서 유례를 찾아볼 수 없는 일본민족의 '우수한 자질'로 높이 평가했다.[39]

　이처럼 일본의 우생론자들은 대부분 이민족과의 혼혈에 부정적이었다. 그래서 우생학은 천황을 중심으로 하는 단일민족의 관념을 주창했던 국체론과 함께 혼합민족론을 반대한 세력으로 간주되었다. 하지만 운도 유키노리의 사례에서 보는 것처럼 비록 소수였지만 혼혈을 지지하는 우생학자도 없지 않았다. 강태웅의 연구가 보여주고 있는 것처럼 우생학계의 유력 잡지였던 『우생학』만 보더라도 혼혈을 지지하는 논조의 글을 확인할 수 있다. 예를 들어 교육학자이자 교토제국대학 교수였던 다니모토

38　古屋芳雄, 『国土·人口·血液』, 朝日新聞社, 1941, 50~51쪽.
39　오구마 에이지, 앞의 책, 337쪽 참조.

도메리谷本富는 「혼혈아에 대하여─일본민족 우수성의 인류학적 일고찰」 1931에서 후쿠자와 유키치처럼 혼혈에는 인종개량의 측면이 있다고 말하며, 일본민족은 먼 옛날 이민족과의 혼혈이 있었기 때문에 '우수'하다고 주장하고 있다. 또한 해부학자이자 게이오의숙대학 교수였던 다니구치 고넨谷口虎年은 잡지 『우생학』 마지막 호에 실린 「혼혈문제」 1943에서 팽창하는 제국에 적응할 수 있는 일본인을 만들기 위해서는 '원주민의 피의 힘'을 빌려야 한다며 식민지인과의 혼혈을 지지하는 논조를 펼쳤다.[40]

이상에서 살펴본 것처럼 일부를 제외하면 다수의 우생학자들은 혼혈을 인종개량을 위한 유효한 수단으로 인정하지 않았다. 뿐만 아니라 혼합민족론과 혼혈을 지지하는 세력에 대해서 대결의식을 드러내는 것에도 주저하지 않았다. 1939년 '칙임기사'로 후생성에 입성했던 위생학자 고야 요시오는 나치의 순혈주의를 근거로 일본민족은 '혼혈민족'이며 따라서 '혼혈을 두려워할 필요가 없다'는 혼합민족론의 주장을 강하게 반박했다.[41] 이것은 직접적으로 조선총독부의 황민화정책과 나치 비판론을 의식한 것이다. 고야의 경우처럼 나치의 인종주의를 민족정책의 '모범'으로 받아들였던 우생론자에게 혼혈을 통한 이민족의 '일본화'는 '과학적'으로도 나아가 일본민족의 장래라는 '정치적' 차원에서도 용납되기 어려운 것이었다.

그런데 우생론자들이 혼합민족론자들의 동화정책을 비판했던 것은 비단 그것이 우생학이라는 '과학'의 견지에서 정당화될 수 없음에도 불구하고, 제국일본의 식민통치를 위한 공식적 방침이 되어버린 현실에 대한 불만 때문만은 아니었다. 1938년 이후 총동원체제가 본격적으로 가동되면

---

40   강태웅, 앞의 글, 40쪽 참조.
41   古屋芳雄, 앞의 책, 175~183쪽 참조.

서 일본 내 식민지 출신자의 수가 급격히 증가하는 상황이 또한 우생론자들의 우려를 자극했다. 그리고 이민족의 일본 내 유입이 증가하자 자연스럽게 '혼혈' 문제가 우생학의 현안으로 부상했다.

4. 식민지는 어떻게 질병이 되는가?

총동원체제의 성립과 '대동아공영권'의 이념은 우생론자들의 혼혈 인식에 곤란함을 안겨주었다. 왜냐하면 전시 노동력으로 식민지 인구의 일본 유입이 권장되고, 일본을 다민족제국의 '지도민족'으로 하는 민족론이 공식성을 띠는 상황에서 우생론자도 무턱대고 혼혈에 대해 반대만 할 수는 없었기 때문이다. 그래서 우생론자들은 제국 안에서 민족 간 이동과 접촉이 늘어나는 현실을 인정하면서 그 위에서 혼혈회피의 논리를 고안하지 않을 수 없었다. 여기에서는 이 문제를 총력전을 위한 인구정책 수립에서 핵심적 역할을 맡았던 우생학자 고야 요시오의 '민족과학론'을 중심으로 분석해 보고자 한다. 여기서 고야 요시오라는 인물에 초점을 둔 이유는 두 가지이다. 하나는 고야는 도쿄제국대학 의과대학 출신의 위생학자이자 동시에 후생성에 입성해 직접 인구정책의 수립에 관여한 관료이기도 했다. 즉 그는 당시 우생학계와 정부의 인구정책을 매개하면서 동시에 두 영역 모두에서 존재감을 가졌던 거의 유일한 인물이었다. 다른 하나는 총력전시기 제국일본의 인구관리정책의 수립과 시행에서 그가 보여준 두드러진 '활약상'과 '영향력' 때문이다. 단적으로 그는 총력전시기 인구정책의 근간을 이루는 법적 제도인 '국민우생법'과 '인구정책확립요강'의 성립과정에서 시종일관 핵심적인 역할을 맡았다. 즉, 고야 요시

오는 총력전시기 인구정책의 '막후 실력자'였다.[42]

우생학자로서 고야는 다수의 저서를 출간했는데, 그 가운데 1941년에 발표한 『국토·혈액·인구』는 그의 우생학 연구의 정점에 위치한다. 왜냐하면 이 책은 그가 후생성 입성 이후에 그때까지 정립한 자신의 우생학 이론을 '대동아공영권'이라는 국가이념에 맞춰 집대성한 저술의 성격을 갖고 있기 때문이다. 고야는 인구를 '민족력의 원천'으로 간주했고, 인구정책은 '혈액유전의 문제'이자 동시에 '국토계획'과 분리되어 수립될 수 없다고 생각했다. 그가 '국토·혈액·인구'라는 제목을 붙인 이유도 여기에 있다. 아울러 고야는 이 책에 앞서 성립된 '인구정책확립요강'과 '국토계획요강'이 모두 일본민족의 자질을 개선한다는 '민족문제'와 관련되어 있다는 데 그 의의가 있다고 말하고 있다.[43]

이 책은 크게 '인구문제', '민족우생학', '서구열강의 인구정책', '국토와

---

42 고야의 후생성에서의 '활약'에 관해서는 다음을 참고할 것. 松村寬之, 「「国防国家」の優生学—古屋芳雄を中心に—」, 『史林』 83(2), 2000, 121~124쪽. 후생성 입성 때까지 고야 요시오의 이력을 간략히 소개하면 다음과 같다. 고야 요시오는 1890년 오이타 현(大分県)에서 태어났다. 1916년 도쿄제국대학 의과대학을 졸업하고, 바로 대학원에 진학해 도쿄제국대학 위생학교실에 적을 두는 한편, 도쿄의전에서 가르쳤다. 1925년에 치바의과대학에 부임했고, 1927년부터 2년간 독일에서 유학생활을 보냈다. 1928년 유학을 마치고 일본으로 귀국한 고야는 가나자와대학에 부임해 위생학을 가르치며 의학교육에 매진하는 한편, 우생학계에도 적극적으로 참여했다. 1930년 '일본민족위생학회'가 결성될 때, 그는 당대의 가장 저명한 우생학자인 나가이 히소무와 함께 학회의 '본부 상임이사'로서 이름을 올렸다. 이렇게 1930년대 중반까지 고야는 대학에서 '민족위생학'을 가르치는 학자였지만, 1939년 5월 후생성의 칙임기사(勅任技師)로서 입성하면서 '우생관료'의 길을 걷게 된다. 대표적인 저작에는 『민족문제를 둘러싸고』(1935), 『민족생물학』(1938), 『국토·혈액·인구』(1941) 등이 있다. 다카오카 히로유키는 고야 요시오가 중일전쟁 이후 일본정부의 인구정책을 양적 증가만이 아니라 민족의 '질'을 포함한 것으로 확장시킨 주역이었다고 평가하고 있다. 高岡裕之, 『総力戦体制と「福祉国家」—戦時期日本の「社会改革」構想』, 岩波書店, 2011, 181~184쪽.

43 古屋芳雄, 앞의 책, 2~3쪽.

인구'와 같은 범주로 나누어 볼 수 있는데, 혼혈문제와 일본민족론에 관한 내용은 '민족우생학'의 과제로서 다루어지고 있다. 그럼『국토·혈액·인구』에 나타나 있는 고야 요시오의 '일본민족 = 혼합민족'이라는 관념과 일본인의 혼혈문제에 대한 인식을 어떤 것인지 살펴보자. 먼저 일본인과 타민족 간의 혼혈에 관한 고야의 인식을 살펴보자. 고야는 혼혈문제를 두 가지 경우로 나눠서 설명하고 있다. 하나는 정복자와 피정복자의 혼혈이 정복지에서 일어나는 경우이다. 그에 따르면 이 경우는 세대가 거듭됨에 따라 혼혈아에서 정복자침입자의 형질은 찾아보기 어렵고 피정복자의 형질만이 관찰된다고 말한다. 왜냐하면 정복자의 형질은 정복지의 풍토나 기후에 맞지 않아 결국 도태되기 때문이다. 그는 이것을 피정복민이 정복자에게 행하는 '생물학적 보복'이라고 말한다.[44] 이것은 식민지에서 일어나는 일본인과 현지민족 간의 혼혈문제에 적용할 수 있다. 이 논리에 따른다면 식민지에서 일본인과 식민지 주민 사이의 혼혈은 장기적으로 일본인의 '우수한 소질'을 소멸시키는 것으로 귀결된다. 고야는 이런 점을 거론하며 식민지에서의 혼혈은 회피되어야 하며, 이를 위해서는 최대한 각 민족의 생활권을 분리시켜야 한다고 주장했다.

혼혈에 관한 또 다른 사례는 '생활정도가 낮은 민족이 노동자로서 대량으로 들어오는 경우'이다. 즉 식민지 출신자가 일본으로 건너오고 일본 안에서 혼혈이 일어나는 경우가 여기에 해당된다. 다음 인용에서 보는 것처럼 고야는 이런 식의 혼혈은 혼혈의 당사자인 두 민족 간의 '출생률' 및 '생활수준'에서의 격차로 인해 양자 모두에게 부정적인 결과를 초래한다고 보았다.

---

44   古屋芳雄, 앞의 책, 128~129쪽 참조.

다음으로 중요한 것은 어떤 문화민족 안에 생활정도가 낮은 민족이 노동자로서 대량으로 들어오는 경우이다. 이런 경우 대체로 전자보다 후자의 증식력이 높다. 그런 이유로 몇 대가 지나면 상층의 문화민족이 패배하고, 하층의 노동민족으로 대체되는 일이 일어난다. 게다가 문화민족은 산아제한으로 자기의 자손을 점차 감소시키는 경우가 많기 때문에 이상異常현상에 한층 박차를 가하게 된다. 우리나라에서도 반도로부터 대량의 노동자가 일본섬으로 유입되고 있다. 이것은 국책상의 필요에 따른 것으로 특별히 비난할 일은 아니지만, 필자의 생각을 말하자면 이런 방식은 반도의 동포에 대해서도 반드시 행복한 것은 아니다. 또한 우리나라로서도 수용방식에 관해서 양적으로도 질적으로도 여러 방책을 마련할 필요가 있지 않을까. 적어도 문화적 전통과 생활수준을 좀 더 근접시킨 다음에 서서히 시행하는 것이 낫지 않을까 생각한다.[45]

고야에 따르면, 일본에서의 혼혈이 일본민족에게 불리한 이유는 '노동민족'인 식민지인의 '증식률'이 '문화민족'인 일본인보다 높아서 시간이 지남에 따라 일본인이 인구의 양적 측면에서 불리한 처지에 놓일 수 있기 때문이다. 여기에 최근 유행하는 산아제한이 이런 현상을 가속화시킬 수 있다는 점도 고야에게는 근심거리였다. 그런데 이런 식의 혼혈은 식민지 출신자, 특히 '반도의 동포'에게도 '행복'을 보증하지 않는다. 그들은 낯선 문화 및 일본인과의 생활수준 상의 격차로 인해 적응에 어려움이 예상되기 때문이다. 그래서 고야는 혼혈을 유발하는 조선인의 일본 도항에 대해 '문화적 전통과 생활수준을 좀 더 근접시킨 다음에 서서히 시행할' 것을 제안하고 있는 것이다.

---

45   古屋芳雄, 앞의 책, 131쪽.

이런 주장은 고야 요시오라는 대표적인 우생학자의 혼혈 인식을 보여줄 뿐만 아니라 특히 '국책'에 따라 조선인이 전시 노동력으로서 일본에 유입되는 상황에 대해 당시 우생학자들이 품었던 어떤 곤혹스러움을 드러내고 있다는 점에서 주목을 요한다. 우생학자의 곤혹스런 입장이란, 우생학의 견지에서 보면 식민지 출신자의 일본유입을 가급적 억제할 필요가 있지만, 당시 그것이 '국책'의 일환으로 이루어진 까닭에 직접적으로 비판하기가 곤란하다는 점에서 비롯된 것이다. 이처럼 일본 내 식민지 출신자의 수가 급격히 증가하는 상황 속에서 우생론자들은 혼혈의 폐해를 장래의 문제가 아닌 긴급한 현실적 문제로서 받아들이지 않을 수 없었다.

다른 한편, 혼혈문제가 던져주는 곤혹스러움의 이면에 일본민족의 미래에 대한 '불안'이 놓여있다는 점도 놓쳐서는 안 된다. 식민지 출신자의 수가 증가하는 현실에 대한 고야의 곤혹스러움은 그 밑에 인종적 열등자의 수적 우위가 일본민족의 쇠퇴를 초래할 수도 있다는 소위 '역도태'에 대한 불안을 깔고 있었다. 고야는 역도태를 "우량강건한 분자가 점차 그 자손을 상실하고 거꾸로 불량열약한 분자가 증식하는 것"[46]이라고 정의했고, 민족의 '질'을 다루는 우생학^{民族優生學}의 사명은 일본민족의 '역도태'를 저지하고, 민족소질을 개선하는 것에 있다고 생각했다. 그러나 현실은 그의 기대와 달리 역도태의 우려를 심화시키고 있었다. 예컨대 그는 도시생활자와 지식계급의 출생률이 지속적으로 하락하는 통계를 거론하며 경제적으로 '혜택받은 계급'일수록 적게 낳고, 빈곤할수록 많이 낳는 경향이 심화되고 있다고 지적한다. 그런데 일본인보다 출생률이 높은 식민지 출신자까지 늘어난다면 역도태를 피하는 것은 더욱 어려워진다. 이처

---

[46]   古屋芳雄, 앞의 책, 40쪽.

럼 고야에게 혼혈문제는 인종개량을 위한 수단의 차원을 벗어나 민족의 소멸이라는 위기와 관련되어 있었다. 달리 말하면 식민지 인구의 증가에 대해 고야가 드러낸 '불안'은 이런 민족의 위기라는 것과 분리해 생각할 수 없다.

고야의 혼혈론이 혼혈기피대상인 사회적 열등자를 규정함에 있어서 '병리학적' 관점과 함께 '인종적', '계급적' 관점을 중첩시키고 있다는 점도 간과할 수 없다. 원래 우생학이 상정하는 배제의 대상, 즉 '생물학적 열등자'에는 한센병, 성병, 정신병, 결핵 환자와 알콜중독자 등이 주로 포함되었고, 이들은 단종법의 제정 과정에서 단종의 대상이 되기도 했다. 고야가 역도태를 일으키는 대상으로 언급하고 있는 '불량열악한 분자'도 이런 사람들을 의미했다. 그런데 우생학에서 배제의 대상은 이렇게 '병리적' 관점에 의해서만 규정되지 않았다. 예컨대 '역도태'를 설명할 때는 고야의 글에서 보는 것처럼 '상층 / 하층', '문화 / 노동'과 같은 계급적 구분이 동시에 작용했고, 역도태의 원인을 제공하는 '하층계급'은 '상층계급'에 비해 '유전적 열악자'가 많고 동시에 '출생력'도 높다는 특징이 부여되었다. 이렇게 '역도태'의 논의에 오면 우생학적 배제의 대상은 병리적 관점과 계급적 관점이 동시에 작동하며 구성되는 모습을 보였다. 그리고 1930년대 이후에는 식민지 출신자가 새롭게 우생학적 배제의 대상으로 간주되기 시작했다. 당초 일본우생학의 인종주의는 '구미인'에 대한 열등감과 저항감의 형태로 표출되었지만, 총력전 시기로 접어들자 기존의 서양과의 인종경쟁이라는 관념을 유지하면서 그 위에 식민지라는 새로운 타자를 발견했다고 할 수 있다. 그리고 식민지에 대한 우생학의 인종주의는 고야 요시오의 '곤혹스러움'에서 봤던 것처럼 무조건적인 배제가 아니라 정치적으로 포용하면서도 사회적으로 '분리' 혹은 '배제'하는 방식이었다.

사실 우생학의 인종주의가 문제인 것은 단지 '과학'의 이름을 빌려 타자에 대한 차별을 정당화하는 것에 한정되지 않는다. 오히려 주목해야 할 문제는 타자가 불리한 환경에 처해있다는 것을 그들의 인종적 특성으로부터 설명하는 논법이다. 예컨대 그것은 조선인의 다수가 육체노동에 종사하는 이유를 그들의 인종적 소질이 공장노동보다는 육체노동에 적합하기 때문이라는 관념에서 찾는 것이다. 여기서 볼 수 있는 '조선 / 일본 = 육체 / 정신 = 노동 / 문화 = 열등 / 우등'과 같은 도식의 출현은 메이지 시기까지 거슬러 올라간다. 예를 들어 일찍이 이누카이 쓰요시犬養毅는 청일전쟁 직후 "일본인은 성격이 고상하고 각자 독립된 기상을 품은 자로 남의 노복이 되는 것에 만족하지 않는 까닭에 노동자에 적합하지 않고 노동을 지휘하는 데 적합"하지만 "하늘은 또한 조선인과 같은 강건하고 순종적인 인민을 만들"[47]었다고 말하며, 조선인이 육체노동에 종사하는 것을 그들의 신체적 강건함과 순종적 심성에 따른 자연스러운 결과라고 말하고 있다. 이런 조선인 표상은 1920~1930년대 재일조선인 노동자의 실태에 관한 보고서에서도 그대로 반복되고 있다. 즉, 조선인 가운데 토목노동자가 많은 것은 복잡한 노동에 필요한 능력을 결여하고 있지만 무거운 물건을 옮길 수 있는 '강인한 체력' 때문이라는 것이다.[48] 고야가 보여주고 있는 조선인에 대한 인종주의적 기술은 근대 일본이 조선인에 대한 '혐오'와 '차별'의 감정 위에서 구축했던 조선인 표상을 둘러싼 지성사 안에 위치시켜도 무방할 것이다.

47　犬養毅, 「如何にして朝鮮開導すべきか」, 『日本人』 第19号, 1896.4.
48　이에 관해서는 다음을 참조할 것. 吉見俊哉, 「帝都東京とモダニティの文化政治」, 『岩波講座 近代日本の文化史 6 拡大するモダニティ 1920~1930年代』 2, 岩波書店, 2002, 40~47쪽.

그런데 조선인을 비롯한 식민지 출신자가 일본사회의 '하층민'으로 분류되거나 혹은 주로 육체노동에 종사했던 것은 그들의 '인종적 소질' 때문이라고 할 수 없다. 그것은 일본의 노동시장이 언어와 문화적 차이를 갖고 있는 식민지 출신자에게 진입을 허용한 분야가 주로 토목, 광산 등과 같은 분야로 한정했기 때문이다. 그럼에도 불구하고 우생론자들은 조선인이 노동계급에 속한다는 점을 들어 그들의 민족적 소질을 열등한 것으로 표상하고, '역도태'를 일으킬 수 있는 유전적 '열악자'로 규정한 것이다. 달리 말하면 우생론자에게 있어서 식민지 출신자의 불리한 사회경제적 지위는 일본사회의 차별 때문이 아니라 그들의 인종적 본질의 결과로 간주된다.

그렇다면 고야는 식민지인과 구분되는 일본민족의 소질을 어떻게 규정했을까? 그리고 우생학이 대결했던 '일본민족 = 혼합민족'이라는 관념에 대해서는 어떤 견해를 갖고 있었을까? 고야가 혼혈의 부정적 측면을 강조했다는 것을 떠올리면, '일본민족 = 혼합민족'이라는 관념도 부정했을 것 같지만, 그의 일본민족에 대한 이해는 '절충적' 성격을 띠고 있었다. 즉, 그는 일본민족은 형성에 있어서 '혼합'이 있었지만, 그 이후로 오랫동안 '혼혈' 없이 '순수한 혈액'을 유지해 왔다고 말한다. 그리고 이런 과정을 거쳐 일본인 특유의 민족적 '소질'이 생겨났다고 주장한다. 예컨대 고야는 어떤 민족의 생물학적, 정신적 '형질'은 다음과 같이 만들어진다고 설명한다.

인종의 생물학적 특성이라는 것은 그렇게 타민족과의 결혼 등으로 간단히 융합할 수 없는 것이다. 인종 간에 놓인 틈의 깊이는 인종의 성립을 생각하면 바로 알 수 있듯이 한 인종이 그 고유형질을 갖추게 되는 과정은 길고도 멀다. 즉 많은 형질 가운데 그 토지의 풍토기후의 도태를 받고 견뎌낸 것만이 거기에 뿌리를 내리고 번식했다고 생각하면 (…중략…)

이것은 정신형질에 관해서도 말할 수 있다. 정신이 육체에 종속된 이상 여기에도 고유의 기품氣稟이라는 것이 생겨난다. 일본에게는 일본인의 기품이 있고 그것은 좋고 나쁨을 떠나 아리안민족의 기품과는 완전히 일치하지 않는다.[49]

'도태'라는 말에서 알 수 있듯이 여기서 말하는 생물학적 특성이란 진화론의 원리에 따라 형성된 고유한 형질을 가리키며, 이것은 육체형질만이 아니라 정신형질에도 적용된다. 그리고 고야는 정신형질을 민족인종이 진화의 결과로서 갖게 된 고유한 기품 내지 기질로 정의하는데, 그에 따르면 '유태인의 정신형질'과 '동양인의 정신형질'은 본질적으로 상이한 것으로 간주된다. 따라서 유태인의 사고방식이 낳은 '마르크스주의'와 같은 사상은 동양의 기질과 맞지 않기 때문에 동양에 건너와도 결국은 '청산'될 수밖에 없다고 생각했다.[50] 요컨대 고야에게 일본인과 서양인 간의 이런 차이는 오랜 기간의 '도태'자연선택에 따른 결과라는 점에서 쉽게 변할 수 있는 성질의 것이 아니었다.

그렇다면 고야 요시오가 생각하는 일본민족의 고유한 정신형질은 어떤 것일까? 고야는 『국토·혈액·인구』에서 '일본인의 심성'이라는 제목의 장을 통해 일본인의 소질에 관해 논하고 있다. 그는 일본인의 고유한 심성을 "소아주관을 버리고 대아객관 속에서 살아가려는 희구希求"하는 마음으로 정의할 수 있다고 말한다. 이런 마음은 특히 '황실'에 대한 태도, 즉

---

49   古屋芳雄, 『民族問題をめぐりて』, 人文書院, 1935, 20쪽.
50   古屋芳雄, 위의 책, 20쪽.

8세기 중반에 편찬된 『만엽집』속의 '천황의 곁에서 죽자, 뒤돌아보지 말고大君のへにこそ死なめかへり見はせじ'라는 시가에 상징적으로 표현되어 있다고 말한다.[51] 여기까지만 보면 고야는 '황실'을 중심으로 하는 단일민족을 상상했던 국체론자처럼 보인다. 그러나 국체론과 달리 이런 심성은 주변 민족과의 혼혈을 거쳐 형성되었다고 주장함으로써 혼합민족론의 논리를 부분적으로 수용하는 모습을 보여준다.

앞서 언급한 것처럼 고야의 일본민족론은 국체론과 혼합민족론의 절충적 결합의 모습을 보여주고 있다. 그는 일본인의 이런 소질이 주변 민족과의 '혈액'의 섞임, 그리고 이질적인 제 문화와의 '혼효混淆'가 일어난 후, 오랜 시간에 걸쳐 형성된 것이라고 설명한다. 즉, 그는 그 기원에 있어서 일본인이 혼합민족임을 부인하지 않는다. 하지만 그의 강조점은 여기에 있지 않다. 그가 주목하는 것은 일본민족이 '혈액과 문화의 혼효'를 통해 형성되었음에도 불구하고 그 내부가 분열되지 않고 '융합조화'를 이루고 있는 이유이다. 그는 이것을 천황의 존재로부터 설명한다. 즉 천황이 분열을 막는 '민족통합의 지도이념'으로 존재했기 때문에 '융합조화'를 이룬 하나의 민족으로 존립할 수 있었다는 것이다. 천황을 위해 죽을 수 있다는 마음이 일본인의 심성을 상징하는 이유도 바로 여기에 있다.[52]

고야의 이런 일본민족론이 혼혈 기피를 뒷받침하는 '역사적' 근거가 될 수 있음은 두말할 나위가 없다. 이런 논리에 따른다면, 혼혈은 일본인의 심성에 변화를 가져올 수 있으며, 식민지인은 일본인과 같은 '도태'의 과정을 거치지 않았기에 일본인의 심성을 공유할 수 없다. 고야는 혼혈을 지지하는 입장을 '문화적 전통과 생활정도'의 '격차'만이 아니라 오랜 도

---

51 古屋芳雄, 『国土・人口・血液』, 149~150쪽.
52 古屋芳雄, 위의 책, 150~151쪽.

태진화의 결과인 민족소질의 '차이'를 들어 반박하고 있는 것이다. 하지만 제국 내 이동과 접촉이 증가하고 그것이 '대동아공영권'의 이념으로 공인되는 상황을 무시할 수만은 없었다. 이민족의 일본 유입 속도를 늦추고 민족 간 생활권을 분리하자는 고야의 제안은 이런 딜레마적 상황에 대한 고육지책이었다고 할 수 있지만, 현실은 그의 기대와는 반대로 움직였다. 전시기 일본의 우생학은 제국의 이념과 역도태의 불안 사이에서 동요하고 있었다고 할 수 있다. 그런 의미에서 총력전 시기 우생학에게 혼혈문제는 일종의 '아포리아'로 다가왔다.

5. 혼혈을 둘러싼 분단선

이 글은 우생학 안에서의 혼혈론에 초점을 두었지만, 우생학 이론의 영향은 동시대의 문학에서도 찾아볼 수 있다.[53] 예컨대 1939년에 발표되어 1940년 아쿠타가와상 후보작에 올랐던 김사량의 소설 「빛 속으로」은 혈액과 성격에 관한 우생학적 관념의 영향을 잘 보여준다. 이 소설은 혼혈아 소년 야마다 하루오와 조선 출신의 제국대학 학생인 '남南'의 갈등과 화해를 주제로 하고 있다. 야마다는 '남'이 조선인이라는 것을 알고 그에게 격하게 반발하지만, '남'의 관심 속에서 서서히 마음을 열고 결국 조선인에 대해 가졌던 생리적 거부감에서 벗어나게 된다. 물론 '남' 또한 평소 자신이 조선인임을 스스로 밝히지 못하는 것에 자괴감을 느꼈지만, 야마다와의 화해를 통해 자신은 일본명 '미나미'가 아니라 조선인 '남'이라는

---

53   鈴木貞美 編, 『近代日本のセクシュアリティ 18-思想・文学にみるセクシュアリティ 優生学より見るセクシュアリティ』, ゆまに書房, 2007 참조.

것을 확신하게 된다. 그런데 혼혈문제와 관련해 이 소설의 흥미로운 대목은 야마다가 조선인인 자신의 모친과 '남'에게만 유독 강한 거부감을 표현하는 것에 대해 '남'이 이것을 야마다가 혼혈아라는 것을 통해 이해하려는 장면이다. 예를 들어 문제의 장면은 다음과 같다.

나는 그의 마음속 세계에도 이러한 아름다운 것이 잠재해 있음이 틀림없다고 생각했다. 모친에 대한 본능적인 애정이 어떻게 이 소년에게만 없다고 생각할 수 있겠는가. 그는 다만 비뚤어져 있는 것에 지나지 않는다. 나는 근처 사람들로부터 고통받고 배척당한 한 명의 동족 여인을 상상했다. 그리고 내지인의 피와 조선인의 피를 받은 한 소년 안에 조화되지 않은 이원적인 것의 분열이 불러온 비극을 생각했다. '아버지 것'에 대한 조건 없는 헌신과 '어머니 것'에 대한 맹목적인 거부, 그 두 가지가 언제나 상극相剋하고 있는 것이리라.[54]

피의 혼합이 분열된 성격을 가져올 수 있다는 발상이 선명하게 나타나 있다. 작가가 구체적으로 어떤 학설을 참고로 했는지는 확인할 수 없지만, 혼혈을 부정적으로 묘사하고 순수한 혈통혈액의 가치를 찬미하는 주류 우생학의 논조를 생각할 때, 피의 혼합과 성격의 분열 연결시키는 발상은 명백하게 우생학의 영향을 환기시킨다.[55] 나아가 우생학의 관점에서 본다면 야마다 소년과 남의 화해는 의미심장한 정치적 의미를 띠게 된다.

---

54 김사량, 김재용 편역, 『김사량 선집』, 역락, 2016, 24쪽.
55 김사량과 우생학 이론과의 관계는 아직 명확하지 않지만, 그의 지도교수였던 도쿄제국대학 독문학과의 기무라 긴지가 독일의 나치즘을 지지했다는 사실은 주의를 요한다. 이 문제는 향후의 과제로 삼고자 한다. 김사량의 도쿄제국대학 시절 기무라 교수와의 관계에 관해서는 다음을 볼 것. 곽형덕, 『김사량과 일제 말 식민지문학』, 소명출판, 2017, 64~68쪽.

왜냐하면 둘의 화해는 우생학이 배제의 대상으로 간주했던 혼혈아와 조선인의 '연대'로써 읽을 수도 있기 때문이다. 이 소설은 지금까지 '남'이 자신의 이름을 '남'으로 할 것인가 혹은 '미나미'로 할 것인가에 초점을 두고 창씨개명 정책에 대한 작가의 반발을 표현한 것으로 해석되었다. 하지만 우생학의 '열등자' 배제의 논리에서 보자면, '남'과 야마다가 조선이이라는 정체성 안에서 화해에 도달했다는 것은 우생학의 민족차별에 맞선 '열등한' 타자들의 연대로 보아도 무방하다.

「빛 속으로」라는 사례는 당시 우생학 이론이 대중적 지식으로 확산되어 있었음을 상기시킨다.[56] 이렇게 우생학은 인간과 세계를 바라보는 유력한 관점으로 받아들여졌지만, 정작 우생학의 오래된 이상, 즉 '인종개량'을 통해 '인종전쟁'에서 승리한다는 비전은 결국 실현되지 못했다. 무엇보다 확대되는 전쟁이 우생학에 부정적인 영향을 끼쳤다. 전쟁동원으로 노동력 부족은 심해졌고, 출생률도 계속 하락했다. 열등자 배제를 인정한 '국민우생법'이 성립되었지만 단종술 시술 건수는 저조했다. 우생론자들이 우려했던 식민지 인구의 일본 유입도 계속 늘어나 패전 당시에만 200만 명의 조선인들이 일본에 있었다. 결정적으로 패전은 '인종전쟁'에서의 패배를 의미했다. 우생학은 지식으로서는 영향력을 가졌지만, 국가와 민족을 개조한다는 사상운동으로서는 실패했다고 말하지 않을 수 없다.

오늘날 우생학은 '과거의 유물'처럼 인식되고 있다. 우생학은 '과학'의 이름으로 행해진 인종주의였다는 반성과 자각과 함께 우생학은 역사의

---

56 강태웅은 1940년경이 되면 우생학이 지식인만의 담론을 벗어나 일상의 생활교양으로 대중들에게 받아들여졌다고 언급하고 있다. 예컨대 1940년에 발간된 『교양으로서의 가정의학』은 결핵, 위장병, 성병 등에 대한 기초지식은 물론 우생학을 '일본전체를 강력한 것으로 하는 커다란 목적을 가진 의학'으로 소개하고 있다. 강태웅, 앞의 글, 37~38쪽 참조.

뒤안길로 물러난 것처럼 보이기도 한다. 하지만 신체적 특징을 '열등성' 혹은 '우수성'의 지표로 삼아 차별을 정당화하는 발상은 여전히 타자 혐오의 담론 속에서 모습을 드러내고 있는 것도 사실이다.[57] 일본의 '혐한론'은 혐오의 정치가 과거의 문제가 아니라 당면한 현안임을 상기시킨다. 그런 점에서 우생학은 시효가 만료된 사상이 아니라 '계속되는' 인종주의의 관점에서 주시될 필요가 있다.

---

[57] 차별과 혐오의 문제의식에서 우생학이 일본문학의 상상력에 미친 영향을 통시적으로 분석한 이지형의 연구를 볼 것. 이지형, 『과잉과 결핍의 신체-일본문학 속 젠더, 한센병, 그로테스크』, 보고사, 2019, 31~127쪽 또한 인종주의가 몸에 대한 지식 구성을 통해 타자에 대한 차별과 혐오를 재생산하는 역사에 관해서는 염운옥의 다음과 같은 연구를 참조할 것. 염운옥 『낙인찍힌 몸-흑인부터 난민까지, 인종화된 몸의 역사』, 돌베개, 2019, 266~376쪽.

제3부

나카노 시게하루와
대항의 문학

제7장
'신민'과 '계급'을 넘어서는
단독성의 상상력

1. 예술대중화논쟁과 나카노 시게하루

일본의 근대문학사에서 '예술대중화논쟁'이라고 불리는 사건은 1928년부터 1930년 사이에 나카노 시게하루中野重治와 구라하라 고레히토蔵原惟人가 중심이 되어 프롤레타리아 예술운동 내부에서 전개된 예술대중화의 원칙, 전략 그리고 방법 등을 둘러싼 일련의 논쟁을 가리킨다. 이 논쟁은 나카노가 「예술대중화론의 오류에 관하여」1928.5라는 글에서 대중화란 예술운동의 영역이 아니며 대중이 원하는 것은 '예술의 예술'이라고 주장하자, 구라하라가 「예술운동의 당면한 긴급 문제」1928.8를 통해서 나카노의 주장을 프롤레타리아 예술이 대중에게 외면받는 현실을 고려하지 못한 대중과 예술에 관한 '이상론이자 관념론에 불과하다'는 비판을 전개하면서 시작되었다. 이후 다수의 문학자가 가담하면서 3년여에 걸쳐 전개된 이 논쟁은 프롤레타리아 예술운동 전체의 관심과 에너지를 집중시켰고, 결국 구라하라가 「예술대중화에 관한 결의」1930.7에서 제출한 '예술운동의 볼세비키화'라는 이념을 채택하는 식으로 종결되었다.

예술의 대중화를 둘러싼 담론투쟁의 중심인물들은 예외 없이 당시 프롤레타리아 예술운동에 참여하고 있던 지식인 집단 — 정확하게는 '문학'에 편중된 지식인들 — 이었다. 이런 이유로 이 논쟁은 줄곧 문단적 사건으로서 간주되어 왔다. 그러나 미디어 연구자인 사토 다쿠미佐藤卓己가 지적했듯이 쇼와 초기의 예술대중화논쟁은 보통선거법의 제정1925 그리고 그것과 때를 같이하여 등장한 대중적 미디어가 형성한 '대중적 공공권公共圈' 내부에서 전개된 '대중쟁탈전'[1]이라는 보다 큰 맥락의 일부로서 존재했다. 주지하는 바와 같이 쇼와昭和는 다이쇼大正기를 통해 약체화된 천황제 내셔널리즘을 재건하려는 정치적 움직임과 함께 시작되었다. 즉, 천황제 국가는 다이쇼 문화 속에서 태어난 대중을 천황의 신민国民으로 재편성하고자 하였다. 이러한 '위'로부터의 움직임에 대해 프롤레타리아 정치운동은 계급이라는 사회·경제적 유사성에 근거하여 대중을 자신들의 지지자로 결집시키고자 했다. 이처럼 쇼와 초기의 예술대중화논쟁이란 새롭게 등장한 대중의 집단적 아이덴티티를 둘러싼 '권력'과 '반권력' 사이의 헤게모니 투쟁의 성격을 띠고 있었다.

이와 같이 예술대중화논쟁은 보통선거제와 대중적 미디어가 가시화시킨 대중이라는 대상을 프롤레타리아문학의 지지자로 만든다는 다분히 문화정치적 기획의 일환으로 존재했다. 하지만 이 논쟁에 대한 평가는 프롤레타리아 예술운동 내부의 사건이라는 전제 위에서 논쟁에 참여한 논객들의 대중관, 예술관, 정치관 등을 둘러싼 시비是非를 가늠하는 데에만 중점 두어졌다. 그 결과 이 논쟁의 정치적 배경을 이루었던 내셔널리즘의 재편과 천황제 국가의 강화라는 움직임은 거의 주목받지 못했다.[2] 이 장

1   佐藤卓己, 『「キング」の時代-国民大衆雑誌の公共性』, 岩波書店, 2002, 42쪽.
2   주요한 선행연구로는 杉野要吉, 『中野重治の研究-戦前·戦中編』, 笠間書院, 1979; 前田愛, 『近代読者の成立』, 有精堂, 1973; 林淑美, 『中野重治 連続する転向』, 八木書店, 1993

에서는 위와 같은 문제의식 위에서 천황제 내셔널리즘에 의한 대중적 공공권의 재편이라는 맥락에 충분히 주의하면서 예술대중화논쟁을 구성하는 담론들의 논리를 재검토하려 한다.

예술대중화논쟁을 구성하는 담론을 내셔널리즘의 재편이라는 맥락과 결부시켜 볼 때, 논쟁의 한 축을 담당했던 나카노 시게하루의 주장은 중요하게 검토될 가치가 있다. 그는 논쟁이 진행되는 동안 식민지 조선이라는 타자를 도입하여 일본 내셔널리즘을 비판하는 문학적 시도를 병행하고 있었기 때문이다. 예를 들어 1928년 10월부터 12월 사이에『무산자신문無産者新聞』에 연재된 소설「모스크바를 향해서モスクワを指して」에서는 조선민족의 해방을 국제주의의 이념 하에 실현하기 위해 모스크바를 향하는 조선인을 등장시켰고, 쇼와 천황의 즉위식 이듬해인 1929년 2월『개조改造』에 발표한 시「비 내리는 시나가와역雨の降る品川駅」에서는 추방당하는 조선인의 시점을 통해 일본 내셔널리즘의 정치적 상징인 천황에 대한 '반역'의 서사를 엮어내고 있었다.

이것은 당시 나카노에게 예술대중화론에 대한 비판과 내셔널리즘의 극복이라는 두 가지의 사상적 과제는 분리될 수 없는 문제로서 존재하고 있었음을 보여준다. 다시 말해 나카노는 대중적 미디어와 같은 이데올로기 장치의 영향 속에서 천황제 국가의 '신민'으로 조직되고 있었던 대중을 새롭게 '무산계급'이라는 아이덴티티로 포섭하는 정치적 문제만이 아니라, 내셔널리즘의 논리란 무엇이며 그것은 어떻게 극복가능한가라는 문제도 그가 대결해야 할 과제로 설정하고 있었던 것이다. 그의 시선은 예술의 대중화라는 정치적 과제 너머를 향하고 있었다. 그리고 어쩌면 나

등에 수록된 예술대중화논쟁에 관한 논문을 들 수 있다.

카노의 이러한 문제의 근원을 고집하는 태도가 예술대중화논쟁 당시만이 아니라 그 이후로도 그를 '이상론자'로 보이게 만들었는지도 모른다. 프롤레타리아문학을 어떻게 대중화할 것인가만을 생각했다면, 나카노는 천황제 내셔널리즘의 비판자에 머물렀을 것이다. 하지만 그는 내셔널리즘 그 자체를 넘어서는 것에 자신의 사상적 입각점을 두고 있었다. 그렇다면 나카노가 구상했던 천황제 내셔널리즘을 비판하면서도 예술대중화의 논리에 회수되지 않는 사상적 관점이란 어떤 것이었을까? 여기에서는 논쟁의 담론과 문학적 언어를 횡단하는 형태로 이루어졌던 나카노의 사상적 격투의 궤적을 보여주고자 한다.

2. 예술대중화논쟁의 배경 대중적 공공권의 등장과 재편

예술대중화의 목적은 무엇보다도 대중적 미디어가 가시화시킨 거대한 독자층을 프롤레타리아 예술의 수용자로서 '조직'하는 것이었다.[3] 그러나 프롤레타리아 예술운동이 사상적 지지자의 확대라는 프롤레타리아 정치운동의 목적과 분리될 수 없다는 점에서 예술대중화의 과제는 궁극적으로 문화적 취향의 공동성共同性을 사상적 동일성同一性으로 '승화 = 계몽' 시키는 정치적 과제에 구속될 수밖에 없었다. 이러한 예술운동의 정치구속성을 고려할 때, 1925년 3월의 보통선거법의 제정을 계기로 일어난 공적영역의 변동은 중요한 의미를 갖는다. 이 법안은 이를테면 '재산과 교양'을 입장의 조건으로 했던 기존의 '시민적 공공권'의 명망가 중심의 정

---

3   마에다 아이, 유은경·이원희 역, 『일본 근대 독자의 성립』, 이룸, 2003, 275쪽.

치를 '국적과 언어'에 기초를 두는 '국민적 공공권'의 대중민주주의로 전환시켰다.[4] 그리고 이러한 전환은 대중적 미디어의 성장을 촉진하는 계기가 되었다. 예를 들어 1924년 11월 창간되어 단기간에 100만의 독자를 거느렸던 고단사講談社의 대중잡지 『킹キング』은 창간호의 권두언을 빌려 "『킹』은 중세적이지 않고 근세적이며, 전제적이지 않고 민중적이며… 우리 국민 모두에 걸쳐 직업, 계급, 빈부귀천의 차별 없이 읽을 수 있는 잡지"를 지향한다고 밝히고 있는데, 이것은 이 잡지의 창간이 보통선거의 실시라는 정치적 변화를 강하게 의식한 가운데 이루어졌음을 보여준다. 뿐만 아니라 1926년에 시작된 '엔본붐円本ブーム'의 와중에서 헤이본사平凡社는 『세계미술전집』을 홍보하며, "보선普選의 실시는 정치를 대중화했다. 세계미술전집은 미술을 대중화한다"는 슬로건을 제창하기도 했다. 이렇게 당시의 미디어들은 보통선거가 초래한 '정치의 대중화'에서 자신들의 활동의 근거를 발견했다.

예술대중화논쟁은 바로 이러한 대중 미디어의 급속한 성장에 대한 프롤레타리아 예술운동의 반응이었다. 이때 논쟁 전체를 관통하는 가장 핵심적인 논점은 예술을 대중화해야 한다는 명제와 '훌륭한' 프롤레타리아 예술이라 하더라도 반드시 대중에게 받아들여진다고 단정할 수 없는 냉엄한 현실 사이의 간극을 어떻게 좁힐 것인가에 있었다.[5] 예컨대, 나카노는 "대중이 원하는 것은 예술의 예술, 제왕諸王의 왕이다"이라고 하며 이상적인 예술과 이상적인 대중을 일치시키는 것을 통해 이 간극을 메우려했다면, 구라하라는 '예술을 이용한 대중에 대한 직접적인 선전의 운동'과 본래적인 '프롤레타리아 예술의 확립'은 구분해야 한다는 이른바 대중성

4   佐藤卓己, 『「キング」の時代-国民大衆雑誌の公共性』, 岩波書店, 2002, 32쪽.
5   林淑美, 『中野重治, 連続する転向』, 八木書店, 1993, 236쪽.

과 예술성의 분리방침을 통해 간극의 문제에 대응하고자 했다. 한편 논쟁 과정에서 대중성을 가장 중시했던 하야시 후사오林房雄는『프롤레타리아 대중문학의 문제』1928.10라는 글에서 "내용에 있어서 대중적인 것은 일반적으로 존재하지 않기 때문에 우선 형식상의 대중성에서 시작"해야 하며, 그것을 위해 대중문학의 형식을 적극적으로 받아들일 것을 주장하여 형식을 통한 문제해결을 주장했다.

　이처럼 논쟁을 불러온 예술성과 대중성 사이의 간극이란, 결국 대중적 미디어의 성장과 엔본붐을 추동했던 출판자본이 가시화시킨 방대한 향수자층, 좀 더 정확히 말하면 고단샤 문화와 엔본에 의해 계몽된 대중을 장차 어떻게 프롤레타리아 예술의 독자로 포섭할 것인가를 둘러싼 견해 차이를 의미했다. 나카노와 구라하라는 각자의 글에서 당시 노동자들의 독서경향을 보여주는 동일한 통계를 인용하고 있는데, 예컨대 100명의 인쇄공장 노동자를 대상으로 한 독서조사의 결과를 담은 이 통계의 내용을 보면, 응답자의 절반이『킹』을 비롯한 고단샤 계열의 잡지를 즐겨읽고 있는 반면 프롤레타리아 예술계열의 잡지를 읽는 독자는 거의 보이지 않는다.[6] 그리고 이러한 사정을 반영하듯 논쟁의 당사자들은 대중화를 둘러싼 입장의 차이에도 불구하고 고단샤 문화에 대한 강한 대항 의식을 공통적으로 드러내고 있었다.[7]

　한편 쇼와시대1926~는 주지하는 바와 같이 다이쇼 시기를 통해 약체화된 천황제를 재건하는 정치적 움직임과 함께 개막되었다. 쇼와 천황은 즉

6　　마에다 아이, 앞의 책, 277~278쪽.

7　　나카노는 이 통계를 거론하며 그러한 현실에 대한 프롤레타리아 예술운동 진영의 역할을 자문하고 있는데, 이러한 일종의 '위기의식'은 구라하라도 마찬가지였다. 특히 고바야시 다키지(小林多喜二)는『킹』과 같은 잡지를 '사카린'이라 표현하며 고단샤의 영향력에 대한 반감의식을 드러내기도 했다.

위와 동시에 조부인 메이지 천황의 이미지를 대중동원의 유력한 수단으로 활용하며 자신을 '국민적 상징'으로 부각시켰다. 예를 들어 천황제 국가는 1927년 11월 3일을 메이지 천황의 탄생을 기념하는 '메이지절明治節'로 정한 후, 이를 기념한다는 명분으로 메이지신궁으로 수십만의 대중을 동원했다. 또한 대중잡지 『킹』은 80쪽에 달하는 『메이지대제기념부록』을 발매하여 단숨에 140만 부의 판매고를 올리며 천황제 내셔널리즘의 부활을 측면에서 지원했다. 이러한 동향은 국적과 언어의 공동성 속에서 성립한 국민적 공공권이 천황제 내셔널리즘이라는 이데올로기를 통해 이념화되는 것을 의미했다. 달리 말하면 여기에는 보통선거가 제공한 '대중 = 국민'이라는 다분히 중성적인 집합적 개념을 천황의 '신민'으로 재규정한다는 일종의 아이덴티티의 정치역학이 작동하고 있었던 것이다.

천황제 내셔널리즘에 의한 국민적 공공권의 재편이라는 쇼와 초기의 공적 담론의 변동을 조망할 때, 최초의 보통선거와 천황의 즉위식御大典이 함께 치러졌던 1928년의 역사적 의미는 새삼 주목을 요구하다. 예컨대 나카노 시게하루 연구자 린 슈쿠미林淑美는 두 가지의 정치적 이벤트가 순차적으로 실시되었던 1928년의 의미를 다음과 같이 적고 있다.

지배가 사람들의 내면에 관여하고 사람들의 행위와 실천에 작용하는 것을 그 초점에 두고, 그것을 현실화하는 전략을 명확히 모색하기 시작한 것은 쇼와라는 시대가 시작된 즈음이었다. 당초에는 보통선거의 실시가 초래할 사회변화를 바라는 기운을 억누르기 위함이었겠지만, 후에 (국가의) 지배는 그것을 포섭해 가면서 근대적인 권력기구로서 스스로를 형성해 갔다. 그러한 형성에 유효했던 것이 쇼와 천황의 즉위식11월과 보통선거의 실시2월였다. 이 두 가지는 사람들의 내면생활과 습관에 대한 지배와 국가이익에 사람들을 동일화시키는

쌍방을 가능케 하는 상징적인 사건이었다.[8]

보통선거로 시작해서 천황의 즉위식으로 마감된 1928년은 또한 예술대중화논쟁이 시작된 해이기도 하다. 논쟁의 담론들은 그 해의 정치적 동향을 구체적으로 거론하고 있지는 않지만 논쟁이 이러한 정치적 동향과 결코 무관할 수 없다. 그것은 예술대중화논쟁에 앞서 1928년 3월 15일에 일어났던 천황제 국가의 '좌익' 세력에 대한 대대적인 검거사건을 떠올리는 것만으로 충분하다. 이 사건으로 다수의 '좌익'계열 지식인들이 검거되거나 수감되었는데, 이것은 당시 프롤레타리아 예술운동에 관여한 지식인들이 대중미디어의 공세만이 아니라 대중적 공공권을 천황제의 이념으로 재편하기 위해 '억압적 방법'도 불사하지 않는 국가권력의 위협에도 대응해야 했음을 보여준다. 그런 점에서 예술화대중화논쟁을 프롤레타리아 예술운동 내부의 사건으로 한정하는 것은 논쟁의 정치적 맥락을 간과한 해석이라고 말하지 않을 수 없다. 예술대중화논쟁은 대중적 공공권의 재편과 그것을 효과적으로 수행하기 위한 권력의 공세만이 아니라 천황제 내셔널리즘의 강화라는 정치적 맥락도 시야에 넣고 검토되어야 한다.

3. 대중문화의 정치성 '재미'와 내셔널리즘

예술대중화논쟁은 프롤레타리아 예술이 본연의 역할을 하지 못하고 있는 현실에서 비롯되었다. 이 논쟁이 프롤레타리아 예술운동 전체를 집

---

8   林淑美, 『昭和イデオロギー─思想としての文学』, 平凡社, 2005, 8쪽.

중시키는 구심력을 발휘할 수 있었던 것은 두말할 나위도 없이 프롤레타리아트를 위해 만들어진 예술이 프롤레타리아트에 의해 수용되지 못하고 있다는 현실이 낳은 의기의식이었다. 그렇다면 왜 현실의 프롤레타리아트는 자신들을 위한 예술을 외면했던 것일까? 단적으로 말하면, 프롤레타리아 예술에는 '재미'라는 요소가 결여되어 있었기 때문이다. 예를 들어 예술의 내용성을 중시했던 구라하라 고레히토조차 본격적인 프롤레타리아 예술과 구분되는 '대중선전을 위한 예술'의 경우 그 목적을 달성하기 위해서는 '재미'의 문학을 선도했던 대중문학이나 통속문학의 수법을 이용해야 한다고 주장하였다.

프롤레타리아 예술의 대중화라는 과제에서 '재미'가 차지하는 역할을 가장 적극적으로 사고한 사람은 '프롤레타리아 대중예술의 확립'을 주장했던 하야시 후사오였다. 그는 대중에게 읽히기 위해서는 '재미'가 필수적이며, '해학과 풍자, 건강한 정욕, 통쾌한 히로이즘' 등과 같은 '유희적인 요소'는 가급적 많이 포함되어야 한다고 주장했다. 물론 이러한 주장은 지식인들이 선호하는 '자기 참회와 정신적 고통에 가득 찬 찌푸린 얼굴의 주인공'을 현실의 대중은 원하고 않는다는 지극히 현실주의적인 대중감각에 근거하고 있었다.

반복되지만, 구라하라와 하야시가 보여주는 '재미'에 대한 강박에 가까운 의식은 현실의 프롤레타리아트가 프롤레타리아 예술을 대신해 '재미'와 '유희적 요소'가 넘쳐나는 대중문학과 통속문학을 향유하고 있는 현실에 대한 위기의식에서 비롯된 것이다. 그런데 이런 '재미'의 규정력은 비단 구라하라와 하야시와 같이 프롤레타리아 예술의 대중화를 적극적으로 주장하는 논자들에게만 국한된 것이 아니었다. 예술운동에서 별도의 예술의 대중화는 필요치 않다고 주장한 나카노 시게하루조차 이런 '재미'

의 구속력을 외면하지 못했다. 예컨대 나카노는 '예술적인 것이 대중적'
이라는 주장에 '재미'라는 문제와 결부시켜 다음과 같이 말한다.

> 예술에서 구할 수 있는 재미란 도대체 어디에 있을까? 작품의 예술적 가치
> 와 그것의 재미란 전혀 별개의 것일까? 만약 그렇다면 우리는 뛰어난 예술적
> 가치를 대중적으로 만들기 위해 (예술의) 다리를 건너 재미를 찾아온 예술가에
> 게 인사를 해야 한다. 하지만 재미는 예술에서 취할 것이 아니라 오히려 대중
> 에게서 구해야 할 문제이다. (…중략…) 그럼 대중이 찾고 있는 것 가운데 무엇
> 이 가장 재미있는가? 말할 것도 없이 그것은 대중 자신이다.[9]

예술대중화논쟁이 이처럼 '재미'에 관한 강렬한 강박관념 하에서 전개
되었다는 것은 거꾸로 당시 문화공간이 '재미'와 '유희', 그리고 '감각적
쾌락'에 근원적으로 규정받고 있었다는 점을 새삼 환기시킨다. 단적으로
100만 독자를 자랑했던 잡지 『킹』의 제작진은 잡지의 이상적 모습으로
'재미있고 유익한 잡지おもしろくてためになる雑誌'라는 상을 제시하고 있었다.
일본에서 가장 많은 독자의 확보를 목표로 한 잡지에게도 '재미'란 필수
불가결한 요소였던 것이다.

이러한 '재미'의 보편화라는 현상과 관련하여 그 배경에는 문학이 더
이상 동인집단의 전유물에서 벗어나, 하나의 상품으로 간주되어 가는 문
학을 둘러싼 경제적 환경의 변화도 영향을 미치고 있었다.[10] 달리 말하면

---

9   中野重治, 「芸術大衆化論の誤りについて」, 『戦旗』, 1928. 5.
10   오야 소이치(大宅壯一)는 「문단길드의 해체기(文壇ギルドの解体期)」(『新潮』, 1926. 12)
     에서 출판자본주의의 성장이 지식인 중심의 문단에 영향을 미쳐 문단길드의 해체라는
     현상이 나타났다고 말하고 있다. 문학이 동인집단 내부의 유통에서 벗어나 출판시장에
     흡수되면서 기존의 도제관계에 근거한 문단제도는 심각한 존립의 위기에 처하기 시작

다이쇼 시기를 통해 출판자본주의가 성장함에 따라 문학 = 상품은 자신의 '교환가치'를 실현하기 위해서 독자가 원하는 '재미'에 더욱 의지하지 않을 수 없었고, 독자의 확대에 성공한 출판자본은 더 많은 '재미'를 문학 생산자에게 요구하는 순환구조가 형성되었다. 이렇게 '재미'의 보편화라는 현상의 배후에는 출판자본의 논리가 작용하고 있었고, 출판자본이 내놓는 대중적 미디어와 경쟁할 수밖에 없는 프롤레타리아 예술운동 계열의 미디어도 '재미'에 대한 현실적 수요를 무시할 수 없었다고 할 수 있다.

그런데 중요한 것은 이러한 '재미'로 무장한 대중적 출판물이 천황제 내셔널리즘의 재구축이라는 정치적 프로젝트와도 관련되어 있었다는 점이다. 예컨대 140만부가 팔린 『킹』의 『메이지대제기념부록』이 상징적으로 보여준 것처럼, 양자의 관련성은 대중들이 천황과 관련한 의미와 표상들을 대중잡지라는 상품을 통해 접하게 되는 방식으로 나타났다. 즉, 그것이 초래한 것은 '신성한' 천황의 이미지가 상품의 형태를 띤 지극히 '세속적인' 매체를 통해 대중들에게 유통하는 상황이었다. 그리고 그에 따라 천황에 대한 대중들의 감각도 달라졌다. 새로운 감각이란 다음과 같은 것이었다. 첫째 천황의 이미지가 대량소비의 방식으로 유통되면서 동질성이 높은 공통감각이 형성되었다는 것이며, 둘째 천황의 초월성, 구체적으로는 신성한 절대군주로서의 천황에 대한 감각도 달라졌다.

우선 대량소비의 공동성이란 같은 상품을 소비한다는 사실이 연상시키는 연대감을 의미한다. 여기서 개인과 내셔널한 공동체를 매개하는 것은 공통의 언어나 문화가 아니다. 동일한 상품을 동시에 소비한다는 경제적이며 동시에 문화적인 행위이다. 예를 들어 140만 명이 구매한 『메이

했는데, 이런 현상을 오야는 '문단길드의 해체'로서 표현한 것이다.

지대제기념부록』을 들어 설명하면, 한 명의 독자는 140만 독자와 동일한 텍스트를 읽었다는 공통성으로부터 체험과 화제 그리고 의식을 공유한다고 상상하게 된다. 이런식으로 개인은 자신을 천황을 정점으로 하는 공동체의 일원으로서 표상하게 된다.

한편 초월성의 변용이란 이를 테면 상품이 갖는 고유한 성격에서 비롯되는 세속화의 효과이다. 상품이란 일단 구매가 이루어지면 그것의 처분은 전적으로 구매자에게 귀속된다. 그것이 설령 '메이지 천황'에 관한 텍스트라 하더라도 예외일 수 없다. 결국 어떤 초월적 표상 혹은 상징도 그것이 상품으로 전달되는 한, 그 표상이 의미하는 것^{이를 테면 초월성}과는 관계없이, 개인에 의해 언제든지 처분될 수 있는 평범한 소비재의 운명을 피할 수 없다. 달리 말하면 상품화된 천황은 천황에 대한 공식적인 의미가 어떠한가라는 문제와 관계없이 천황의 탈신성화를 불가피하게 가속화시킨다.

그렇다면 대중미디어를 적극적으로 활용하는 가운데 진행된 쇼와의 내셔널리즘은 외적으로 '위대한' 메이지 천황의 재현을 표방했지만, 내적으로 천황의 초월성을 손상시키는 모순된 구조를 띤 정치적 운동이었다고 할 수 있다. 그런데 흥미로운 점은 바로 이런 구조, 즉 초월성이 약화된 천황에게 복종한다는 태도가 실은 '쇼와 내셔널리즘'의 핵심적 논리를 이루고 있었다는 점이다. 오사와 마사치^{大澤真幸}는 『전후의 사상공간』에서 쇼와 내셔널리즘의 시조로 불리는 기타 잇키^{北一輝}가 쇼와 천황을 '해파리 연구가'로 조소했던 사례를 빌어, 쇼와 내셔널리즘의 기본 구조를 다음과 같이 설명하고 있다.

　(육체적으로 쇠약했던) 다이쇼 천황은 (…중략…) 뭔가 정신적인 숭고함 같은

것을 박탈당한 멍한 분위기의 천황이었다. (…중략…) 그러나 이렇게만 보면 중요한 부분을 놓치게 된다. 예를 들어 기타 잇키는 천황에 대해 해파리 연구가라고 말했다. 즉 약간은 바보 취급하는 듯한 호칭을 쓰고 있다. 다시 말해 (초국가주의가 주장하는) 천황의 적자관의 핵심에는 기타의 사상이 있는데, 그는 천황을 약간 바보 취급하듯 혹은 친근함을 담아서 부르고 있다. (…중략…) 천황의 적자관이 보여주듯 파시스트들이 천황을 숭배했다는 것은 틀림없다. 그러나 그들이 말하는 천황은 어쩌면 다이쇼 천황과 같이 일반적인 의미의 숭고함을 잃어버린 천황이었는지도 모른다. 천황을 따르는 이유가 숭고하고 훌륭하기 때문이 아니라, 천황이 해파리 연구가에 지나지 않더라도 천황을 따른다는 점에서 파시즘은 불가사의하다. 즉, 여기에는 마치 친근한 아저씨와 같은 사람에게 일부러 종속된다는 구조가 있다.[11]

재미를 중시한다는 것은 대중문화가 하나의 시장으로 성립한 상황에서 보자면 수용자의 입장을 중시한다는 것과 같은 말이다. 그리고 이런 수용자 지향적인 구조는 쇼와의 내셔널리즘에도 그대로 적용된다. 오사와는 근대 일본에서 천황과 국민의 관계에 대해 메이지 시기가 '천황의 국민'이라는 형태를 띠었다면, 쇼와의 내셔널리즘은 '국민의 천황'으로 정의할 수 있다고 말하고 있다. 즉, 천황은 더 이상 군림하는 천황이 아니라 국민을 전제로 하여 국민으로부터 이해받는 천황, 달리 말하면 친근한 천황으로 변용되고 있었던 것이다. 쇼와의 성립을 전후로 전개된 내셔널리즘의 재편은 치안유지법1925의 예에서 보듯이 분명 강압적인 모습을 보이기도 했지만 일본의 근대 내셔널리즘의 핵심을 차지하는 천황은 이미 메

---

11   大澤真幸, 『戰後の思想空間』, ちくま新書, 1997, 114~115쪽.

이지천황과 다른 친근하고 자애로운 군주로 표상되고 있었다. 그리고 이러한 새로운 내셔널리즘은 출판시장이 일으키고 있던 초월성의 세속화라는 흐름과 병행하여 전개되고 있었다. 쇼와의 내셔널리즘은 무엇보다도 대중사회라는 새로운 환경 속에서 배태된 내셔널리즘이었던 것이다.

4. 예술대중화론과 내셔널리즘의 공범성共犯性
나카노 시게하루의 대중화론 비판의 위상

예술대중화논쟁은 그것과 동시적으로 진행되고 있던 대중적 공공권에 대한 천황제 내셔널리즘의 개입이라는 보다 거시적인 정치적 맥락과 분리될 수 없다. 그렇다면 '대중'을 '신민'으로 재구성하려는 천황제 내셔널리즘의 정치적 논리란 무엇인가? 내셔널리즘의 정치학이라는 문제를 생각할 때, 앤더슨이 『상상의 공동체』의 서두에서 '무명용사의 기념비'를 언급하며 계몽주의 이전의 종교야말로 근대 내셔널리즘의 문화적 기원이라고 지적하는 다음과 같은 부분은 음미할 가치가 있다.

만일 민족주의내셔널리즘의 상상이 죽음이나 불멸에 관심이 있다면 이것은 종교적 상상과 강한 연관이 있음을 시사한다. 이 연관은 결코 우연하지 않기 때문에 민족주의의 문화적 근원을 고려하는 데에 모든 불행의 마지막인 죽음에 대한 고려로부터 시작하는 것이 유용할 듯하다.

인간이 죽는 방식은 대개 우연적으로 보이지만 죽음 자체는 피할 수 없다. 인간의 생명은 필연과 우연의 결합으로 가득 차 있다. 우리는 우리가 가진 특정한 유전적 유산, 성별, 세대, 육체적 능력, 모국어 등의 우연성과 필연성을 잘 알고 있다. 전통적인 종교적 세계관의 큰 장점^{이것은 물론 특정의 지배와 수탈체제를 합법화하는}

^{종교적 세계관의 역할과는 구분되어야 한다}은 우주 안에서의 인간, 種으로서의 인간, 그리고

삶의 우연성에 대한 그들의 관심이었다. 불교, 기독교 혹은 이슬람교가 수십

개나 되는 다른 사회구성체들 안에서 수천 년 동안 비상하게 살아남은 것은 질

병, 불구, 비탄, 노령, 죽음 등 감당할 수 없는 인간의 고통의 짐에 대한 종교의

상상력 있는 대응을 입증한다. (…중략…) 마르크스주의를 포함한 모든 진화

적이고 진보적인 형태의 사고가 가진 커다란 약점은 이러한 질문에 대해 참기

어려운 침묵으로 대답한다는 것이다. 동시에 종교적 사고는 일반적으로 숙명

을 연속성으로 변형시킴으로써 불멸성의 모호한 암시에 또한 반응한다. 이런

방법으로 종교는 죽은 자와 아직 태어나지 않은 자 사이의 연결과 재생의 신비

에 관심을 갖는다.[12]

앤더슨이 내셔널리즘의 문제를 죽음의 문제로 시작하고 있는 데에는

이유가 있다. 그것은 앤더슨이 내셔널리즘의 핵심을 언어와 습관과 같은

문화적 공통성이 아니라 인간적 삶에 운명적으로 따라다니는 '비극'에 대

한 응답에서 찾았기 때문이다. 그에 따르면, 내셔널리즘은 개인의 죽음이

라는 비극을 공동체가 마련한 의례와 기념비를 통해 공동체의 존속을 위

한 의미 있는 희생으로 기억함과 동시에 죽음 자체가 환기시키는 개체의

단절을 연속되는 세대라는 관념을 통해 '상상적'으로 극복할 수 있도록

지원한다. 그 결과로써 개인은 자신의 이익을 '자발적'으로 공동체에 종

속시키게 되며, 국민국가^{nation-state}는 그러한 상상화된 동의를 통해 대중

을 국민으로 동원하게 된다는 것이 앤더슨의 주장이다. 이런 앤더슨의 근

---

12   베네딕트 앤더슨, 윤형숙 역, 『상상의 공동체―민족주의의 기원과 전파에 관한 성찰』,
      나남출판, 2002, 30~31쪽.

대 내셔널리즘에 대한 견해를 일본의 근대에 적용하면, 일본의 내셔널리즘을 천황제 내셔널리즘으로 부를 수 있는 이유는 천황이라는 존재를 통해 개개인이 일본이라는 정치적 공동체가 부여하는 아이덴티티를 내면화하기 때문이다.

이렇게 친근한 존재의 죽음이라는 비극을 살아남은 자가 어떻게 심리적으로 극복할 것인가라는 문제에 대해 내셔널리즘은 연속하는 시간의 관념으로 응답했다고 할 수 있다. 앤더슨은 이 점을 거론하며, 이른바 마르크스주의자에게 죽음과 같은 비극에 대한 세심한 고려는 찾아보기 어렵다고 말한다. 그러나 서구 마르크스주의의 후예를 자처했던 일본의 프롤레타리아 문학자들은 억압적인 권력의 희생자를 집단적으로 추모하고 기억하는 발상을 자신들의 문학 속에 빈번히 표현하고 있었다. 다만 이 경우 일본의 프롤레타리아 문학자가 사용한 방법은 시간의 연속성이 아니라 개인의 비극을 그 개인이 속한 계급집단이 겪는 비극의 일례로 다루는 상상력이었다. 바꿔 말하면 이것은 누구에게나 닥칠 수 있는 비극이 바로 이 사람(!)에게 다가왔다는 논리를 통해 개별적인 비극을 공동체의 논리로 포섭하는 방식이라고 할 수 있다.

그런데 이렇게 개인의 비극이라는 사건을 집단의 비극으로 표상하기 위해서는 표상의 주체가 표상행위에 앞서 개인을 집단의 시점에서 포착할 수 있는 시점, 즉 초월적 시점을 획득하지 않으면 안 된다. 당연하게도 개인을 계급이라는 사회구조적 관계 속에서 파악하기 위해서는 사회 자체를 계급관계로 바라보는 시점이 선행되어야 한다. 그래서 구라하라 고레히토는 개인을 다루기에 앞서 작자는 '전위의 눈', 즉 사회를 전체적이고 총체적으로 바라보는 시점이 중요하다며 다음과 같이 말했던 것이다. "프롤레타리아 작가는 이 자연과학적 리얼리즘을 극복하고 개인적인 것에 대한 사회적 관점을 획득하지 않으면 안 된다. 달리 말하면 우리는 사회적 문제도 개인의 본성으로 환원하는 인식의 방법에 대항하여, 모든 개인적 문제도 사회적 관점에서 본다는 방법을 강조하지 않으면 안 된다."[13]

잘 알려진 것처럼 근대 일본의 대표적인 프롤레타리아 문학자인 고바야시 다키지小林多喜二의 「1928년3월15일」[1928]이라는 소설은 구라하라가 주장했던 '전위의 시점', 즉 '개인적 문제를 사회적 관점에서 본다'는 창작방법에 따라 창작된 것이다. 이 소설은 1928년 3월 15일에 있었던 천황제정부의 공산당과 그 동조자에 대한 대대적인 검거사건을 배경으로 하여 권력의 비인간적인 체포와 고문, 그리고 그러한 권력의 억압에 굴복하지 않는 인물들을 대비적으로 그리고 있다. 이 소설이 예술대중화논쟁과 관련해서 중요한 것은 구라하라가 제안한 '전위의 시점에 의한 파악'이라는 창작방법을 충실히 따른 것도 있겠지만, 개인의 비극을 집단이 경험하는 비극의 사례로 표상한다는 프롤레타리아 예술의 표상행위가 전형적으로 드러나 있기 때문이다. 예를 들어 '오케이'는 남편인 류키치가 관여하는 노동조합운동에 공감을 느끼지만 처음에는 그것을 '인식'하려고 하지 않는다. 그러나 '3·15사건'으로 인해 남편과 그의 동료들이 검거되자, 그들이 해왔던 활동을 '무산대중을 위한' 것임을 인정하기 시작한다. 즉, 오케이는 남편의 투옥을 자신의 개인적 불행으로 받아들이기 보다는 천황제 국가가 무산계급에게 자행한 무자비한 탄압의 사례로 확대 = 일반화시키고 있는 것이다.[14] 즉, 여기서 오케이의 의식은 자신의 불행을 개인적인 비극이 아니라 집단적 비극의 일부로 의미화하고 있는 것이다.

---

13 蔵原惟人,「プロレタリア·レアリズムへの道」,『戦旗』, 1928.9.
14 徐東周,「'春さきの風'の政治学」,『文学研究論集』, 筑波大学比較·理論文学会 編, 2007, 52쪽.

그리고 소설 안에서 작중인물이 자신에게 닥친 비극을 계급이라는 집단의 시점을 통해 새롭게 전유하는 순간은, 달리 말하면 작중인물이 정치적으로 각성되는 순간이기도 하다. 이를테면 고바야시의 이 소설에서 '3·15사건'은 오케이와 같은 인물에게는 계급의식 각성의 계기로서 작용하고 있으며, 그녀는 이러한 의식의 각성을 통해 자신을 무산계급이라는 집단의 일원으로 간주하는 시점 속에서 세계와 자신을 표상하기 시작한다. 따라서 대중의 정치적 계몽을 중시하는 프롤레타리아문학이 이런 식의 서사구조에 의존하는 것은 당연하다. 즉, 비극의 집단화와 계몽의 서사는 동전의 양면처럼 프롤레타리아문학의 기본 발상을 이룬다.

한편 같은 프롤레타리아 문학자임에도 불구하고 나카노 시게하루가 비극을 다루는 관점은 구라하라와 고바야시의 그것과는 이질적이었다. 나카노도 「봄바람」1928이란 소설에서 3·15사건을 다루고 있다. 나카노도 고바야시와 마찬가지로 3·15사건을 '좌익'에 대한 정치적 탄압사건으로 다루고 있지만, 거기에는 억압적인 권력에 대한 직접적인 고발도 없고, 작중인물의 정치적 각성이라는 서사도 도입되어 있지 않다. 이 소설은 3·15사건의 와중에서 아이와 남편을 잃게 되는 여자소설 속에서는 '모친'으로 불린다의 비극, 즉 권력에 의한 가족붕괴를 주제로 하고 있다. 그러나 소설 속에서 모친은 권력을 직접 비판하는 말이나 행동을 표출하고 있지 않다. 오히려 수감된 남편에게 "우리들은 모욕 속에 살고 있다"라는 말을 통해 남편으로 상징되는 좌익운동의 전위를 상대화하는 시점을 보여주고 있다.[15]

앞서 본 것처럼 나카노 시게하루는 예술대중화논쟁 과정에서 "대중이 원하는 것은 대중 자신의 모습이 그려진 예술"이라는 명제를 통해 '전위

---

15 島村輝, 「権力と身体」, 『講座 昭和文学史』, 有精堂, 1988, 151쪽.

의 눈'을 강조하는 구라하라와는 다른 견해를 전개했다. 사실 이 명제에서 나카노가 말하는 대중의 모습이 그려진 예술이 어떤 것이지를 추측하기란 간단치 않다. 그런 점에서 예술대중화논쟁에서 나카노가 주장한 이상적 예술의 모습을 가늠하는 데 있어서 「봄바람」은 중요한 실마리가 될 수 있다. 왜냐하면 이 소설은 예술대중화논쟁의 계기가 되었던 「예술대중화론의 오류에 대하여」가 발표된 직후에 쓰였기 때문이다. 즉 이런 양자 간의 시간적 근접성은 이 소설이 「예술대중화론의 오류에 대하여」에서 제시한 주장을 창작방면에 적용하는 형태로 쓰였을 가능성을 강하게 시사한다. 이런 배경이 있음에도 불구하고 이 소설을 예술대중화논쟁과 관련시키는 접근은 거의 이루어지지 않았다. 사실 소설은 서정시를 연상시키는 문체와 사건 전개의 압축성과 같은 형식으로 인해 발표 당시부터 '비대중적' 소설이라고 지적받고 있었다.[16] 그러나 여기서 나카노가 기본적으로 예술의 대중화라는 노선에 거리를 두었지만, 대중성 자체를 부정하지 않았다는 점을 떠올릴 필요가 있다. 오히려 그는 예술이 대중의 모습을 제대로 포착함으로써 예술성과 대중성 모두를 잡을 수 있다고 생각했다. 그런 점에서 이 소설의 한계로 지목된 비대중적 요소는 이상적인 대중의 모습을 그린다는 관점이 작용한 결과로 간주될 필요가 있다.

그렇다면 「봄바람」이란 소설에서 추론할 수 있는 이상적 대중의 모습은 어떤 것일까? 이 문제를 생각할 때, 작자 나카노가 주인공인 모친을 묘사하는 방식에 주목할 필요가 있다. 앞서 소설 속의 주인공에게는 정치적 계몽이라는 서사가 적용되고 있지 않다고 말했는데, 사실 주인공인 모친의 태도는 소설 속에서 대단히 다의적多義的이다. 예를 들어 그녀는 한편

---

16   참고로 『전기』 1929년 4월호에는 '나카노 시게하루의 「봄바람」은 문체가 귀족적이다' 라는 독자평이 소개되어 있다.

으로 남편과 같은 전위의 사람들을 상대화하는 시점의 보유자이지만, 다른 한편 같이 수감된 사람들의 '회합'을 위해 우는 아이를 그들에게 맡겨 간수의 감시를 피할 수 있도록 도움을 주는 적극적인 동조자이기도 하다. 또한 경찰의 강압적인 말투에 쉽게 굴복하지 않는 의지를 보여주지만, 아이를 죽음으로 몰고 간 권력의 비정함에 대해 직접적인 비판의 언어를 표출하고 있지는 않다. 즉, 주인공 자체는 하나의 모순처럼 그려지고 있다.

가라타니 고진은 나카노가 생각하는 '개個'란 그것을 언제나 계급이라는 집단에 종속시키는 구라하라의 발상과는 근본적으로 달랐다고 지적하며, 전후 나카노가 말한 '실재로서의 개実在としての個'의 의미를 다음과 같이 설명한 바 있다. 가라타니가 주목하는 것은 나카노의 '개'가 언제나 '관계' 속에서 존재한다는 점이다.

> 나카노가 말하는 '개'는 집단에 대한 '개'도 아니며 자기의식으로서의 '개'와 같은 것도 아니다. 그것들은 '관계'를 은폐하는 것에 지나지 않는다. '실재로서의 개'는 오히려 실재가 아니다. 그것은 관계의 갈등과 알력 그리고 투쟁 속에서만 존재한다.[17]

가라타니는 비록 직접적으로 언급하고 있지는 않지만, 전후 나카노가 말하는 '관계'란 예술대중화논쟁에서 언급된 '계급관계'로 생각해도 무방하다. 왜냐하면 가라타니도 언급하고 있듯이 나카노에게 '관계'의 개념은 마르크스의 『독일 이데올로기』에 보이는 다음과 같은 언급, 즉 "사회적 편성과 국가는 언제나 특정한 개인의 생활과정이 초래한 것이다. 그러나

---

17 柄谷行人,「中野重治と転向」,『ユーモアとしての唯物論』, 筑摩書房, 1993, 199쪽.

이러한 개인들이란 자신과 타인 속에 등장하는 개인이 아니라 현실에 있는 그대로의 모습, 즉 노동하고 물질적으로 생산하는 개인들이며, 따라서 일정한 물질적인 조건, 달리 말하면 그들이 생각한대로는 움직이지 않는 여러 제도와 전제 아래서 활동하고 있는 모습의 개인들이다"와 공명하고 있기 때문이다. 실제로 나카노는「예술대중화론의 오류에 대하여」에서 노동하는 "대중의 진실한 모습은 계급이라는 관계에서 나타난다"고 말하고 있다.

그렇다면「봄바람」의 모친이 보여주는 다의성은 그녀가 맺는 다양한 수준의 사회적 관계의 표현이라고 말할 수 있다. 앞서 말한 것처럼 나카노는 권력과 반권력 사이의 정치적 긴장을 고조시킨 정치적 사건[3·15사건]을 도입하면서도 개인을 고바야시처럼 '반권력'의 대리인으로 묘사하기보다는 사회적 관계의 다양성 속에서 포착하려고 했다. 그가 모친 = 개인을 다양한 관계 속에서 그리려 했던 것은 개인을 계급의 대리인으로서 그리는 것이 다름 아닌 자신이 비판하고자 했던 예술대중론자들의 발상이었고, 나아가 대중적 공공권에서 개개인을 천황제 내셔널리즘으로 재편하려고 했던 '권력'의 정치와 다르지 않기 때문이다. 개인의 죽음을 집단이라는 매개를 통해 개인적 불행에서 '의미 있는' 죽음으로 전환시키는 연금술의 논리는 천황제 내셔널리즘만이 아니라 구라하라와 고바야시 같은 주류 프롤레타리아 예술운동의 전형적인 비극의 표상방법이었다. 이에 대해 나카노 시게하루는 정치적 탄압의 희생자였던 아이의 죽음을 끝까지 모친의 시점에서 기술함으로써 집단으로 회수될 수 없는 비극의 실존성을 그려낼 수 있었다. 요컨대 소설「봄바람」과 예술대중화 비판에 공통되고 있었던 것은 개인의 비극을 대체 혹은 교환이 불가능한 사건으로 표상함으로써 개인의 불행을 집단[민족이나 계급]으로 환원하려는 정치적 상상력에 대한 근본적^{radical} 비판이었다고 할 수 있다.

5. 내셔널리즘을 넘어서는 상상력

나카노 시게하루가 프롤레타리아 예술의 대중화에 비판적이었던 것은 대중화의 논리가 대중의 실존성을 망각한 채, 대중을 오직 계급이라는 아이덴티티로 결집시키려는 정치적 욕망에 이끌리고 있었기 때문이다. 그래서 그는 논쟁과 병행하는 형태로 「봄바람」이란 소설을 통해 정치적 사건 속에서 발생한 비극^{아이의 죽음}을 끝까지의 개인적 입장^{모친}에서 받아들이려 했던 여성의 이야기를 써야만 했던 것은 아닐까? 이것은 대중이 원하는 것은 대중의 진실된 모습이며, 예술가는 그것을 위해 노력하는 것으로 충분하다는 주장의 구체화라고 할 수 있다.

또한 예술대중화논쟁의 배경이 되었던 공공권의 천황제 내셔널리즘을 통한 재편은 출판자본을 매개로 하여 천황의 초월성을 세속화시키는 형태로 전개되었다. 이 글에서는 이러한 현상을 다이쇼 말기부터 쇼화 초기에 걸쳐 대중문화의 영역에서 나타난 '재미'의 보편화라는 현상과 결부시켜 살펴보았다. 결국 대중화논쟁만이 아니라 쇼와의 새로운 내셔널리즘은 대중문화와 출판자본이 추동시킨 '재미'의 보편화에 구속되는 가운데 전개된 서로 구별되는 두 개의 정치적 운동이었다고 할 수 있다.

프롤레타리아 예술운동의 대중화논쟁과 내셔널리즘의 평행성은 이러한 '재미'의 내재화에 국한되지 않는다. 양자는 대중적 공공권에서 각각 '계급'과 '신민'이라는 집합적 아이덴티티로도 대립했다. 이런 점에서 양자의 정치적 기반은 갈등적이다. 그러나 개인을 집단으로 연결시키는 논리의 측면에서 보면 양자는 동일하다. 모두 개인을 집단의 '일원'이자 '일부'로서 표상하고자 했기 때문이다. 반면 나카노는 이러한 표상체계를 거부했는데, 이것은 그가 대중의 쟁탈이라는 당면한 정치적 문제보다 그러한 정치적 경쟁이 전개되는 공공권의 내적 논리를 중시했음을 의미한다. 나카노의 예술대중화에 대한 비판이 이상적으로 보였던 것은 그가 대중 쟁탈의 현장보다 그 현장을 지배하는 논리에 관심을 가졌기 때문이 아닐까?

나카노 시게하루가 정치의 현장보다 정치의 내적 논리에 관심을 가졌다는 점에서 볼 때, 「예술대중화론의 오류에 대하여」에서 대중이 대중문학^{通俗文學}으로 모이는 이유를 설명하는 다음과 같은 일절은 다시 음미할 필요가 있다.

> 대중예술의 주위에 대중이 무리지어 온다면 그것은 대중 속에 웃음이 묵살되고 그 대신 많은 눈물이 흐르고 있기 때문이다. 그들이 값싼 웃음과 눈물로써 불안과 비애에 대해 아첨하고, 그 때문에 내일도 이러한 예술의 주위로 무리지어 와서 그것을 반복해도 미련한 작가의 공물貢物을 영원화 할 수는 없다.

여기서 나카노는 왜 근대 자본주의 사회에서 대중예술이 발생하는가에 관한 어떤 구조를 문제시하고 있다. 앞서 인용했듯이 앤더슨은 근대 내셔널리즘이 종교적 상상력과 강한 친화성을 갖고 있다고 지적했다. 주지하는 바와 같이 서양의 맥락에서 보면 계몽주의 이후 종교적 사고는 쇠퇴했다. 종교를 대신해 죽음死의 비극의 문제에 응답한 것이 내셔널리즘이라고 앤더슨은 말한다. 이를 통해 앤더슨이 지적하고 있는 것은 계몽주의의 입장에서 종교의 허구성을 비판하는 것이 갖는 한계이다. 왜냐하면 비록 종교는 계몽주의에 의해 타격을 입었지만 근대에 들어와 내이션이라는 형태로 부활했기 때문이다. 그리고 이런 통찰은 대중예술 비판에서도 적용된다. 종교가 계몽주의 이후 계급 간 대립을 은폐하는 내셔널리즘으로 변용되었듯이, 현실의 비극이 재생산되는 한 위안의 도구로서의 '대중예술'도 그 형태를 바꿔 부단히 재생산될 것이기 때문이다. 따라서 대중예술에 대한 계몽주의적 비판, 즉 그것은 '부르주아 이데올로기의 표현에 불과하다'는 정치적 비판만으로는 결코 대중예술에 대한 근본적 비판으로 나아갈 수 없다. 왜냐하면 대중의 위안을 위한 문화에 대한 요청을 현실의 고단함과 비극성에 뿌리를 두고 있기 때문이다. 이것이 나카노 시게하루가 말하는 대중예술화론 비판의 핵심이 아닐까? 그렇다면 그의 예술대중화론에 대한 평가도 다음과 같이 바뀌어야 한다. 그는 이상론에 치우쳐 자신의 사상적 한계를 드러낸 것이 아니라, 근본적 비판을 수행했기에 이상적으로 보였던 것이다.

제8장
나카노 시게하루 조선 인식의
역사성과 서사성

1. 나카노 시게하루의 '예외성'

나카노 시게하루는 근대 일본의 지성사에서 제국일본의 조선 통치에 대한 가장 급진적인^{radical} 비판자로 기억되고 있다. 전전^{戰前}의 나카노 시게하루는 일본의 조선에 대한 제국주의적 침략을 비판하며 식민지 조선의 '민족해방'을 지지했고, 소위 '프롤레타리아 국제주의'의 입장에서 조선과 일본의 프롤레타리아트를 천황제 국가에 저항하는 정치적 주체로 세우려했던 '연대'의 사상가였다. 일본의 식민지주의에 대한 나카노의 비판적 태도는 전후^{戰後}에도 변함이 없었다. 식민지 문제에 대한 언급이 회피되는 전후의 사상공간에서 그는 일본이 조선을 식민지로서 지배했던 과거를 소환하는 데 주저함이 없었다. 예컨대 1954년에 발표한 「피압박민족의 문학」이란 제목의 글에서 1951년 샌프란시스코 강화조약과 동시에 체결된 미일안보조약으로 인해 일본은 '아메리카'의 '피압박민족'의 상태에 빠졌다고 지적하며, 일본이 그런 상황을 벗어나지 못하는 이유는 과거 조선을 '압박·지배'했던 역사를 제대로 기억하고 있지 못하기 때문이라고 역설한 바 있다. 나카노에게 일본의 식민지였던 조선과 연대하는 것은 근대 일본의 내셔널리즘 비판을 위한 불가결한 전제이자 근거였다.

조선에 대한 멸시의 감정과 부정적 인식이 지배하던 시대에 조선과의 우애와 연대를 표현했던 나카노 시게하루는 전후일본의 사상사에서 이른바 '예술적 저항'의 상징으로 간주되었다.[1] 그러나 이런 전후사상사의 기술과는 별도로 나카노의 조선 인식에 대한 비판이 없었던 것은 아니다. 비판의 시선이 공통적으로 주목한 것은 나카노의 시「비 내리는 시나가와역」[1929] 속의 조선인을 '일본 프롤레타리아트의 뒤 방패 앞 방패'로 호명하는 시인＝나카노의 연대의 수사였다. 이를테면 비판의 논리는 다음과 같다. 즉, 이 표현은 나카노가 의식의 수준에서 연대를 말하고 있었지만, 그의 '무의식'에는 일본 프롤레타리아트가 조선 프롤레타리아트를 이끄는 식의 양자 관계가 자리잡고 있음을 드러낸다는 것이다.[2] 언표 상에

1　예를 들어 다음과 같은 것들을 들 수 있다. ミリアム・シルバハーグ, 林淑美・佐復秀樹 訳,『中野重治とモダン・マルクス主義』, 平凡社, 1998; 小田切秀雄,『中野重治―文学の根源から』, 講談社, 1999; 竹内栄美子,『戦後日本, 中野重治という良心』, 勉誠出版, 2004.

2　예를 들어 재일조선인 작가 이회성의 다음과 같은 언급은 나카노의 조선 인식에 대한 비판적 담론의 기원에 위치한다. "자신의 생애에 걸쳐 타민족과 관계를 맺으려는 태도를 끊임없이 견지한 작가는, 일본의 문학자 가운데 극히 소수입니다. 그 중에서 가장 엄격한 삶의 방식을 취했던 사람으로 나카노 시게하루를 들 수 있습니다⋯⋯「비 내리는 시나가와역」에도 지금 생각하면 걸리는 부분이 있습니다. 끝에서 3번째 행인데「일본 프롤레타리아트의 뒤 방패 앞 방패」라고 되어 있습니다만, 왜 재일조선인이⋯⋯일본 프롤레타리아트의 뒤 방패, 앞 방패인가라는 의문이 일어납니다. 이 말에 만약 일본혁명의 성공 없이 조선혁명의 성취는 있을 수 없다는 이론과 인식이 작동하고 있다면⋯⋯역시 나카노 시게하루조차 그 시대의 사상적 제약성(예컨대 1국1당 원칙의 영향) 속에서 민족문제에 대한 잘못된 태도를 극복하지 못하고 있었다고 말할 수 있습니다" 李恢成,「中野重治と朝鮮」,『新日本文学』, 1980.12, 58~59쪽). 김윤식 또한 나카노의 시「비 내리는 시나가와역」에 대하여 '현해탄을 가운데 둔 두 나라(한국과 일본) 문학의 공감 대랄까 친밀감을 가장 생생하게' 표현하고 있다고 평가하면서도, 조선을 '일본 프롤레타리아트의 앞 방패 뒤 방패'로 부르는 구절에는 '민족 에고이즘'에서 벗어나지 못한 나카노의 사상적 한계가 보인다고 지적하고 있다. (김윤식,「문학적 과제로서의 '민족 에

서는 타자와의 연대가 주장되고 있지만, 시인의 의식 이면에는 타자에 대한 차별적 시선이 작동하고 있다는 비판이다. 그리고 이런 비판이 계기가 되어 말년의 나카노 시게하루는 결국 시를 쓸 당시 자신이 '민족에고이즘'에서 벗어나지 못했던 것 같다는 '자기비판'을 내놓았다. 결과적으로 그의 조선 인식을 둘러싼 비판들은 근대적 내셔널리즘의 등장 이후 타자와의 대등한 협력 혹은 연대는 어떻게 가능한가라는 질문을 환기시켰다.

그러나 나카노 시게하루의 타자 인식을 둘러싼 평가와 비판이 갖는 사상사적 중요성을 인정하더라도, 이런 담론들이 공통적으로 나카노의 사상적 저항성을 지나치게 개별적으로 전제하고 있다는 점을 지적하지 않을 수 없다. 즉, 여기서 나카노는 마치 식민지주의라는 시대의 이데올로기와 홀로 대결하고 있는 '예외적' 지식인처럼 간주되고 있다. 그리고 그의 대항적 상상력이 개별화 = 추상화됨에 따라, 그의 조선 인식 형성에 관련되었던 다양한 맥락들contexts이 자연스럽게 분석의 대상에서 제외되는 문제가 나타났다. 우선 나카노의 조선 인식에 대한 기존의 논의는 근대 일본에서 생산된 오리엔탈리즘적 조선 표상의 영향력을 거의 고려하고 있지 않다. 나카노의 조선 인식은 당연하게도 나카노 개인의 독창적 산물일 수 없다. 그것은 이미 만들어져 유통되고 있는 다양한 여러 장르의 조선 관련 텍스트들의 영향력 아래서 형성될 수밖에 없다. 그런 점에서 그의 타자 인식의 정당성을 묻는 것과 함께 그의 타자 표상이 선행하는 조선 표상과 어떤 관계를 맺고 있었는가를 검토하는 것은 불가결하다. 또한 그의 조선 인식이 정치적 상황에 따라 그 강조점이 바뀌었다는 점도 고려될 필요가 있다. 실제로 그의 조선 인식은 제국이 붕괴한 전후에

고이즘'」, 『한일 근대문학의 관련양상 신론』, 서울대 출판부, 2001, 144~158쪽)

일정한 변용을 보여주고 있다. 예컨대 나카노가 무산계급 간의 연대에 집착한 나머지 조선인의 민족적 주체성이나 민족주의에 무관심했다는 비판은 전전의 경우에만 유효하다. 왜냐하면 제국일본의 해체로 조선이 민족국가로 독립한 전후의 상황에서 조선과의 계급 연대는 사실상 효력을 갖기 어려웠고, 실제로 나카노는 이에 호응하는 태도를 취했기 때문이다. 뿐만 아니라 그의 조선 인식이 선행하는 텍스트만이 아니라 재일조선인과의 교류에 의존하고 있었다는 점도 충분히 고려되지 못했다. 그의 조선 관련 텍스트에는 '월경'하는 조선인들이 자주 등장하는데, 그들 작중의 조선인들은 나카노의 주변에 있었던 일본으로 건너온 조선인 사회주의자가 모델이었다. 시 「비 내리는 시나가와역」의 부제에 보이는 이북만과 김호영이 바로 그런 인물들이었다. 그들과의 교류 형태를 생각하지 않고, 나카노의 조선 인식의 내용만을 논하는 것은 일면적이라는 비판을 피하기 어렵다.

이 글은 이처럼 나카노 시게하루의 조선 인식의 형성에 관련되었던 다양한 맥락을 드러내는 것에 중점을 두고 있지만, 그렇다고 사상적 논의가 갖는 의의를 부정하지는 않는다. 사상적 논의와 맥락의 검토를 대립시키는 것은 이 글의 의도와 무관하다. 오히려 여기서 주장하고 싶은 것은 나카노의 조선 인식에 개입되어 있는 다양한 맥락을 확인함으로써 그의 조선 인식의 사상적 의의를 보다 정당하게 평가할 수 있다는 입장이다. 왜냐하면 그의 조선 인식은 일본이 조선을 식민지로서 지배했던 구체적인 역사적 상황 속에서 형성되었기 때문이다. 즉, 이때 사유의 대상으로서의 조선은 열도 밖의 주권국가가 아니라 일본의 해외 식민지였고, 그의 개인적인 조선상에 영향을 주었던 조선인들은 국민국가의 국경을 넘어온 '외국인'이 아니라 식민지에서 제국의 중심으로 월경한 '피식민자'였다. 그리고 패전으로 제국이 해체되고 조선이 '해방'되었을 때, 나카노는 자신의 조선관의 일부를 수정하는 결정을 내렸다. 도대체 이런 역사적 맥락의 영향력을 배제하고, 사상의 의의를 논하는 것이 과연 정당한 것일까? 이장에서는 지금까지 계급과 민족, 평등과 차별이라는 추상적인 이분법에 갇혀 있었던 그의 조선 인식에 관한 논의를 그것의 형성에 관여한 역사적 맥락 속에서 재검토함으로써 그의 타자 인식의 고유한 구조를 드러내고자 한다.

2. 조선이라는 '내부적, 타자'

우선 소설 「모스크바를 향해서」부터 살펴보자. 「모스크바를 향해서」는 일본공산당의 합법적 기관지의 역할을 했던 『무산자신문』에 1928년 10월부터 12월까지 연재된 소설이다. 소설은 만주의 흥안령을 넘어 만주리, 치타를 지나 모스크바를 향해 뻗은 길을 51세의 '이李'와 19세의 '장張'이라는 두 명의 조선인이 어깨를 나란히 하고 걸음을 재촉하는 장면으로 시작한다. '간도'를 출발해 흥안령을 향하는 이들의 목적지는 모스크바이다. 이들은 치타에서 모스크바 행 열차를 타기 위해 만주를 남북으로 잇는 '동지철도' 옆을 도보로 이동하고 있는 것이다. 그렇다면 왜 이 조선인들은 조선을 떠나 간도로 넘어왔던 것일까? 그것은 조선의 민족해방을 위한 그들의 활동이 총독부의 가혹한 통치로 인해 곤란했기 때문이다. 소설은 1910년 이후 조선의 정치적 상황을 다음과 같이 서술하고 있다.

1910년메이지43년, 한일병합의 해 이들, '우리들 조선의 형제들'은 소름 돋는 총독부 정치의 안으로 빠져들었다. 이 무시무시한 도가니 안에서 그들은 살과 뼈와 피가 거칠게 섞여 산산이 부서졌다. 이 산산이 부서진 것 속에서 이윽고 하나의 투명한 결정체가 나타났다. 그들은 외쳤다. "조선민족해방만세"[3]

　나카노는 총독부가 통치하는 조선의 상황을 '무시무시한 도가니'로 표현하고 있는데, 이로부터 '이'와 '장'처럼 조선의 민족해방을 위해 활동한 사람들이 총독부의 탄압을 피해 조선을 벗어나 간도로 몸을 피했음을 짐작케 한다. 이처럼 「모스크바를 향해서」 속의 조선은 무엇보다 총독부의 폭압적 통치가 자행되고 있는 정치적 식민지로 그려지고 있다. 반면 '이'와 '장'의 모스크바를 향한 이동의 무대가 되고 있는 만주는 정치적 식민지로 그 표상이 획일화된 조선에 비해 다면적인 공간으로 그려지고 있다. 소설 속 만주는 그곳의 철도를 관리·지배하는 일본군이 주둔하는 지역이자 동시에 '마적'과 '밀수업자'가 활약하는 장소이다. 당시 '마적'이 만주의 지역적 특성을 나타내는 존재로 간주되었다는 점을 생각하면, 적어도 소설 속의 만주에는 식민지적 성격과 함께 일본인 독자의 흥미를 의식한 '이국취향'의 성격도 부여되어 있다고 할 수 있다.

　조선과 만주를 바라보는 작가의 이중적 시선은 토지와 주민의 관계에도 적용된다. 식민지 조선이 언급되는 곳에 조선인은 총독부에 강압적 통치의 대상으로 기술되고 있다. 두 명의 조선인이 이동하는 장소가 만주라는 점은 분명하게 언급되고 있지만, 정작 그곳에서 살아가고 있을 만주 주민의 모습은 전혀 보이지 않는다. 즉, 나카노는 만주의 철도를 둘러싼 식민지적 상황을 그리면서도 그곳에서 살아가고 있을 만주의 주민을 외

3　中野重治, 「モスクワを指して」, 『中野重治全集 第一卷』, 筑摩書房, 1976, 216쪽.

면하고 있는 것이다. 그러나 당시 만주의 철도 주변에서는 일본의 '독립수비대'와 만주 주민간의 충돌이 끊이질 않았다. 일본 측의 기록을 보면 예를 들어 "노선의 볼트와 침목을 빼내거나, 열차가 속도를 줄일 때를 노려 화차에 올라타 짐을 훔치는" 만주인은 일본군의 근심거리였다.[4] 이것은 만주의 철도가 만주인들에게 명백히 '식민지 철도'로 인식되었음을 보여준다.[5] 그러나 소설 안에서 철도를 장악한 일본군은 보이지만, 그것에 저항하는 피식민자 = 만주인의 모습은 찾아볼 수 없다.

주민이 없는 만주가 문제가 되는 것은 '프롤레타리아 국제주의'라는 소설의 주제와 관련시켜 볼 경우, 일본의 독립수비대의 폭력에 고통받고, 또한 그들에게 저항하는 만주의 주민들 또한 국제주의적 연대의 대상이 되어야 함에도 불구하고, 그 대상에서 제외되고 있기 때문이다. 이에 반해 조선인들은 '식민지운동의 세계적 구도' 안에서 연대해야 할 존재들로 규정되고 있다. 그것은 '이'와 '장'이 모스크바로 향하는 이유를 설명하는 다음과 같은 부분에서 확인할 수 있다.

어느 해 사람들은 특정 남자들을 골랐다. 이렇게 뽑힌 동료들은 그동안의 활동에 대한 결과를 지참하고 모스크바로 갔다. 그것을 식민지운동의 세계적 구도 안에서 검토받은 후, 새로운 방침이 결정되자 다시 그것을 들고 조선으로 돌아왔다. 그리고 그 후 고통스러운 1년 동안 그것을 활동에 반영했다. 지금 1년이 되어가고 있다. 지난 1년간의 활동의 결과를 모스크바에 전달되지 않으면 안 된다. 그래서 다시 동료들이 뽑아야 했다.

---

4   塚瀬進, 『満州の日本人』, 吉川弘文館, 2004, 97~98쪽.
5   川村湊, 「植民地鉄道の夜—旧植民地の日本文学」, 『知の植民地 越境する』, 東京大学出版会, 2001, 61쪽.

(…중략…)

그것을 갖고 (모스크바로) 가는 사람은 (…중략…) 머리끝부터 발끝까지 계급적이
지 않으면 안 된다. 그리고 이와 장이 뽑혔다.[6]

'이'와 '장'이 만주를 거쳐 모스크바로 향하는 이유는 식민지 조선의 '민
족해방운동'을 '식민지 운동의 세계적 구도' 안에서 검토받기 위함이다.
여기서, 민족을 초월한 무산계급의 연대라는 프롤레타리아 국제주의 이
념이 식민지 출신의 두 남자를 모스크바로 향하게 하고 있음을 알 수 있
다. 「모스크바를 향해서」가 이렇게 프롤레타리아 국제주의를 강조하는
배경에는 1928년 코민테른의 '일국일당'의 방침이 놓여져 있다. 물론 이
방침이 전제로 하는 '국(가)'이라는 것은 민족공동체와 같은 것이 아니라,
복수의 민족을 포함한 '제국적' 국가에 가까웠다. 그런 까닭에 식민지 시
기 조선 내 공산주의 운동의 독립성을 부정하고, 일본공산당의 중심적 역
할이 거론될 때마다 '프롤레타리아 국제주의'이자 '일국일당' 원칙이 그것
의 근거로 활용되었다. 그런 점에서 보면 소설에서 만주가 프롤레타리아
의 국제적 연대의 대상에서 배제된 것은 당시 만주가 아직 제국일본의 영
토로 완전하게 편입되지 않은 사정을 반영한 것으로 추측된다.

그런데 식민지성을 둘러싼 조선과 만주에 대한 기술의 차이는 프롤레
타리아 국제주의의 편파적 적용이라는 문제에 그치지 않는다. 그것이 제
국 일본의 공식적인 지리적 심상과 호응하고 있다는 점을 놓쳐서는 안된
다. 만주에만 '이국성'을 부여하고, 만주를 프롤레타리아 국제주의의 방침
에서 제외하는 「모스크바를 향해서」 내의 설정은 나카노가 식민지인 조

---

6   中野重治, 앞의 책, 192쪽.

선에 대해 만주를 지정학적 의미에서 '외부'에 위치시키고 있었음을 드러낸다. 달리 말하면 열도^{일본}의 입장에서 볼 때 조선^{반도}도 만주^{대륙}도 외부에 위치함에도 불구하고 나카노는 오직 만주에만 외부를 상기시키는 요소들 — 지명들, 마적 등 — 을 부여하고 있는 것이다. 이것은 나카노 시게하루가 일본 = 열도의 시각에서 보면 조선도 만주도 모두 외부이지만 양자 사이에 어떤 경계를 설정하고 있었음을 상기시킨다. 만주에 비해 조선의 외부성이 상대적으로 희박한 까닭에 열도와 반도 사이의 경계보다 반도와 만주 사이의 경계가 더 두드러져 보이는 심상지리를 상정할 수 있다.

이렇게「모스크바를 향해서」의 조선은 만주를 '외부'로 하는 지정학적 상상력에 의해 상대적인 의미에서 제국일본의 '내부'라는 의미를 획득하고 있다면, 조선문제를 소재로 하고 있는 또 다른 텍스트인「비 내리는 시나가와역」에서는 조선과 일본 사이의 경계가 한 번 더 분절화되고 있다. 시「비 내리는 시나가와역」는 잘 알려진 바와 같이 쇼와 천황의 즉위식을 앞두고 열도에서 조선으로 추방당하는 조선인과의 이별을 다루고 있다. 이러한 시의 내용에서 알 수 있는 것처럼「비 내리는 시나가와역」의 조선은 무엇보다 천황제 국가 일본의 추방지로서 등장하고 있다. 비가 내리는 시나가와역에서 승차해 '고향'으로 향하는 조선인들은 다름 아닌 천황의 즉위식을 앞두고 열도에서 쫓겨나는 존재이기 때문이다. 여기서 천황제라는 정치제도를 둘러싸고 열도^{일본}과 반도^{조선}를 '내부 / 외부'로서 분할하는 또 하나의 지정학적 배치를 확인할 수 있다.

천황제 국가의 외부로서의 조선표상은 '추방'이라는 모티브뿐만 아니라, 시인이 추방지로서의 조선을 '부모의 나라^{父母の国}'로서 부르고 있는 것에서도 확인된다. 전전의 천황제 이데올로기의 주류는 천황과 일본인의 관계를 '부모와 자식'으로 파악하는 가족국가론에 기초하고 있었다. 쇼

와천황은 즉위할 당시 공포한 조칙에서 국가를 '가‎家'로서 국민을 '자子'로 규정하며 이처럼 천황과 국민이 하나의 '가'를 이루고 있다는 점에 '국제의 정화'가 있다고 언급하고 있었다. 그렇다면 조선이 '부모의 나라'일 수밖에 없는 조선인에게 천황이 '부'가 되는 일은 있을 수 없다. 즉, 조선인은 천황을 아버지로서 내면화할 수 없는 천황제 국가의 타자인 것이다.

한편 조선표상과 관련하여 흥미로운 점은 시 속의 조선은 매우 '추상적'으로 그려지고 있다는 사실이다. 시 속에서 현재 추방을 앞두고 있지만 언젠가 열도로 돌아와 천황에게 복수를 해야할 존재로 그려지고 있는 조선인의 이동의 궤적은 다음과 같이 기술되어 있다. 즉, '시나가와'에서 출발하는 그들의 이동은 '부모의 나라 = 조선'을 거쳐, 다시 열도로 돌아와 '고베', '나고야'를 거쳐 천황이 있는 '도쿄'로 들어오는 경로를 따르고 있다. 여기서 알 수 있는 것처럼 열도일본내에서의 이동이 구체적인 지명과 관련하여 기술되어 있는 것에 비해, 조선인의 왕복 이동에서 하나의 경유지가 되고 있는 조선은 '부모의 나라'로서만 호명되고 있다. 열도에서의 이동이 '구체적'이라면 조선에서의 이동은 '추상적'이다.

연속적으로 발표된 두 텍스트, 즉 「모스크바를 향해서」와 「비 내리는 시나가와역」 속 식민지 조선의 지정학적 위치를 조합하면 다음과 같은 작가의 심상지리에 이르게 된다. 즉 나카노 시게하루가 상상했던 조선의 지정학적 위치란 대륙만주에 대해 '내부'에 위치하면서, 열도일본에 대해서는 '외부'로서 표상되는 중간적 성격을 띠고 있다고 할 수 있다. 그것은 「모스크바를 향해서」 속 간도의 설정을 봐도 알 수 있다. 소설 속에서 간도는 두 명의 조선인이 총독부의 지배를 피해 옮겨간 새로운 근거지처럼 그려지고 있다. 즉, 간도는 제국주의 일본에 동화되기를 거부한 조선인이 선택한 조선 밖의 저항의 거점인 것이다. 반면 「비 내리는 시나가와역」에

〈그림2〉『일본지리대계』, 1929

서 열도와 반도를 왕래하는 조선인은 식민지 조선에 부여되었던 이중적 지위를 드러낸다. 여기서 말하는 이중적 지위란, 조선＝반도 가 열도의 관점에서 보면 '외부'지만, 일본의 정치적 지배가 미치는 권역의 관점에서 보면 '내부'로 간주되는 것을 가리킨다. 결국 열도 와 반도 사이의 이동이 보다 큰 제국이라는 정치적 시스템 내부의 이동이라면, 반도에서 만주^{간도}로의 이동이란 그러한 정치적 시스템 외부로의 이동이 된다.

그런데 이 시기 나카노의 조선에 대한 심상지리가 당시 제국일본이 스스로 표상했던 영토적 경계를 둘러싼 상상력과 상동적 구조를 띠고 있었다는 점은 확인해 둘 필요가 있다. 당시 조선과 만주를 '외부／내부'로 분할하는 경계의식은 예외적인 것이 아니었다. 특히 제국의 판도를 나타내는 지도가 전형적이나, 예를 들어 당시 발간된 일본의 판도를 시각화 하고 있는 지도를 보면, 조선은 일본^{열도}과 같은 색으로 처리되고 있지만, 만주는 다른 색으로 표현되고 있다.^{〈그림2〉}[7] 달리 말하면 이 지도가 드러내는 경계의식은 일본과 조선 사이의 바다가 아니라 조선과 만주 사이의 경계를 제국의 외곽으로 설정하고 있다.

뿐만 아니라 이런 사례는 소위 '내지연장주의'의 입장에서 쓰인 조선에 대한 여행안내기 등에서도 찾아볼 수 있다.

7 　『日本地理体系』, 改造社, 1929.

부산에서 시작하는 철도를 기차로 북으로 북으로 나아가면 어느 새 조선과 지나의 국경에 가까운 신의주를 통과해 그 유명한 개폐식 철교를 통해 압록강을 건넌다. 안동현에 들어갈 때의 느낌은 누구라도 흥미가 적지 않을 것이다. 제일 먼저 그 마음가짐이다. 내지에서 조선으로 들어가도 원래 우리 세력범위 내 땅에 왔기 때문에 내지와 전혀 변함이 없고, 이른바 내지의 연장에 다름 아니다. 경치의 규모도, 농촌 내지 가옥의 정경도 대체로 일본식이다. 그러나 압록강을 건너 안동현으로 들어와 서쪽으로 북쪽으로 나아감에 따라 황량한 평야가 있는 풍경을 바라보면, 돌연 대륙기분에 빠져 버린다.[8]

『만주란 어떤 곳인가』라는 제목의 이 책의 저자는 조선을 '내지 = 일본'과 연계된 장소로 간주하고 있다. 반면 만주는 명백하게 '내지'와 구분되는 풍모를 드러내는 지역으로 묘사함으로써 외부성을 의식적으로 강조하고 있다. 「모스크바를 향해서」와 마찬가지로 만주의 자연은 '대륙'의 특징으로 기술되고 있으며, 이를 통해 '대륙'인 만주는 '섬 = 일본'과 구별되는 공간적 의미가 부여된다. 이처럼 조선과 만주를 제국의 '내부'와 '외부'로 구분하는 심상지리는 당시 예외적이기보다 일반적이었다.

만주를 외부에 위치시키고, 조선과 일본을 만주에 대해 내부로 파악하는 지정학적 상상력은 일본이 단일민족에 기초한 정치적 공동체가 아니라 조선을 비롯한 여러 민족의 정치공동체를 지배 하에 두고 있는 다민족 제국임을 인정하는 것에 다름 아니다. 거기에서 조선은 제국의 중심에서 보면 '정치적 타자 = 추방지 = 변경'이지만, 제국 전체의 시점에서 보면 앞서 소개한 지도가 표상하는 것처럼 명백하게 제국의 '내부'에 놓인

---

8   杉本文雄, 『満州とはどんな処か』, 大阪屋号書店, 1930.

다. 나카노 시게하루의 텍스트에서 조선에 대한 기술은 '총독부 통치' 혹은 '추방'과 같은 지배 / 피지배와 같은 정치적 맥락 속에서 이루어지고 있지만, 텍스트 안에서 재현되고 있는 조선은 다민족 제국 일본의 '변경', 달리 말하면 '내부적 타자'의 위상을 띠고 있었다.

3. 패전 이후의 조선 인식
프롤레타리아 국제주의에서 각각의 내셔널리즘으로

패전은 천황제 국가의 몰락을 가져왔다. 천황제 국가가 조선과 일본의 계급연대가 겨냥했던 공통의 적이었던 만큼, 그것의 몰락은 나카노에게 연대를 지탱했던 기반 상실을 의미했다. 더욱이 제국일본의 일부였던 조선이 독립된 상황에서 과거와 같이 민족을 초월한 계급과 같은 방식의 연대는 더 이상 허용될 수 없었다. 그렇다면 패전 후 나카노의 조선 표상에는 어떤 변화가 일어났을까?

그에 앞서 나카노가 패전을 어떤 의미로 받아들였는가를 살펴보도록 하자. 나카노는 무엇보다 패전을 "자국민과 타국민을 노예로 한 일본의 침략적 군국주의가 세계민주주의와의 전쟁에서 철저하게 패배한"[9] 역사적 사건으로 규정한다. 따라서 전후일본의 과제는 제국주의와 군국주의에 의해 타락했던 전전의 국가를 새로운 국가^{인민정부}로 재건하는 것이 된다. 특히 나카노는 여러 글에서 외부로부터 주어진 자유를 주체화하는 것이 중요하다고 강조하고 있는데, 이런 관점에서 나카노는 전후의 '민주주

---

9   中野重治,「日本が敗けたことの意義」,『中野重治全集 第十五巻』, 筑摩書房, 1961, 316쪽.

의혁명'이란, 일본민족의 손으로 일본민족의 민주적 국가를 수립하는 것이며, 일본민족을 죽음과 노예상태로 몰아넣었던 천황과 군국주의의 책임을 엄중하게 추궁하는 것이라고 주장했다. 그리고 그것은 일본인이 '인간'으로 다시 태어나는 것을 의미하는 것이기도 했다. 그는 전후일본이 나아갈 바를 다음과 같이 말한다.[10]

(그것은) 일본의 인민이 그 봉건적·반노예적 상태에서 육체적으로도 정신적으로도 벗어나는 것, 그것을 자신들의 손으로 행하는 것, 민족의 수십만의 아름다운 청년이 무엇을 위한 죽음인가를 자신에게 물을 겨를도 없이 다만 사지에 내몰려 죽음에 직면하지 않을 수 없었던 사정을 민족의 생활에서 최종적으로 몰아내는 것, 일본인을 인간다운 인간으로 만드는 것, 일본인이 인간이 되는 것이다.[11]

이렇게 일본인의 손으로 민주적 민족국가를 수립하는 것이 최우선 과제가 됨에 따라, 제국일본의 식민지였던 조선이 계속해서 과거와 같은 방식의 '우리'로 머물 수는 없었다. 실제로 패전 직후 발표된 나카노의 텍스

---

10 물론 나카노의 이러한 패전/전후 인식은 당시 일본공산당이 내걸었던 전후혁명론의 자장 안에서 발화된 것임은 두말할 나위도 없다. 패전 직후 공산당은 자신을 '진정한 애국의 당'(노사카 산조)으로 자칭했는데, 이러한 애국론은 1945년 10월 점령군의 지령으로 옥중에서 석방된 공산당간부들이 발표한 「인민에게 호소한다(人民に訴ふ)」에 그 발단을 두고 있다. 이 선언에는 '세계해방을 위한 연합국군대의 일본진주'를 환영한다는 메시지와 함께 천황제 타도와 '인민공화국정부의 수립'이 제창되었다. 이러서 1946년 2월 중국 망명에서 돌아온 노사카 산조는 「민주인민전선에 의해 조국의 위기를 구하자(民主人民戦線によって祖国の危機を救え)」라는 제목의 강연을 통해 공산당을 '진정한 애국자'로서 규정하게 된다. 이에 관해서는 다음을 참조할 것. 小熊英二, 『〈民主〉と〈愛国〉─戦後日本のナショナリズムと公共性』, 新曜社, 2008, 122~123쪽.
11 中野重治, 「文学者の国民としての立場」, 『中野重治全集 第十一巻』, 筑摩書房, 1961, 17쪽.

트를 보면, 조선인은 패전의 경험을 공유할 수 없는 타자로 그려지고 있다. 예를 들어 『민주조선』 1947년 4월호에 발표된 「4인의 지원병四人の志願兵」이라는 에세이에는 '복원병'인 '나'의 눈을 통해 징병으로 일본으로 동원되었다가 패전 후 자신들의 고향으로 향하는 4명의 조선인 '병사'의 모습이 다음과 같이 서술되고 있다.

> (일본군) 병사의 얼굴에는 어딘지 모르게 거친 표정이 있다. (…중략…) 거기에 패전에서 비롯된 자포자기의 표정이 더해져 있다. 귀찮아지면 돌연 태도를 바꿔 반항한다. 그러나 정부와 천황을 향해서가 아니라 자신도 모르게 같은 형제, 일본의 인민 자신을 향해 반항하는 경향이 있다. 그것이 이 4명의 청년에게는 전혀 보이지 않는다. 그런 것이 전혀 없기 때문에 이 4명의 청년들의 태도, 표정은 어딘지 모르게 온순하고, 온화하다. 그들의 표정에도 많은 망설임이 엿보인다. 혹은 불안도 보인다. 하지만 근본적인 불안은 아니다. 근본에는 침착함이 있다.[12]

40대 중반의 복원병인 '나'는 조선인 병사들의 얼굴에서 온순하고 온화하며 침착함을 발견하고 있지만, 그런 것을 일본인의 표정에서 찾아내지 못한다. 일본인의 표정은 조선인 청년들과 달리 거칠고, 그들의 태도는 방향을 잃은 반항심으로 가득하다. '나'는 이런 표정과 태도의 차이를 낳은 것이 패전이라고 말한다. 전쟁의 종결이 '해방'을 의미했던 조선인과 그것을 패전으로 받아들인 일본인의 운명은 다를 수밖에 없다는 인식이다. 작가 나카노 시게하루의 분신과 같은 '나'의 이런 인식은 패전 직후

---

12   中野重治, 「四人の志願兵」, 『中野重治全集 第十五巻』, 筑摩書房, 1961, 369~370쪽.

나카노가 조선인을 패전의 경험을 공유할 수 없는 타자로 간주했음을 보여주고 있다.[13]

과거 천황제 국가에 맞서는 '피압박 민중'의 일원으로 호명되었던 조선인을 연대의 대상이 아니라 패전 체험의 차이가 낳은 타자로 간주하는 인식은 「비 내리는 시나가와역」을 둘러싼 전후 개작의 궤적에서도 확인할 수 있다. 즉, 1929년 2월 잡지 『개조』에 실린 '초출판'과 1947년에 발간된 『나카노 시게하루 시집』小山出版, 1947.7의 '전후초출판'이하, 전후판 사이에는 시의 주제와 성격을 둘러싼 결코 적지 않은 '차이'가 존재한다.[14]

'전후판'에서 가장 특징적인 것은 '초출판'의 마지막을 장식하고 있는 조선인이 천황을 공격하는 장면이 삭제되었다는 점이다. '전후판'에서는 삭제된 '초출판'의 암살 장면은 다음과 같다.

彼の面前にあらはれ	그의 면전에 나타나
彼を捕え	그를 사로잡고

---

13   패전 직후 일본 좌익의 정치적 주체에 관한 주장들은 '우리'의 외부에 조선(나아가 아시아)을 배치하는 발상에 근거하는 경우가 다수 발견된다. '신일본문학'의 창립 선언문에도 '일본'이라는 영토와 결부된 '우리'의 외부에 '전세계의 인민'과 그 일부인 중국인민과 조선인민의 영토가 할당되어 있었다. 즉, 조선을 저항하는 '우리'의 밖으로 외부화하는 상상력은 나카노에 국한된 것이 아니었다. 이에 관해서는 다음을 참조할 것. 고영란, 김미정 역, 『전후라는 이데올로기 일본 전후를 둘러싼 기억의 노이즈』, 현실문화, 2013, 226~283쪽.

14   물론 시의 개작이 전후에 처음으로 이루어진 것은 아니다. '전후판'의 원형은 1931년에 발간된 『나카노 시게하루 시집』에 있다. 따라서 시의 '전후판'에서 바로 전전과 구분되는 전후 나카노의 조선인식을 이끌어낼 수는 없다. 그럼에도 불구하고 전후의 거듭되는 판본에서 '초출판'이 언제나 '부록', 즉 주변적 텍스트로 취급되었다는 사실은 중요하다. 왜냐하면 그것은 나카노가 '초출판'의 변경을 '정당한 개작'으로 승인했음을 의미하기 때문이다. 따라서 전후 나카노의 조선인식을 묻고자 한다면, '초출판', '전후판' 사이에 존재하는 '차이'에 주목하는 것은 불가피하다.

彼の顎を突き上げて保ち	그의 턱을 움켜쥐고
彼の胸元に刃物を突き刺し	그의 가슴에 날붙이를 들이대고
反り血を浴びて	만신에 튀는 피에
温もりある復讐の歓喜のなかへ泣き笑へ	
뜨거운 복수의 환희 속에 울어라, 웃어라[15]	

이런 '초출판'의 천황암살의 장면을 대신하여 '전후판'에 삽입된 것은 다음과 같은 '안녕さようなら'의 반복이다.

さようなら辛	신이여 잘 가라
さようなら金	김이여 잘 가라
さようなら李	이여 잘 가라
さようなら女の李	여자인 이여 잘 가라

1929년의 '초출판'은 조선인이 천황을 암살하는 장면을 통해 천황제 국가의 지배체제가 조선과 같은 식민지에 대한 차별구조와 연계되어 있음을 분명한 형태로 드러내고 있다. 시의 '초출판'이 일본근대문학사에서 이른바 '불경문학不敬文學'의 대표적인 작품의 하나로 간주되는 이유도 바로 시의 마지막 장면에 근거하고 있다.[16] 그러나 천황암살의 장면이 삭제됨으로써 '전후판'에서 천황제 비판이라는 주제의 후퇴는 불가피한 것이 되었다. 대신 '잘 가라さようなら'의 반복적인 배치를 통해 시는 조선인과의

---

15 번역은 필자에 의한 것으로 1929년 5월 『무산자(無産者)』에 실린 조선어역을 참고로 하였다.
16 渡部直己, 『不敬文学論序説(批評空間叢書)』, 太田出版, 1999. 참조.

이별의 정조가 두드러지는 서정성을 강화하고 있다.

천황에 대한 반역이라는 주제의 상실은 다른 관점에서 보면, '초출판'이 간직하고 있었던 연대의 지향이 시인 자신에 의해 '부정'되었음을 의미하는 것이기도 하다. '초출판'이 보여주는 조선인에 의한 천황암살의 상상력은 조선과 일본을 천황제 국가에 저항하는 '정치적 피압박민중'으로 규정하는 저항주체의 구성론[17]에 의거하고 있었다. 이러한 정치적 주체론에서 조선은 천황제 국가에 저항하는 '우리'의 일부로 간주된다. 그러나 '전후판'은 '초출판'의 저항의 기억을 삭제하고, 이별의 정서를 놓음으로써 추방당하는 조선인과 그들을 떠나보내는 일본인의 관계를 정치적 '연대'가 빠져버린 개인적 '유대'로 변용시키고 있다. 이는 달리 말하면 조선과의 연대를 '우리'라는 감각 속에서 사유했던, 과거 시인이 갖고 있었던 조선인식의 결정적인 후퇴라고 말할 수 있다.

'전후판'에서는 연대의 지향이 후퇴함에 따라 시 속 공간적 배경의 하나인 해협 = 현해탄의 의미도 달라지도 있다. 예를 들어 '초출판'에서 조선과 일본 사이의 해협 = 현해탄은 '경계'가 아닌 '교통로'로 표상되고 있다. 그것은 천황의 즉위식을 앞두고 조선으로 추방당한 조선인들이 다시 일본으로 돌아와 천황에게 '복수'를 감행하는 서사에서 확인할 수 있다. 시 속에서 해협은 조선인들에게 '부모의 나라'로의 추방과 일본으로의 귀환이 이루어지는 이동의 루트로 설정되고 있다. 반면 '전후판'에서 추방당한 조선인은 다시 일본으로 돌아오지 않는다. '전후판'에서 떠나는 조선인들의 모습 뒤에 이어지는 것은 앞에서 소개했던 같은 이별의 언사를

17　나카노는 '정치적 피압박민중'에 '프롤레타리아, 농민, 소시민, 병사, 부인, 학생'과 함께 '식민지 인민'을 포함시키고 있다. 中野重治,「芸術運動の組織」,『プロレタリア芸術』, 1927.8.

辭이다.

결국 '전후판'의 시는 '초출판'이 간직하고 있는 조선인의 일본으로의 '복귀 = 귀환'이라는 서사를 제거한 채, 다음과 같이 끝맺고 있다.

行つてあのかたい厚いなめらかな氷をたたきわれ

가거든 단단하고 두터운 번질번질한 얼음을두드려 깨치고

ながく堰かれていた水をしてほとばしらしめよ

오랫동안 간혀있던 물을 흘려 쏟어버려라

日本プロレタリアートの後だて前だて

일본의 프롤레타리아트의 앞 방패 뒤 방패

さようなら

잘 가라

報復の歡喜に泣きわらう日まで

보복의 환희에 울고 웃을 날까지

'전후판'에서도 천황에 대한 '보복'의 감정은 유지되고 있지만, 조선과 일본의 연대는 더 이상 동일한 공간 안에서 실현되고 있지 않다. 조선인과 일본인은 각각 조선과 일본이라는 서로 다른 정치적 공간에서 천황에 대한 '보복'의 날을 준비하고 있는 것이다. 돌아오지 않는 조선인, 그들은 천황에 대한 저항주체로서 여전히 '우리 = 프롤레타리아트'로서 호명되고 있지만, '초출판'이 표현하고 있었던 '주체와 공간의 일체화'에 근거한 '우리'라는 감각으로부터는 분명히 멀어져있다. '전후판'은 해협 = 현해탄을 '경계'로 그려냄으로써 '초출판'이 표현하고 있었던 '우리로서의 조선'이라는 연대의 지향을 약화시키고 있는 것이다.

연대의 의지를 희미하게나마 보존시키면서도 일본 민족과 조선 민족의 차이를 승인하는 나카노 시게하루의 조선 인식의 구도는 1950년대 전반 '반미내셔널리즘'이 고양된 시대적 분위기 속에서 다시 한 번 표출된다. 패전 이후 조선에 대한 직접적 언급이 거의 없었던 나카노는 1954년에 발표된 「피압박민족의 문학」에서 '식민지 조선'의 역사를 당대의 '반미내셔널리즘'과 결부시키는 방식으로 소환하고 있다. 나카노는 피압박민족의 문학과 반미내셔널리즘의 관계를 다음과 같이 말하고 있다.

피압박민족의 문학에 관해서 생각하는 것은 나에게는 지금부터의 일본문학에 대해 생각하는 것과 같은 것이다. 자기자신의 문학에 대해서 생각하는 것이 무엇보다 이 문제에 관해 생각하는 것이 된다. 그리고 이것은 역시 나의 생각으로는 지금까지 일본문학연구에서 전혀 없었던 사항이다. 압박민족의 문학이었던 것이 피압박민족의 문학이 되고, 그것을 일찍이 압박민족이어서 지금은 피압박민족이 된 일본인이 생각하지 않으면 안 된다는 것, 거기에 이 문제의 오늘날의 중요성이 있다.[18]

나카노는 피압박민족의 문학을 제기하는 배경을 "압박민족의 문학이었던 것이 피압박민족의 문학이 되고, 그것을 일찍이 압박민족이어서 지금은 피압박민족이 된 일본인이 생각하지 않으면 안 된다는 것, 거기에 이 문제의 오늘날의 중요성이 있다"고 적고 있다. 여기서 피압박민족의 문학이라는 개념이 강화조약 이후 일본이 '아메리카'의 종속상태에 빠졌다는 상황인식에 근거하고 있음을 알 수 있다. 그러나 이 글에서 나카노

---

18 「非圧迫民族の文学」,『中野重治全集 第十巻』, 筑摩書房, 1962, 475쪽.

가 제기하는 문제의 핵심은 일본이 피압박민족이 되었다는 '사실'을 확인하는 데 있지 않다. 초점은 왜 일본인은 강화조약을 무효화하는 데 실패했는가에 있다. 그에 따르면 1905년 '일한의정서'의 내용을 상세히 인용하면서, 일본은 자신이 조선을 압박했던 민족이었다는 역사적 사실을 정당하게 기억하지 못한 까닭에 '아메리카'로부터 독립을 지켜내지 못하고 종속상태에 빠져버렸다는 것이다. 즉, 나카노는 일본이 어떻게 '아메리카'의 종속상태로부터 벗어날 것인가라는 일본 독립의 문제라는 맥락에서 조선문제를 도입하고 있는 것이다.

'아메리카로부터의 독립'이라는 과제를 일본에 대한 식민지 조선의 민족주의를 통해 환기시키는 논법을 취하고 있는 나카노의 「피압박민족의 문학」은 사실 그에 앞서 출간된 김달수의 소설 『현해탄』1951.1이 일본의 좌익 지식인 사이에 촉발시킨 저항적 국민문학에 대한 관심의 일부로 발표된 것이다. 김달수는 반일 민족주의에 눈을 뜨는 두 명의 조선인이 등장하는 『현해탄』의 창작 동기를 "일본인에 대해서 민족의 독립을 상실한 제국주의 치하의 식민지인이 어떤 것인지를 보여주고자 했다"[19]고 밝힌 바 있는데, 당시 일본의 좌익 문학자들은 김달수의 이 소설을 강화조약 성립 이후 현저해진 일본의 '대미종속'에 대해 일본의 내셔널리즘이 취해야 할 저항의 모범을 보여주는 문학의 사례로 받아들이고 있었다.[20]

그리고 나카노는 김달수가 밝힌 『현해탄』의 창작 동기를 「피압박민족의 문학」에서 비중있게 인용함으로써 당시 형성되어 있었던 저항적 국민

---

19 金達壽, 『玄海灘』, 筑摩書房, 1954, 341쪽.

20 김달수의 『현해탄』과 1950년대 국민문학론의 관계에 관해서는 다음을 참조할 것. 고영란, 김미정 옮김, 『전후라는 이데올로기-일본 전후를 둘러싼 기억의 노이즈』, 현실문화, 2013, 211~219쪽.

문학을 향한 좌익 문단의 움직임 속에 스스로를 합류시켰던 것이다. 여기에 한국전쟁이라는 맥락까지 결부시킨다면, 과거에는 일본 제국주의에 저항했고, 현재는 '아메리카 제국주의'에 저항하는 '조선민족'의 내셔널리즘이야말로 나카노에게는 피압박민족으로 전락한 일본이 아직 한 번도 갖지 못한 내셔널리즘의 '이상'으로 간주된다.

그런데 흥미로운 사실은 김달수의 『현해탄』도 전후의 「비 내리는 시나가와역」처럼 일단 일본에서 조선으로 건너온 조선인이 일본으로 돌아가는 일은 그려지고 있지 않다는 점이다. 김달수의 이 소설은 '현해탄'이라는 제목과는 달리 소설의 내용에서 현해탄은 거의 언급되고 있지 않다. 직접적으로 언급되지 않는 '현해탄'은 단적으로 말하면 일종의 비대칭적인 경계라는 의미로 사용되고 있다. 여기서 비대칭적 경계라고 말한 이유는 소설 속 백성오와 서경태라는 두 인물에게 현해탄은 일본에서 식민지 조선^{경성}으로의 이동만을 허용하고 있기 때문이다. 소설은 일본에서 조선으로의 이동은 인정하고 있지만, 조선에서 일본으로의 이동은 의식적으로 회피하고 있다. 그런 점에서 현해탄이라는 공간은 조선인의 왕복이동에 대해 비대칭적으로 관여하고 있다고 말할 수 있다. 그런데 두 사람이 경성에 남기로 한 것은 일본의 지배에 저항하기로 결심한 것과 관련되어 있는데, 이런 설정에서 작가가 현해탄을 무엇보다 서로 다른 네이션^{민족}의 경계라는 의미로 사용하려 했음을 알 수 있다. 달리 말하면 김달수는 '내지'와 '외지' 사이의 교통로였던 제국 시기의 현해탄에 대해 그것을 서로 다른 네이션의 경계로 재해석함으로써 과거에 있었던 일본의 조선 지배를 1950년대 '대미종속'의 문맥 안으로 소환하고 있는 것이다. 앞서 나카노 시게하루의 시 「비 내리는 시나가와역」의 '전후판'은 일본으로 돌아가지 않는 조선인을 통해 반도와 열도 사이의 바다를 민족국가 간의 '경계'

처럼 표상하고 있다고 말했는데, 이런 설명은 『현해탄』에도 적용된다.

그렇다면 조선과 일본이 각각의 민족으로 분리되어 버린 상황에서 가능한 연대란 무엇인가. 피압박민족으로서의 연대를 말하며 현재의 조선에 대면하기를 회피했던 나카노의 태도는 전전부터 이어진 '우리'라는 감각의 관성과 전후의 정치적 현실 사이의 메워질 수 없는 간격에 대한 그 나름의 '타협' 혹은 '절충'의 결과는 아니었을까. 프롤레타리아 국제주의라는 이념이 더 이상 유효한 연대의 논리가 될 수 없는 전후라는 상황 속에서 나카노는 과거의 조선과 현재의 일본을 등치함으로써 조선에 대한 연대를 유지하려 했지만, 그것은 현재의 조선에 대한 의도적 회피를 동반했다는 점에서 조선이라는 타자에 대한 굴절된 인식을 드러낸다.

4. 조선표상의 내적 구조 이념의 과잉과 타자성의 상실

정치적 주체의 형성이라는 관점에서 볼 때, 나카노 시게하루의 조선에 대한 인식은 전전과 전후가 뚜렷하게 구분된다. 전전의 경우 나카노는 일본과 조선을 프롤레타리아 국제주의 이념 하에 양자를 천황제 국가라는 공통의 적에 저항하는 주체로서 간주했다. 하지만 패전으로 제국일본이 붕괴하고, 그 결과로 조선이 '독립'하면서 이러한 연대를 가능케 했던 기반은 사라졌다. 전후의 민족국가로 분할된 세계인식에서 독립된 조선은 더 이상 '우리'의 내부에 존재할 수 없었다. 그때 나카노가 선택할 수 있는 조선에 대한 연대란, '아메리카'에 '예속'되어버린 일본을 비춰주는 역사적인 거울로서, 과거 일본에 의해 피압박민족의 운명을 경험했던 식민지조선을 소환하는 것이었다.

하지만 이러한 전환에도 불구하고 변하지 않는 것이 있었다. 그것은 조선을 '지배 / 종속'이라는 초월적^{선험적}이며 동시에 정치적인 구도를 통해 바라보는 태도였다. 언제나 종속받는 자의 자리에 놓인 조선에 대한 표상은 가혹한 지배에 신음하는 식민지이거나 그러한 지배에 분노하며 저항하는 존재 중 하나였다. 예컨대 조선은 '추운 겨울에 얼어붙은 산하'「비 내리는 시나가와역」1929.2이거나 '세균전'을 불사하지 않는 '아메리카'에 저항하는 민족「조선의 세균전에 관하여」1952.9의 모습이었다. 전전과 전후를 불문하고, 나카노에게 사유대상으로서의 조선은 이렇게 세계를 '지배 / 종속' 혹은 '억압 / 저항'으로 분할하는 이념적 작도법 안에 존재하고 있었다.

그런데 흥미로운 것은 애초에 나카노가 자신의 문학 안에 조선을 도입하는 것이 타자의 시점이라는 문학적 방법의 모색과 함께 이루어졌다는 점이다. 이를테면 나카노는 시「비 내리는 시나가와역」을 전후로 하여 일본인이자 남성이며 전위 = '정치운동의 내부자'에 위치하는 자신과 구별되는 조선인, 여성, 대중 = '정치운동의 외부자'를 빈번히 이야기의 중심인물로 끌어들이고 있다. 예를 들어 1928년 3월 15일에 있었던 정부의 공산당 관계자에 대한 전국적인 검거사건을 배경으로 한 소설「봄바람」에서는 평범한 여성이 검거사건의 와중에서 겪게 되는 비극— 남편의 투옥, 아이의 죽음—을 그렸다. 이어서 공산당의 기관지인『무산자신문』에 연재된「모스크바를 향해서」에는 조선민족해방을 위해 만주를 무대로 활약하는 2명의 조선인이 등장하고 있다. 뿐만 아니라 1929년에 연이어 발표된「정차장停車場」1929.6과「새로운 여자新しい女」1926.8에서는 동북東北지방 출신 여성의 상경기上京記를 다루고 있다.

타자에 대한 기술에서 특히 주목을 끄는 것은 나카노가 동북 출신의 여성들과 자신 사이에 강한 문화적 차이를 설정하고 있다는 점이다. 예컨대 그러한 감각은 「정차장」에서 소설 속의 화자가 심한 동북지방 사투리를 사용하는 여성의 말을 활자화하는 데 곤란함을 토로하는 다음과 같은 장면에서 확인할 수 있다.

실은 그 여자의 말은 이것여기에 쓰여있는 것과는 달랐다. 그녀의 말은 매우 강한 사투리이자 동시에 매우 정중한 말투였다. 그것을 발음 그대로 옮기는 것은 불가능하다. (…중략…) 할 수 없이 여기서는 여자의 말을 당연한 말투로 고쳐 적는 것으로 했는데, 고쳐서 적으면 적을수록 또한 너무나 정중한 느낌을 지울 수 없다.[21]

소설의 지면에서 여자의 말은 '당연한 말투', 즉 '표준어'로 기술되어 있다. 화자는 여자의 말을 소리대로 적으면 그 뜻을 알 수 없기에, 부득이하게 표준어로 '번역'하게 되었다는 경위를 밝히고 있다. 나카노는 자신과 동북 출신 여성 사이에 놓은 차이를 '번역불가능한 방언'의 문제로 제기하고 있다는 것이다.

이렇게 방언의 타자성에 민감한 나카노였지만, 그러는 감각에서 조선인은 예외였다. 「모스크바를 향해서」를 보면 주인공인 두 명의 조선인이 나누는 대화가 「정차장」에서와 마찬가지로 '당연한 말투'로 기술되고 있다. 하지만 조선인 사이의 대화였기에 아마도 조선어로 이루어졌을 대화를 기술하면서, 소설의 화자는 어떠한 '곤란함'도 표현하고 있지 않다. 더욱이 주인공 중의 한 사람이 '진주' 출신으로 설정된 것을 감안하면, 여기서 나카노는 조선어와 일본어의 차이만이 아니라, 조선어 내부의 다양성

---

21   中野重治, 『中野重治全集 第一卷』, 筑摩書房, 1961, 205쪽.

구어의 지역적 차이도 의도적으로 간과하고 있다고 할 수 있다. 표준어와 방언의 차이에 민감하게 반응했던 나카노는 여기서, 장기간의 학습 없이는 이해할 수 없는 언어사용자들, 예컨대 조선인들의 대화를 기술하면서 그는 어떠한 '유보조항'도 달고 있지 않다.

그렇다고 나카노가 조선이라는 대상이 갖는 타자성에 완전히 무감각했던 것은 아니다. 예를 들어 시 「비 내리는 시나가와역」에서 나카노는 조선을 '부모의 나라'라고 표현함으로써, 조선인들이 이른바 가족국가 이데올로기를 내면화할 수 없는 천황제의 정치적 타자임을 밝히고 있다. 하지만 '일본 프롤레타리아트의 앞 방패 뒤 방패'라는 구절에서 보듯이, 결국은 계급연대의 이념 속에서 조선을 일본의 프롤레타리아트와 일체화시키고 있다. 그런 의미에서 나카노가 조선에게 할당한 타자성이란, 이렇게 최종적으로 정치적 이념에 의해 조정 가능한 잠정적인 것에 불과했다고 지적하지 않을 수 없다.

나카노의 문학 속에 등장하는 타자의 또 다른 역할은 공산당 혹은 전위의 시점을 상대화하는 것이다. 「봄바람」에서 시종일관 '모친'으로 언급되는 주인공은 정부의 좌익에 대한 검거사건의 와중에 당국의 부주의와 무관심 탓에 아이를 잃게 되지만, 결코 그 상실감을 권력에 대한 분노와 비판으로 이어가지 않는다. 이것은 제7장에서 언급한 것처럼 분명 구라하라 고레히토, 고바야시 다키지 등이 강조했던 개인의 비극을 집단의 비극으로 표상하는 방식과는 다른 것이었다. 당시 프롤레타리아문학운동의 주류는 비극이 불러오는 상실감을 저항을 위한 동력으로 삼는 것을 추구했다. 하지만 나카노는 비극적 사건에 대한 이런 식의 정치적 조작에 거리를 두고 있었다. 나카노는 아이의 죽음에 대한 정치적 의미부여를 거부하는 주인공 — 시종일관 모친의 입장을 고수하는 자 — 을 통해 공산당이 사용하는 사적 비극을 집단으로 환원하는 표상방식에 위화감을 나타냈다고 할 수 있다.

공산당혹은^{전위}을 비판적으로 바라보는 시선은 전후에도 반복되고 있었다. 그것은 공산당이 비전향 지도자들을 통해 일종의 '정신적 권위'의 지위를 누리던 패전 직후에 「반잔의 술ヵ寸の酒」^{1947.1}이라는 소설에서 다시 재현된다. 이 소설은 아버지가 경찰서장이라는 이유로 신인회 가입에 실패한 뒤 중학교 교사가 되어 현재는 교장의 자리에 오른 한 남자가 헌법 특배로 받아 어느 덧 반잔밖에 남지 않는 술을 마시며 취하고 싶은 기분 속에서 친구인 공산당원에게 보내는 편지의 형식으로 이루어져 있다. 여기서 주인공은 천황의 전쟁책임을 추궁하고, 천황제의 실천적인 폐지를 수행해야 할 공산당이 천황의 '신년칙서'^{일명 인간선언}에 '묵인'하는 듯한 태도를 취함으로써 국민들 사이에 전쟁과 천황에 관계된 모든 죄가 은폐되었다고 불만을 토로한다. 뿐만 아니라 헌법의 초안은 일본인이 작성했다는 연합군총사령부의 발표가 실린 신문기사를 언급하며 다음과 같이 말한다.

> 일본의 헌법을 일본인이 만드는데 그 초안은 일본인이 쓴 것이라고 외국인이 일부러 설명을 붙여 발표해야 하다니, 이런 수치스런 자국의 정부를 일본국민은 묵인하고 있단 말인가. 그리고 그것을 어째서 공산주의자가 먼저 느끼고, 그리고 국민에게 호소하지 않는 것일까.[22]

병사의 몸으로 패전을 맞은 나카노는 1945년 11월 미야모토 겐지^{宮本}

---

22   中野重治,『中野重治全集 第三巻』,筑摩書房, 1961, 155쪽.

顕治 등의 권유로 공산당에 '재입당'한다. 그리고 1946년 3월과 5월에 치러진 중의원총선거에 공산당 후보로 출마해 두 차례 모두 낙선했지만, 1947년 4월에 치러진 제1회 참의원의원선거에서는 공산당의 전국구로 입후보하여 당선, 이후 활동의 무대를 의회로 확장하였다. 이처럼 「반잔의 술」의 창작은 나카노가 공산당의 정치가로서의 활동하던 시기와 겹치고 있다. 그런 의미에서 「반잔의 술」이란 소설은 나카노가 문학을 정치활동과 구분하는 감각을 간직하고자 했을 뿐만 아니라, 문학을 통해 정치적 담론을 상대화하는 것, 달리 말하면 문학의 독자적인 정치적 역할을 적극적으로 인식하고 있었음을 보여준다.

그렇다면 여기서 다음과 같은 질문은 불가피하다. 왜 나카노는 조선을 '지배 / 종속'과 같은 이념적 시점에서만 보았던 것일까. 왜 거기에는 공산당의 정치적 요구를 상대화하는 시점이 보이지 않은 것일까. 달리 말하며 동북 출신 여성에 대한 기술에서 보이는 타자에의 감각이 왜 조선(인)에 대해서는 적용되지 않았던 것일까. 조선에 관한 나카노의 사적인 기록이 불충분한 상황에서 이 문제의 해명은 간단치 않다. 그럼에도 불구하고 다음과 같은 정황적 판단은 가능할지도 모르겠다. 이때 확인해 둘 사실은 나카노가 평생에 걸쳐 단 한 번도 조선^{한국}을 경험하지 않았으며, 따라서 그의 조선에 대한 이해는 전적으로 '간접적'인 방식에 의존하고 있었다는 점이다. 그런 나카노와 경험세계 밖의 조선을 매개시키고, 나카노의 조선으로의 '상상적' 접근을 뒷받침했던 존재란, 이북만, 김호영, 김달수와 같은 재일조선인들이었다.

이북만은 나카노와 식민지조선의 문단 사이에서 나카노를 조선에 소개하는 역할을 맡았을 뿐만 아니라 나카노가 후쿠모토이즘에 입각한 문예운동을 추진하기 위해 1927년에 창간한 『프롤레타리아 예술^{プロレタリア}

芸術』의 지면을 통해 조선프롤레타리아문학을 일본문단에 발신하기도 했다.[23] 이북만과 함께 시 「비 내리는 시나가와역」의 부제에서 그 이름이 거론되고 있는 김호영은 재일조선인노동운동의 지도자로서 1928년 8월 코민테른의 이른바 '1국1당 원칙'에 따라 1929년부터 시작된 재일조선인노동운동과 일본노동운동의 '통합'에 적극적으로 관여한 이력을 갖고 있다. 한편 전후 재일조선인 주도로 1946년에 창간된 『민주조선』의 핵심 멤버였던 김달수는 당시 공산당의 '지도' 하에 있었던 문학운동조직인 신일본문학회에 참여하여 전후를 통해 줄곧 나카노와 문학운동에 있어서 '동반자적 관계'를 형성하였다.[24]

이상의 이력에서 알 수 있듯이 이들은 모두 나카노와 '사회주의'라는 이념을 공유하고 있었다. 이북만과 김호영은 전전 나카노가 천명한 조선과 일본의 계급연대에 대해 문학운동과 노동운동의 영역에서 호응하는 역할을 하였다. 또한 김달수는 소설 『현해탄』은 1950년대 나카노가 제기한 피압박민족론에서 가장 주목받는 소설이었으며, 특히 김달수 자신은 1950년 코민포름의 일본공산당 비판이 가져온 내부분열 때에는 나카노와 함께 '국제파'[비주류파]의 노선에 가담하였다. 그런데 현실에서 나카노와 이들 재일조선인들은 각각 '식민자 / 피식민자' 혹은 '현재의 피압박민족 / 과거의 피압박민족'과 같이, 서로 다른 정치적 조건에 위치하고 있었다. 그러나 그들 서로를 타자로서 대면시키는 이러한 '조건의 차이'는 사

---

23   이 시기 이북만의 활동에 관해서는 다음을 참조할 것. 신은주, 「나카노 시게하루(中野重治)와 한국 프롤레타리아 문학운동－임화, 이북만과의 관계를 중심으로」, 『日本研究』12, 1997; 이한창, 「재일동포 문인들과 일본문인들과의 연대적 문학활동－일본문단 진출과 문단 활동을 중심으로」, 『日本語文學』24, 2005.

24   나카노와 김달수의 '연대'에 관해서는 다음을 참조할 것. 廣瀬陽一, 「戰後日本における〈朝鮮〉の周縁化と中野重治の闘争－金達寿との知的交流を手がかりに－」, 『일본문화연구』92, 2024.

회주의라는 이념에 의해 극복될 수 있는, 아니 정확하게는 극복되어야 할 차이로만 간주되었다. 실제로 나카노는 '프롤레타리아 국제주의'라는 이념에 과도하게 경도되어 있었으며, 그와 조선을 매개했던 재일조선인들이 대부분 이러한 이념의 동조자였다는 점에서, 그가 조선의 타자성에 둔감했던 배경을 생각해 볼 수 있지 않을까.

나카노의 조선인식에 타자성에 대한 감각이 보이지 않는 이유로서 주목할 점은 이들 재일조선인들이 상당한 수준의 일본어 구사능력을 갖고 있었다는 사실이다. 이북만이 일본 프롤레타리아 문예잡지에 다수의 글을 발표할 정도의 일본어 실력을 갖추고 있었다면, 주지하는 바와 같이 김달수의 창작활동은 오직 일본어로만 이루어졌다. 물론 나카노와 이들의 의사소통은 일본어로 이루어졌으며, 거기에는 어떤 불편함도 존재하지 않았다. 그렇다면 동북 여성에게 강렬한 타자성을 발견하는 감각이 유독 조선에 적용되지 않는 배경에 이러한 사정이 놓여 있던 것은 아닐까. 달리 말하면 재일조선인들의 '능숙한 일본어'는 그와 조선 사이에 놓은 선험적인 차이를 은폐하는 투명한 장막과 같은 것은 아니었을까. 한국어와 일본어의 언어적 구조가 유사하다고 해도, 현실에서 장기간의 학습 없이는 상대방의 언어를 이해할 수 없다. 외국어와 타자성의 깊은 관련을 생각할 때, 일본어를 말하는 조선인은 어떤 의미에서 스스로 타자이기를 거부하는 존재라고 볼 수 있다. 그렇다면 나카노는 타자이기를 거부한 타자들 속에서 조선이라는 타자를 만났던 셈이 된다. 결국 나카노는 타자성을 상실한 타자를 통해 조선을 알 수 있었지만, 그 대신 타자에 반응하는 감성의 상실이라는 대가를 치러야만 했던 것이다.

5. 독백으로서의 연대

나카노 시게하루의 조선인식에 대한 논의는 그의 조선을 바라보는 '입장의 윤리성'을 평가하면서도 '시각의 한계성'을 지적하는 절충적 형태를 띠고 있었다. 즉 그의 조선인식은 근대 일본의 오리엔탈리즘에서 벗어난 타자와의 연대를 지향했다는 점에서 '긍정적'이지만, 특히 전전의 경우 민족적 차이를 계급으로 뛰어넘을 수 있다는 신념을 고수했다는 점에서 '비판적'으로 검토될 여지가 있다는 식이다. 하지만 이런 이분법적 관점도 문제가 없지 않다. 무엇보다 서로 다른 민족 사이에서 대등한 타자 표상은 어떻게 가능한가라는 질문을 보류한 채, 타자 표상의 윤리성만을 강조하고 있기 때문이다. 또한 민족 간 차이를 간과했다는 비판도 전전의 나카노에게는 적용되지만, 전후의 경우에는 성립하기 어렵다. 앞서 언급한 것처럼 전후의 나카노는 전전의 프롤레타리아 국제주의에서 벗어나 조선과 일본을 각각의 내셔널리즘이라는 관점에서 바라봤기 때문이다. 그리고 그것은 제국 일본의 붕괴 이후 반도와 열도 사이의 해협이 조선인의 이동을 승인하지 않는 경계로 표상되는 것과 호응하고 있었다. 그런데 문제는 여기서 끝나지 않았다. 1950년대 나카노의 조선인식은 '아메리카'에 대한 일본의 종속 상황에 비판적으로 개입하는 가운데 조선에 대한 연대감을 표현했지만, 그때 소환되는 연대의 대상은 '현재'가 아니라 '과거'의 조선이었다. 그런 의미에서 그가 새롭게 규정한 조선의 내셔널리즘은 현재의 조선을 외면하고 있다는 점에서 '현실적'이기보다 '낭만적'이다. 이처럼 나카노는 줄곧 한 자리에 머물고 있었기보다 자신이 처한 구체적인 정치적 상황에 민감하게 반응하는 '상황의 문학자 = 사상가'였다. 텍스트와 텍스트 간의 차이 그리고 전전과 전후 간의 변화가 그것을 보여준다. 하지만 상황에 대한 충실함이 때로는 그의 조선에 대한 입장의 윤리성을 훼손시키는 결과를 낳기도 했음을 기억할 필요가 있다.

사실 나카노 시게하루의 조선인식의 한계는 계급 연대를 주장함으로써 민족 간 차이를 무시했다는 점보다 '이념'에 의존한 탓에 자신과 조선 사이에 놓인 '거리' 혹은 '차이'의 현실을 세심하게 직시하지 못했다는 점에 있다. 그는 조선이라는 타자의 정치적 현실에 민감했지만, 조선어와 같은 문화적 타자성에는 둔감했다. 그리고 이러한 조선의 문화적 타자성에 대한 불감증은 이념^{사회주의}과 언어^{일본어}의 '코드'를 공유하는 재일조선인과의 접촉을 떠나서는 이해할 수 없다. 그런 점에서 이북만과 김달수와 같은 재일조선인은 나카노와 조선을 이어지는 '창'이자 동시에 타자인식을 가로막는 '벽'이기도 했다.

'프롤레타리아트', '피압박민족'과 같은 말이 환기시키는 것처럼, 조선을 향한 나카노의 발화에는 정치적 주체의 형성이라는 맥락이 동반되고 있었다. 그런데 연대를 발화하는 나카노와 그 발화의 호응하는 조선인 사이에는, 정치적 조건^{제국 / 식민지}, 언어와 같은 문화^{일본어 / 조선어}, 현재의 아이덴티티^{종속 / 저항}와 관련된 역사적 기억 등에서 상호간에 이질적이다. 따라서 정치적 주체 형성은 이러한 차이들을 일정하게 '조정'함으로써 가능하다. 결론적으로 조선을 향해 발신했던 나카노의 연대의 언어는 이념의 규제력에 대한 과잉된 믿음과 '현재의 조선'에 대한 의도적 외면 속에서 어쩌면 한 번도 실질적인 것이 되지 못했다. 달리 말하면 그가 조선인과 나누었던 연대의 공감대는 타자와의 '대화'가 아닌 이념이 주조한 '독백^{monologue}'은 아니었을까. 근대 일본의 조선인식에 대하여 나카노 시게하루라는 존재는 연대의 사유가 보여주는 입장의 윤리성에 대한 안이한 타협에 질문을 요구하고 있다.

제9장

방법으로서의 이동과
탈내셔널리즘의 가능성
「비 내리는 시나가와역」을 중심으로

1. '정치 / 문학'의 이분법을 넘어

쇼와 초기의 나카노 시게하루문학은 당시 일본의 문단을 석권했던 '프롤레타리아문학'이라는 장르 규정 속에서 이해되어 왔다. 그러나 이 시기의 나카노의 문학은 '이동'에 대한 풍부한 관심으로 가득 차 있으며, 또한 그것이 하나의 방법으로 투사된 '이동의 문학'이기도 했다.[1] 여기에서는 이 시기의 대표작으로 간주되는 시 「비 내리는 시나가와역雨の降る品川駅」 1929.2에 초점을 맞춰 그의 문학적 상상력에서 방법화된 이동이 갖는 함의를 다룬다.

프롤레타리아문학에 대한 비평은 '정치'와 '문학'에 대한 이분법적 발상 위에서 이루어지는 것이 일반적이다. 그 이분법이란, 문학텍스트가 제시하는 주제의 사상적 타당성을 문제시하는 비평의 방식정치적 비평과 문학

---

[1]   쇼와 초기의 나카노 시게하루의 소설의 경우, 이 시기에 쓰여진 28편 가운데 작중인물의 이동을 모티브로 한 것은 13편이고, 사물의 이동이 이야기의 전개에서 중요한 역할을 하고 있는 것이 5편, 그 외에 철도와 신문 등 이동에 관한 직업에 종사하는 인물이 등장하는 경우가 2편이다.

텍스트를 그것의 정치성과 구분되는 '문학성'의 관점에서 접근·평가하는 비평문학적 비평을 가리킨다. 「비 내리는 시나가와역」에 관한 비평도 대체로 이러한 구도 안에서 이루어졌다.[2] 다만 프롤레타리아문학에 대한 문학적 접근이 '정치적 우위성'이 초래한 폐해, 바꿔 말하면 문학적예술적 완성도의 결여를 지적하는 데 그 초점을 두었다면, 나카노의 문학은 그러한 프롤레타리아문학 안에서도 드물게 문학적 성취를 보여준 사례로 간주된다는 점에서 독특한 위치를 점한다. 예컨대 오다기리 히데오小田切秀雄는 「비 내리는 시나가와역」이 갖는 문학사적 의의를 "이 작품의 감동은 이별에 관한 서정의 농후한 절실함과 그 깊은 진실에 의한 것이지만, 이것은 단지 추상적이고 일반적인 이별의 정서와 같은 것이 아니라, 그것은 함께 천황제 지배에 맞서 싸워 온 동료인 재일조선인의 혁명가들이 체포되어 추방당하는 것을 눈앞에 두고 동지로서의 깊은 인간적 슬픔의 통절함이 그것에 걸맞은 선율에 의해 전개되고" 있기 때문에 사회주의자가 아닌 사람에게도 감동을 줄 수 있는 일종의 '보편성'을 획득했다고 말하고 있다.[3]

오다기리처럼 정치성과 문학성의 조화를 발견하는 비평도 있지만, 나카노 시게하루의 프롤레타리아문학에 대한 비평의 구도 또한 '정치 / 문학'의 이분법의 영향을 강하게 받았다. 정치적 비평이 나카노문학의 기조를 이루는 정치사상의 내용을 계통적으로 밝혀냄과 동시에 그것의 타당성을 평가의 과제로 부상시켰다면, 문학적 접근은 무엇보다도 그의 문학에 대한 이해의 깊이를 심화시키는 데 기여했다. 그러나 이런 두 개의 비

---

2   예를 들어 평론가 하야시 고지(林浩治)의 "이 시가 식민지 조선에 대한 관심에도 불구하고 그것의 기조를 이루는 사고는 '교조적 공산주의'에 경도되어 있었다"와 같은 언급은 정치적 비평의 전형적인 예를 보여준다. 林浩治, 舘野哲 編, 「浅かった朝鮮認識」, 『韓国・朝鮮と向き合った36人の日本人』, 明石出版, 2002, 141쪽.
3   小田切秀雄, 『中野重治―文学の根源から』, 講談社, 1999, 247쪽.

평관은 경합하면서 각각 고유한 담론의 장을 형성했지만, 적어도 다음과 같은 두 가지의 문제에 공모적共謀的으로 관여했다. 첫째, 비평을 정치와 문학이라는 구도 안에서 가두어 버렸고, 둘째 정치와 문학에 대한 규정이 선험적인 까닭에 공통적으로 텍스트의 역사적 맥락에 무관심했다. 따라서 해석의 과정에서 텍스트의 생성에 관여했던 동시대적 맥락은 간과되기 쉬웠다.

이 장은 이러한 '정치 / 문학'의 이분법이 초래한 비평의 폐쇄성과 관념성을 극복한다는 문제의식 위에서 나카노문학에 대한 대안적 접근을 시도한다. 그것을 위해 '방법으로서의 이동'이라는 분석개념을 설정하고자 한다. '방법으로서의 이동'은 다음과 같은 문제의식에서 제안되었다. 「비내리는 시나가와역」이라는 시를 문학성과 정치성에 대한 초월적 관점을 괄호에 넣고판단중지, epoche 본다면, 서로 구별되는 세 가지 수준의 이동이 시적 세계를 지탱하고 있음을 확인할 수 있다. 첫째, 시는 열도에서 추방당하는 조선인과 일본인 시인과의 이별에 집중되어 있지만 동시에 열도로 돌아와 천황에게 분노를 표출하는 조선인의 모습을 상상적으로 그리고 있다. 즉, 이 시의 서사는 열도로부터의 추방과 열도로의 귀환이라는 왕복하는 운동을 포함하고 있다. 여기에 추방이 일어나기 위해서는 반도에서 열도로의 도항이 있어야 한다는 점을 생각하면 이 시가 포괄하는 이동의 시간대는 과거에서 미래까지 이어지고 있다. 둘째, 나카노 연구자인 린 슈쿠미林淑美는 "그대들은 비에 젖어 그대들을 쫓아내는 일본천황을 생각한다"는 구절을 "쫓겨나는 조선인의 시선이 포착한 천황을 일본인시인이 상상한 것"[4]이라 분석하고 있는데, 이것은 달리 말하면 시인의 시점이

---

4   林淑美, 『昭和イデオロギーー思想としての文学』, 平凡社, 2005, 81쪽.

조선인이라는 타자를 향해 이동하고 있음을 보여준다. 셋째, 추방당하는 조선인을 "일본의 프롤레타리아트의 앞 방패 뒤 방패"로 지칭하는 부분은 — 전후 이 구절을 둘러싸고 일어난 '민족에고이즘'을 둘러싼 논란은 접어두더라도 — 명백히 사회주의 사상이 부여한 계급이란 관념을 통해 민족을 넘어서려는 지향성을 뚜렷하게 보여주고 있다. 이처럼 이 시에서 '이동'은 시의 세계에 등장하는 인물들의 공간상의 이동에 한정되지 않고, 시의 주제와 시점에도 개입되어 있다. '방법화된 이동'이란 이렇게 이동이 단지 모티브와 소재의 수준을 넘어서 시적 구조의 핵심을 차지하고 있는 것을 개념화한 것이다.

본론을 구성하는 핵심적 질문은 다음과 같다. 우선 방법으로서의 이동이 시의 주제 — '천황제 비판', '계급적 연대' 등 — 와 어떻게 관련되어 있는지를 파악하고자 한다. 이어서 '이동'을 내재화한 시적 상상력이 1920년대 제국일본의 정치적 지형에 뿌리를 두고 있는 역사적 산물이라는 점을 밝히고자 한다. 마지막으로 시 속에 구조화된 이동은 예외없이 '일본'이란 명칭이 동반하는 내셔널한 어떤 것을 넘어서려는 시인의 의지를 드러내는데, 이 장에서는 이러한 탈내셔널리즘의 상상력을 둘러싼 비평의 역사적 변천을 내셔널리즘의 극복이라는 문제틀 속에서 재검토하고자 한다.

2. '이화'라는 방법의 생성

시 「비 내리는 시나가와역」1929.2은 1928년에 있었던 쇼와 천황의 즉위식을 정치적 배경으로 한다. 이 시는 즉위식을 통해 정점에 달한 천황제

내셔널리즘 — 개개인을 신민臣民이라는 아이덴티티로 동일화하는 정치적 움직임 — 을 향한 열도의 집단적 흥분의 이면에서 어떤 일이 일어났는가를 고발하고 있다. 린 슈쿠미는 그 이면의 사건을 조선인 추방으로 표현된 피식민자에 대한 정치적 배제로 규정하면서, 현실에서 일어나는 이러한 배제의 사실을 일본인들에게 보다 분명히 전달하기 위해 나카노는 조선인이라 불리는 피식민자에게 천황의 암살을 주문하는 형식을 취할 필요가 있었다고 말하고 있다.[5] 그러나 1928년 천황제 국가 일본에서 국가권력에 의해 배제당한 것은 조선인만이 아니었다. 그 해 3월 15일 일어난 이른바 좌익세력에 대한 대대적인 검거사건3·15사건이 보여주듯 당시 일본내의 좌익들도 '국체파괴세력'으로 간주되어 철저히 배제되고 있었다. 따라서 「비 내리는 시나가와역」에서 천황을 식민지적 타자를 배제하는 정치적 권력으로서 다뤘던 나카노가 3·15사건을 소재로 한 전작 「봄바람春さきの風」1928.8에서 천황제 문제에 대해 침묵했다고는 보기 어렵다.

소설 「봄바람」은 3·15사건의 와중에서 갓난아이를 잃고 또 남편소설 속에서는 부친으로 되어 있음과 이별할 수밖에 없었던 '모친'에 초점을 맞춰 이른바 정치적 사건 속에서 일어난 가족의 붕괴를 다루고 있다. 그런데 「봄바람」은 '3·15사건'이라는 정치적 사건을 다루고 있음에도 불구하고 발표 당시부터 '정치성'보다는 '예술성'이 더 주목을 받아왔다. 이러한 예술적 평가의 근거는 텍스트 안에 천황제 비판과 같은 정치적 담론을 개입시키지 않았던 나카노의 서술방식이었다.[6] 예를 들어 전후 문학적 비평의 관점에서 나카노문학을 체계화했던 히라노 겐平野謙은 "나카노 시게하루의 목

---

5   林淑美, 앞의 책, 2005, 50~51쪽.
6   「봄바람」에서 나카노는 의도적으로 고문의 장면을 회피하고 있으며, 주인공의 정치적 각성이라는 프롤레타리아문학의 일반적인 서사도 도입하고 있지 않다.

소리가 조금이라도 들뜨거나 높았다면, 그 작품들은 성공하지 못했을 것이다. (…중략…) 그런 의미에서 나카노 시계하루의 시도는 비록 소박한 형태지만 (이 작품에서) 최초로 예술적 결실을 거두"[7]었다고 「봄바람」을 평가했다.

그러나 「봄바람」은 히라노 겐이 말한 것처럼 단지 정치적 탄압이 빚어낸 비극을 단지 '예술적'으로 그려낸 작품이 아니다. 분명 이 소설은 천황제를 비판하는 방식에서 당시 좌익일반의 그것과 명백히 다르다. 그렇다고 이것을 바로 소설이 성취한 예술성의 증거로 확정하는 것은 일면적이다. 왜냐하면 소설 집필 당시 나카노 자신도 천황제 국가의 정치적 탄압에서 예외가 아니었기 때문이다. 그런 점에서 이 소설에서 읽어내야 하는 것은 정치성과 반대되는 예술성이 아니라 정치적 저항과 다른 문학적 저항의 가능성이다.

예컨대 이 소설은 다이쇼 시기를 통해 약체화된 천황제의 정치적 재건과 더불어 확산되어 갔던 당시 '가족국가론'적 천황제를 비판한다는 상대화의 전략을 내포하고 있다. 소설에 투영된 전략이란 다음과 같이 설명할 수 있다. 「봄바람」은 '국체파괴세력'으로 지목된 좌익에 대한 대량검거사건 속에서 일어난 '아이의 죽음'과 '부부의 이별'이라는 비극의 원인에 천황을 도입하고 있다. 이렇게 함으로써 국민을 '자식'으로 간주하는 가족국가론 속의 가장으로서의 천황과 달리, 소설 속의 천황은 갓난아기를 죽음으로 내몰고 한 가정을 파괴하는 권력으로 나타나게 된다. 이것이 천황제를 오로지 봉건적 군주제의 변형으로서만 간주했던 당시 좌익일반의 인식과는 이질적임은 두말할 나위도 없다.

---

7   平野謙, 「中野重治論Ⅱ」, 『文学運動の流れのなかから』, 筑摩書房, 1969, 135~136쪽.

특히 주목할 점은 이러한 인식이 '군주제 타도'와 같은 정치적 담론의 도입을 통해 천황제를 직접적으로 부정하는 방법이 아니라, 국가가 제시하는 기존의 천황像에 대해 그것이 억압하고 있던 또 다른 천황상을 대치하는 방법을 통해 드러나고 있다는 점이다. 즉 나카노는 기존의 천황표상에 대한 '이화異化'를 시도하고 있다고 할 수 있다. 그런데 이화의 전략은 「봄바람」에 국한된 것이 아니었다. 천황을 '좁은 이마', '흉하게 굽은 등'과 같은 세속적인 언어로 표현하고 있는 「비 내리는 시나가와역」의 천황표상도 명백하게 「봄바람」에서 시도되었던 천황표상에 대한 비판의 전략을 이어받고 있다.

「비 내리는 시나가와역」은 대체로 천황 암살을 암시하는 시로서 간주되었다.[8] 이것은 시의 후반부를 장식하는 조선인의 천황에 대한 복수라고 하는 의미를 시의 전반부에 등장하는 "그대들은 비에 젖어서 그대들을 쫓아내는 일본천황을 생각한다君らは雨に濡れて君らを×××××××を思ひ出す"라는 구절과 결부시키는 방식에 의존하고 있다. 약간 길지만 초출의 원문을 인용하면 다음과 같다.

雨の降る品川駅

×××記念に 李北満 金浩永におくる

辛よさやうなら

金よさやうなら

君らは雨の降る品川駅から乗車する

---

8   한편 정승운은 조선어 복원과정의 오류를 지적하며, 이 시의 주제는 천황 암살과 같은 정치적인 것이 아니라 '휴머니즘'과 '연대'의 사상이 있다고 지적한다. 鄭勝云, 『中野重治と朝鮮』, 新幹社, 2002.

(…중략…)

君らは雨に濡れて君らを××××××を思ひ出す

君らは雨に濡れて×××××××××××××××××××××を思ひ

出す

(…중략…)

そして再び

海峡を踊りこえて舞ひ戻れ

神戸名古屋を経て東京に入り込み

××××に近づき

××××にあらはれ

××××

××顎を突き上げて保ち

××××××××××××

×××××××

温もりある××の歓喜のなかに泣き笑へ

(×는『개조』판 초출에서 복자 처리된 부분을 나타낸다)[9]

---

9   후일 조선역의 발견에 의해 복원된 복자부분은 다음과 같다.
     ×××記念→御大典
     君らは雨に濡れて君らを××××××を思ひ出す→逐ふ日本天皇
     君らは雨に濡れて××…××を思ひ出す→彼の髪の毛,彼の眼鏡,彼の髭,彼の醜い猫背
     ××××に近づき→彼の身辺
     ××××にあらはれ→彼の面前
     ××××→彼を捕へ
     ××顎を突き上げて保ち→彼の
     ××…××→彼の胸元に刃物を突き刺し
     ××…××→反り血を浴びて
     ××の歓喜のなかに泣き笑へ→復讐

「비 내리는 시나가와역」을 천황제 비판을 넘어 격한 천황에 대한 증오의 시로서 읽을 수 있는 근거는 시의 후반부, 즉 이른바 천황에 대한 암살을 연상시키는 장면에 있다.[10] 그런 의미에서 이 시의 주제를 시인의 천황제 인식이라는 문맥에서 보고자 할 때 후반부의 대목은 중요하다. 그러나 이 경우 주의해야 할 것은 시의 후반부에서 암살復수의 대상이 다만 '그彼'라고만 언급되어 있어 이것만으로 '그'가 누구인지 판단할 수 없다는 점이다. 시의 후반부에 반복해서 등장하는 '그'가 '일본천황'을 가리킨다는 것은 시의 부제에 보이는 '어대전御大典', 그리고 무엇보다도 "그대들은 비에 젖어서 그대들을 쫓아내는 일본천황을 생각한다" 혹은 "그의 흉하게 굽은 등을 생각한다"라는 앞선 구절을 참조했을 때 비로소 가능하다. 즉 시의 후반부를 장식하는 천황에 대한 '복수'의 장면은 추방당하는 조선인들이 천황을 떠올리는 선행하는 장면에 결정적으로 의존하고 있는 것이다.

이런 관점에서 보자면 다음과 같은 질문이 뒤따른다. 즉, 이러한 시의 구조에서 논리적으로 '일본천황'이라는 단어만을 복자로 처리해도 '그'의 지시대상이 불분명하게 되어 천황 암살의 장면은 자립적인 의미를 획득할 수 없음에도 불구하고, 왜 검열의 권력은 '일본천황'만 아니라 '좁은 이마', '흉하게 굽은 등'과 같은 구절까지 복자로 처리할 필요가 있었던

---

10 사실 초출판은 다량의 복자로 인해 천황 비판의 의미가 심하게 훼손되어 있다. 그런 이유로 이 시가 천황제 비판의 시라는 의미를 획득한 것은 1970년대 이후 초출의 조선어 번역본이 발견되어 복자 부분이 해명된 이후였다. 예컨대 사토 겐이치(佐藤健一)는 미즈노 나오키(水野直樹)에 의한 이 시의 조선어역의 발견(1975년)과 그에 따른 원시의 복원을 계기로 이 시의에 대한 평가의 중점이 '서정'적 시에서 '천황비판'의 시로 전환되었다고 지적한다. 佐藤健一,「『雨の降る品川駅』－中野重治(作品別現代詩を読むための研究事典－詩はどのように読まれてきたか)」,『国文学解釈と教材の研究』37巻3号, 1992, 56~67쪽. 또한 김윤식은 초출에는 워낙 복자가 많아서 그 누구도 전모를 파악할 수 없었을 것이라고 논하고 있다. 김윤식,『한·일 근대문학의 관련양상 신론』, 서울대 출판부, 2001, 144쪽.

있었을까? 그것은 천황이라는 말을 삭제하더라도 이러한 외면묘사에서 누구라도 쇼와 천황을 떠올릴 수 있기 때문이 아닐까? 바꿔 말하자면 천황의 외모에 대한 그 묘사의 '사실성'이 복자라는 권력의 개입을 초래했다고 볼 수 있다.

천황에 대한 사실적 묘사가 문제가 되는 것은 천황이 무엇보다도 신성神聖한 존재이어야 한다는 공식적인 관념을 위반했기 때문일 것이다.[11] 천황의 표상은 결코 사실성의 시점에서 이루어져서는 안 되며 언제나 신성을 지닌 존재로서 드러나야 했다. 실제로 나카노는 세속적이라 할 수 있는 천황의 모습을 시 속에 새겨 넣은 이유에 대해 훗날 다음과 같이 말한 바 있다.

수염, 안경, 굽은 등과 같은 단어는 시적 표현으로서는 다소 차원이 낮다는 느낌이 여전히 있지만, 당시의 증오, 거의 생리적이라 할 수 있는 것이 거기에는 관계되어 있다. 굽은 등과 같은 것은, 나도 그렇지만 특별히 조악한 것은 아니다. 다만 옛날에는 — 패전까지 — 천황이 관병식에 등장할 때, 천황 혼자만 흰 말을 타고 등장하고 다른 장군들은 누구도 흰 말을 타지 않았다. 천황기를 나부끼며 오는 그 사진이 신문에 실린 적이 있는데 그 사진은 천황을 비스듬히 앞에서 찍은 것이었다. 심하게 굽은 등을 감출 수 있는 각도에서 천황을 찍은 것이다. 그것을 볼 때의 느낌은 매우 불쾌한 것이었다. 나는 증오가 일반적으로 저低차원적인 것이라고 생각하지 않는다.[12]

---

11 근대 일본에서 천황표상에 관해서는 다음 자료가 자세하다. フジタニ・タカシ, 米山リサ訳, 『天皇のページェント ー近代日本の歴史民族誌から』, 日本放送出版会, 1994.

12 中野重治, 「『雨の降る品川駅』のこと」, 『季刊三千里』 5月号, 1975, 77쪽.

나카노는 권력이 표상하는 신성한 천황에 대해 일부러 육안으로 포착한 사실적 천황을 대치시켜 공식적인 천황표상이 인위적으로 만들어졌다는 것을 폭로하고 있다. 이처럼 천황표상을 둘러싸고 나카노는 일종의 '이화의 방법'을 도입하고 있다고 할 수 있는데, 그것은 린 슈쿠미의 다음과 같은 언급에서도 확인할 수 있다. 그녀는 「비 내리는 시나가와역」을 무엇보다 '천황에 대한 일본어의 신체표상에 균열을 새긴 시'라고 말한다.

> 일본인의 눈에 비친 것이 '용안의 신성함竜顔の神々しさ'과 같은 형태로 정형화된 것 밖에 천황의 신체를 표상할 수 없는 것이 일본인이라면, (시인인) 일본인이 의탁했던 피식민국인들의 눈에 비친 천황은 구체적인 신체이며 (…중략…) (그런 의미에서) 이 시는 천황에 대한 일본어의 신체표상에 균열을 새긴 시인 것이다.[13]

「봄바람」과 「비 내리는 시나가와역」을 통해서 나카노가 시도한 천황비판이란 정치의 공간에서 생산된 천황비판의 담론을 문학의 공간으로 가져오는 것이 아니었다. '정치의 우위성'에 스스로를 속박했던 대다수의 프롤레타리아문학은 적극적으로 문학의 언어 속에 정치적 담론을 개입시켰다. 반면 나카노는 문학이라는 장을 빌려 천황을 정치적으로 규탄하는 선택을 거절했다. 대신 정형화되고 절대화되어 있던 천황의 표상에 대해서 그것이 은폐억압하고 있던 또 하나의 천황상을 대치시키는 방법을 사용했다. 나카노는 이것을 통해 문학이 정치적으로 기능하는 방식을 실천했다고 말할 수 있다. 정치적으로 나카노는 분명 '군주제 폐지'를 내세

---

13 林淑美, 앞의 책, 2005, 81~82쪽.

운 '27년 테제'의 영향 하에 있었지만 적어도 문학자로서 나카노는 정치적 비판을 문학의 주제로 담아내면서도 결코 정치적 담론을 날 것 그대로 문학에 끌어들이는 손쉬운 방법에 안주하지 않았다. 히라노 겐과 같은 연구자는 「봄바람」에서 억제된 정치적 목소리에 주목해 정치의 우위성과는 이질적인 나카노의 문학성을 발견하고, 거기서 나카노문학의 예술의 가치를 이끌어냈다. 그러나 나카노는 결코 정치와 분리된 곳에 문학을 상정하지 않았다. 그는 분명하게 동시대의 자신을 둘러싼 위태로운 정치적 현실을 응시하고 있었지만, 그렇다고 문학을 정치에 종속시키는 것에는 거리를 두었다. 달리 말하면 그는 표상 공간에서 전개되는 정치라는 방식으로 기존의 프롤레타리아문학의 표상 체계와 다른 방법을 실천했던 것이다. 그런 의미에서 「봄바람」에서 「비 내리는 시나가와역」으로 이어지는 '이화의 방법'은 정치와 분리된 문학의 표현이 아니라, 천황의 표상이 수행하고 있는 정치학개인의 신민화에 대항하는 문학의 정치적 개입으로 간주되어야 한다.

3. 1920년대 조선인도항사와 피식민자의 '울분'

「비 내리는 시나가와역」은 쇼와 천황의 즉위식을 앞둔 비 내리는 어느 날, 천황에 의해 열도로부터 추방이 정해진 조선인들과 시인일본인의 이별, 그리고 쫓겨나는 자들의 천황에 대한 울분과 증오를 '테러리즘'을 연상시키는 장면을 통해 그려내고 있다. 이 때문에 '추방'이라는 모티브는 줄곧 이 시의 해석에서 중요한 착목의 지점이 되었다. 그런데 사건의 시간을 거슬러 올라가면 열도로부터의 추방이 일어나기 위해서는 그에 앞서 반도에서 열도로의 도항渡航이 있지 않으면 안 된다. 그런 점에서 이 시는 1920년대 조선인의 열도를 향한 도항의 역사를 그 전사前史로서 갖는다.

시의 부제에 등장하는 김호영은 시를 1920년대 조선인도항사에 접속시키는 매개의 역할을 한다. 김호영은 재일본조선노동총동맹在日本朝鮮労働総同盟, 이하 조선노총 중앙위원을 거쳐 이후 일본노동조합전국협의회日本労働組合全国協議会, 이하 전협 조선인위원회 간부로서 재일조선인노동운동의 중심적 활동가였다. 그는 1929년 12월, 오사카에서 열린 조선노총의 전국대표자회의에서 기존의 조선인조직을 해체하고 전협으로의 해소가 결정되었을 때, 전협으로의 발전적 통합론을 주장했다. 조선노총의 중앙상임위원이었던 그는 이후 전협의 조선인위원회 간부로서 1933년에 검거될 때까지 전협 활동에 관여했다. 이러한 이력이 보여주듯이 김호영은 이 시가 1928년의 천황의 즉위식이란 정치적 사건에 한정되지 않고, 1920년대 재일조선인의 열도로의 이동, 그리고 그들의 지위개선을 추구했던 재일조선인 노동운동이라는 또 다른 역사와 연결되어 있음을 드러내는 존재라고 할 수 있다.

김호영은 시적 세계를 조선인의 열도로의 도항이라는 역사와 연결시키는 매개를 넘어 시의 주제를 생각하는 데에도 간과할 수 없는 요소가 되고 있다. 시의 마지막을 장식하는 천황 암살을 연상시키는 장면은 일반적으로 추방을 명령한 천황에 대해 추방당한 조선인이 품었던 분노의 결과로 간주되어 왔다. 그러나 시나가와에서 쫓겨나는 이들의 목적지가 낯선 이국이 아니라 '부모의 나라', 즉 조선이라는 점을 감안하면 고향으로의 추방에서 천황 암살의 동기를 구하는 발상에는 어떤 비약이 느껴진다. 적어도 시가 표현하고 있는 천황에 대한 격한 복수의 동기를 설명하기 위해서는 추방에 대한 반발을 넘어서는 좀더 절실한 심리적인 동기가 요청된다.

이 문제를 생각할 때, 제국의 현실에서 천황이 조선인을 배제하는 권력이면서 동시에 조선인의 일본 도항을 허용하고 나아가 장려하는 '관대한' 군주의 의미도 띠고 있었다는 점을 떠올려도 좋을 것이다. 달리 표현하면, 이 시의 중요한 역사적 맥락인 열도와 반도 사이에서 있었던 조선인의 이동에서 천황은 매우 '모순적'인 의미를 띠고 있었다. 주지하는 바와 같이 1919년의 3·1운동 이후 조선총독부는 치안문제를 들어 조선인의 열도로의 도항을 적극 규제했지만, 1922년 12월 조선의 노동력 대한 일본 내부의 수요 증가에 대응하기 위해 '자유도항제도'를 실시하게 된다. 이 자유도항 제도를 실시하면서 조선총독부는 '일시동인一視同仁'이라는 동화주의 이데올로기를 내걸었다. 즉, 조선인도 일본인과 같은 천황의 신민이기 때문에 도항의 자유를 제한할 수 없다는 논리가 자유도항제도 실시의 공식적 근거였다. 야마와키 게이조山脇啓造는 자유도항의 실시와 동화주의의 관계에 대해 다음과 같이 말한다.

조선이 일본의 식민지였기 때문에 조선인도 일본인과 마찬가지 일본신민이라는 '일시동인'의 명분상, 그 명분에 따른 정당한 이유 없이 도항을 관리하는 것은 가능해도 제한은 하기 어려운 측면이 있었다. 그러한 측면이 현저하게 나타난 것이 1922년 12월과 24년 6월의 도항증명제도의 폐지이다.[14]

그런데 이 시가 분명하게 기록하고 있는 것처럼 제국의 정부는 쇼와 천황의 즉위식을 앞두고 조선인을 위험세력으로 간주하여 일본 밖으로 추방하는 등의 조치를 취했다. 그래서 당시 일본대중당의 아사하라 겐조浅原

---

14 山脇啓造, 앞의 책, 271쪽.

健三는 천황의 즉위식을 앞둔 상황에서 치안당국이 취한 조선인에 대한 일련의 조치는 "조선인이라면 어대전에서 뭔가 (위험한) 짓을 할지도 모른다는 전제 위에서 이루어졌다"고 비판하기도 했다.[15] 1923년 9월 관동대지진 당시 발생한 재일조선인들에 대한 집단학살의 배후에 제국의 일상에 깊숙이 진입한 타자에 대한 일본인의 배외주의적 심리가 작동했음은 주지의 사실인데, 즉위식이 있었던 1928년의 상황도 이와 다르지 않았다. 1928년에도 일본인에게 조선인은 일본에 대한 반항의 마음을 갖고 있으며, 그렇기 때문에 일본 밖으로 배제해야 할 위험한 존재로 간주되고 있었다.[16] 요컨대 1920년대 반도와 열도 사이에서 이루어졌던 조선인의 이동에서 천황은 '내지'로의 도항을 허용·재촉하는 이념=일시동인의 근원이면서 동시에 조선인을 열도에서 강제적으로 내쫓는 차별과 배제의 논리적 근거로서도 작용했다.[17] 다시 말해 천황은 이렇게 피식민자인 조선인에게 한편으로는 차별을 부인하는 담론과 함께, 다른 한편으로는 차별과 배제라는 정치적 탄압자의 모습으로도 나타났던 것이다.

---

15 제56회 제국의회에서 행한 아사하라 겐조(浅原健三)의 발언에 관해서는 다음을 참조할 것. 萩野富士夫, 『特高警察体制史』, せきた書房, 2001.

16 관동대지진과 1928년의 쇼와 천황의 즉위식과의 연관성에 관해 1929년에 접어들어 관동대지진 당시 조선인학살을 주도했던 자경단이 '대일본연합청년회'로서 새롭게 조직되어 도쿄 시내의 치안유지를 위해 궐기하는 상황이 벌어졌다는 사실은 매우 시사적이다. 자세한 내용은 諸岡知徳, 「中島敦「巡査の居る風景」論 — 「奴等」/「俺達」の物語」, 『甲南大学紀要』, 1999, 29쪽.

17 니시나리타 유타카(西成田豊)는 자유도항의 실시의 배경에는 '저지'와 '조건부허가'라는 서로 다른 제국의 논리가 개입하고 있다고 지적하며, 그것은 조선에 대한 일본의 '제국'적 지배에서 유래한다고 말한다. 즉, '조선도 일본 '제국'의 일부인 이상 조선인이 내지로 도항하는 것을 금지할 이유는 없다. (조건적 허가의 측면) 하지만 조선에 대한 일본의 '제국'적 지배 그 자체의 근원에 조선민족에 대한 차별의식이 존재하는 한 조선인이 내지로 유입되는 것은 내지의 치안을 악화시킨다(저지의 측면)는 논리가 그것이다'. 西成田豊, 『在日朝鮮人の「世界」と「帝国」』, 東京大学出版会, 1997, 172쪽.

시가 묘사하는 조선인의 천황에 대한 복수는 그에 앞서 일어난 강제추방이 초래한 증오의 결과로서 간주되어 왔다. 물론 이러한 인식을 뒷받침했던 것은 다민족 제국 안에서 천황의 위치를 '지배 / 피지배'라는 정치적 대립도식 속에 위치시키고, 천황의 권력 행사를 오직 피지배자 = 피식민자에 대한 억압으로만 이해하는 발상이었다. 그러나 거듭 말하지만, 시 속의 조선인이 천황에 의해 '추방'을 강요받은 것은 분명하지만, 추방지가 그들의 '고향'이라는 점에서 추방을 천황에 대한 복수의 핵심적인 동기로 보기는 어렵다. 오히려 조선인의 천황을 향한 반역의 동기는 당시 제국 안에서 천황이 띠고 있었던 이중적인 의미와 관련시킬 때 해명될 수 있다. 즉, 천황은 언제나 이민족을 배제하고 억압하는 권력으로만 작동하지 않았으며, 특히 식민지에서는 동화주의의 이데올로기를 정당화하는 '관대한 군주'의 모습으로 나타나고 있었다. 사실 「비 내리는 시나가와역」은 이런 천황의 이중성을 조선인의 이동을 통해 우회적으로 드러내고 있다. 조선인의 일본 도항에 '일시동안'의 천황이 관여되어 있다면, 그들의 추방은 천황이 배타적 문화내셔널리즘의 상징으로 작동한 결과이다. 따라서 시 안에서 추방당하는 조선인이 표출하는 천황을 향한 '울분'도 이러한 역사적 맥락 속에서 다루어져야 한다. 그런 점에서 복수의 심리적 동기는 강제추방에 대한 반감을 넘어 평등과 배제가 교차하는 가운데, 그러한 권력의 모순이 초래하는 지배의 기만성에 의해 촉발된 것으로 봐야할 것이다. 시가 표출하고 있는 피식민자의 울분은 조선인과 일본인을 '신민'으로 호명하며 차별을 부정하면서도 다른 한편으로 식민지적 타자에 대한 배제와 차별을 그만둘 수 없었던 제국의 모순적 양면성의 결과로 간주된다.[18]

---

18   서동주, 「전후 일본문학의 자기표상과 보수주의―나카노 시게하루 「비 내리는 시나가와역」의 전후 수용을 중심으로」, 『일본어문학』, 2008, 95~96쪽.

나아가 천황에 대한 복수의 동기로 간주되었던 추방의 의미도 재검토할 필요가 있다. 제국의 중심부에서 발생하는 '추방'은 피식민자를 열등한 존재로 간주하는 제국 측의 차별 행위로 이해하기 쉽다. 하지만 근대 일본에서 이런 배외주의를 낳은 것은 타자에 대한 우월의식이라기보다 타자의 역습에 대한 공포와 불안이었다는 점을 기억할 필요가 있다. 팽창하는 제국은 필연적으로 피식민자들의 제국 중심부로의 이동을 촉진한다. 앞서 제6장에서 언급한 것처럼 외부자의 증가는 종주국의 사람들에게 외부자에 대한 차별의식과 함께 경계심리를 증폭시킨다. 제국일본의 경우, 그것은 관동대지진 당시의 조선인에 대한 학살사건으로서 표출되었다. 이 때 일본인^{자경단}은 유언비어를 이용해 일본인들이 갖고 있던 타자에 대한 불안심리를 타자에 대한 공격으로 전환시켰던 것이다.

　관동대지진 당시의 조선인 학살사건이 보여주는 것은 점증하는 외부자에 대한 제국 주민들의 경계와 불안 심리다. 지진이라는 재난이 초래한 혼란 속에서 제국 중심부의 일본인들은 잠재되어 있던 외부자에 대한 불만과 경계심을 폭력적으로 표출한 것이었다. 피식민자^{외부자}를 잠재적인 범죄자로 간주하는 인식도 또한 이러한 불안 심리에 다름 아니다. 실제로 제국의 정부는 자유도항제도를 실시하면서 동시에 일본 내의 치안 태세도 강화했다. 노동력 부족을 해소한다는 경제적 이유로 피식민자의 일본 도항의 문턱을 낮췄지만, 동시에 유입될 타자에 대한 불안마저 감출 수는 없었던 것이다. 그리고 그것은 1928년 쇼와 천황의 즉위식 동안 다시 표면화되었다. 이 때 제국의 정부는 치안유지를 명목으로 조선인을 포함한 피식민자, 부락민, 정신병자 등을 경비상 주의가 필요한 자로 규정하여

한층 강력한 감시 체제를 구축했던 것이다.[19]

「비 내리는 시나가와역」이 뿌리를 두고 있는 역사란 단순히 이민족 차별의 역사가 아니다. 거기에는 이민족^{피식민자}의 제국 중심부로의 유입을 허용하면서도 또한 그렇게 제국의 일상세계로 진입한 외부자들에 대한 경계와 불안의 심리를 떨쳐버리지 못하는 제국일본의 모순적인 심층의식이 놓여있다. 「비 내리는 시나가와역」은 일본 내에서 있었던 천황제 국가에 대한 사회주의 문학자의 반역이라는 차원을 넘어 조선인의 월경적 이동과 거기에 모순적으로 관여했던 천황의 이중성이라는 다민족 제국의 내적 균열이라는 역사적 맥락 위에 성립하고 있는 것이다.

4. 나카노 시게하루와 내셔널리즘이라는 굴레

「비 내리는 시나가와역」이 일본근대문학에 있어서 중요한 작품인 이유는 식민지적 타자에 대한 오리엔탈리즘의 시선이 지배적인 상황에서 식민자의 일원인 시인이 피식민자인 조선인의 처지를 응시하고 나아가 그들의 입장으로 다가가 제국적 지배가 그들에게 부과한 고통과 증오를 대변하려 했기 때문이다. 그런 의미에서 조선인을 "머리에서 발끝까지 꿋꿋한 동무" / "일본프롤레타리아트의 앞 방패 뒤 방패"라 부르며 "그대들은 비에 젖어서 그대들을 쫓아내는 일본천황을 생각한다", "……그의 흉하게 굽은 등을 생각한다"는 시인의 발화는 중요하다. 왜냐하면, 거기에는 '계급적 연대'와 같은 관념적 사고와는 구별되는 타자로의 시점이동을

19　內務省警保局, 『昭和大礼警備記録』, 1927.

통해 타자의 감정에 자신을 이입시키고, 그것을 언어로서 표현하려고 하는 지향성이 배어 있기 때문이다. 이처럼 시는 '일본'이라는 내셔널 아이덴티티로부터 벗어나려는 시인의 강렬한 탈내셔널리즘의 지향을 드러내고 있다.

그러나 「비 내리는 시나가와역」을 둘러싼 전후 비평은 이 시가 노정하는 또 다른 측면, 즉 내셔널리즘에의 구속성을 지적하는 데 집중되고 있었다. 시인 자신도 자각하지 못한 내셔널리즘에 대한 지적은 결국 시인 나카노의 '민족에고이즘'을 극복하지 못했다는 자기비판을 낳기에 이르렀다. 그러나 1990년대 이후, 이른바 포스트콜로니얼 이론의 부상을 계기로 시의 초출판이 보여주었던 탈내셔널리즘의 지향성이 다시 주목을 받았다. 그렇다면 탈내셔널리즘과 내셔널리즘 사이에서 부유하는 운명을 겪었던 시의 진정한 주제는 어디에 있는 것일까? 이 시는 탈내셔널리즘문학의 전범인가, 아니면 탈내셔널리즘을 지향했으나 내셔널리즘의 압력에 굴복한 불완전한 텍스트인가? 아니, 어쩌면 이런 비평의 이항대립으로 인해 시가 내포한 문제의식이 왜소화된 것은 아닐까? 여기에서는 이런 질문들을 염두에 두면서 나카노의 자기비판을 내셔널리즘에 굴복했음을 인정한 자기고백이 아니라 내셔널리즘을 극복한다는 것에 대한 재인식의 요청으로 읽어야 함을 주장하고자 한다.

「비 내리는 시나가와역」과 내셔널리즘의 문제를 생각할 때, 『무산자』 1929년 5월 호 『무산자』에 실린 조선역의 발견은 중요한 분기점에 해당된다. 왜냐하면 이것을 계기로 시가 내셔널리즘을 극복하지 못했다는 비판과 그에 대한 나카노의 자기비판이 이루어졌기 때문이다. 먼저 시가 내셔널리즘에 굴복했다고 보는 측의 논리를 살펴보자. 시와 내셔널리즘의 관계에 대한 비판적 문제제기는 다음의 두 가지로 요약할 수 있다. 하나는 조선의 프롤레타리아트를 "일본프롤레타리아트의 앞 방패 뒤 방패"로 부른다는 것은 시인이 조선과 일본을 일종의 계서열적階序列的 관계로 인식하고 있음을 보여준다는 비판이고, 다른 하나는 왜 천황제에 대한 정치적 공격의 주체가 일본인이 아니라 조선인이어야 하는가라는 문제이다. 이 두 가지 비판은 공통적으로 민족을 초월한 계급연대를 말하는 시의 이면에는 일본에 비해 조선을 상대적으로 열등한 위치에 놓는 의식이 흐르고 있다는 논리에 의거하고 있다.

이러한 비판에 대해 나카노는 결국 자기비판의 형태로 응답하게 되는데, 시인의 자기비판이 나오기까지의 경위는 다음과 같다. 시의 초출판은 앞에서 소개한 것처럼 곳곳의 복자로 인해 그 전모를 파악하는 것이 거의 불가능한 상태였다. 하지만 1970년대에 들어와 초출판의 조선어 번역이 존재한다는 사실이 알려지면서, 시의 복원작업이 이루어지게 된다. 잘 알려진 것처럼 미즈노 나오키水野直樹가 조선어 번역을 참고로 초출본의 복원작업을 수행했다.[20]

이렇게 해서 초출시에 가깝다고 간주되는 일본어판 「비 내리는 시나가와역」이 만들어졌다. 그 이후 재일조선인 문학자인 윤학준과 김달수가 나카노를 방문해 「비 내리는 시나가와역」에 관해 대담을 진행했고, 그 과정

---

20 "『나카노 시게하루 전집』 제9권 월보에 「비 내리는 시나가와역」의 조선어역을 발견했다고 적은 것은 나였다. 하지만 이와 같은 경우 '발견'이라고 하는 것이 타당한 말인지는 알 수 없다. 조선어역의 존재에 대해 안 것은 내가 최초가 아니다. 김윤식이 쓰고 오므라 마쓰고(大村益夫)가 번역한 『상흔과 극복』의 236쪽에는 시가 『무산자』에 게재되었다는 사실이 적혀 있다. 다만, 내가 그것을 계기로 복자의 내용을 떠올릴 수 있겠다고 생각해서, 조선어를 직역한 것을 松尾尊兊 선생을 통해서 나카노씨에게 전했다. 나카노씨는 그때까지 조선어역의 존재를 알지 못했기 때문에 매우 기뻐하면서, 그것에 근거해서 기억을 되살려 원시의 복원을 시도할 수 있었다. 나의 '발견'이라고 하는 것은 이와 같은 것이었다." 中野重治, 「著者うしろ書き」, 『中野重治全集第二十四卷』, 筑摩書房, 1979, 679쪽.

에서 "일본프롤레타리아트의 앞 방패 뒤 방패"라고 하는 표현에 대한 나카노의 "자기비판"적 언급이 나왔던 것이다. 『계간 삼천리』의 1975년 5월 호에 게재된 자기비판의 내용은 다음과 같다. "마지막 대목에서 일본프롤레타리아트의 앞 방패 뒤 방패라고 썼는데, 여기에는 '굽은 등'과는 다른, 민족에고이즘의 꼬리와 같은 것에 질질 끌리고 있다는 느낌이 없어지지 않습니다."[21]

"일본프롤레타리아트의 앞 방패 뒤 방패"라는 구절과 더불어 오랫동안 논란의 대상이 되었던 것은 시의 후반부의 천황 암살을 연상시키는 장면이었다. 이에 대한 비판의 초점은 나카노의 천황제 인식에 관한 것이었다. 최초의 비판은 나카노의 신인회新人会 시절 동료였으며, 1933년 일본 공산당 규슈지부위원회위원장으로 활동하다가 그 해 검거되어 옥사한 니시다 신지西田信治였다. 그는 1931년 5월 나카노에게 보낸 편지에서 시의 마지막 장면은 코뮤니스트 일반에게 보이는 정치적 오류, 즉 "군주제의 철폐만을 위해 광분하는 자유주의자의 태도"를 보여주고 있다며, 사회주의자로서의 나카노의 사상적 한계성을 지적했다.

---

21 나카노 자신에 의한 '민족에고이즘'에의 무의식적 굴복을 의미하는 이러한 자기비판 이후, '민족에고이즘'이란 말은 민족을 초월한 계급적 연대를 주창하는 「비 내리는 시나가와역」의 의심할 수 없는 결함 또는 나카노의 조선인식의 한계로서 자리잡게 된다. 다만 이 경우에도 「비 내리는 시나가와역」의 시로서의 서정성과 예술성, 그리고 시가 표현하고 있는 타자에 대한 태도는 결정적으로 부정당하지 않았다. 예를 들어서 이회성은 「나카노 시게하루와 조선」(『新日本文学』 2月号, 1982)에서, 나카노의 조선문제를 생각하는 태도의 성실함, 진지함을 높이 평가하면서도 "일본프롤레타리아트의 앞 방패 뒤 방패"라는 구절을 인용하면서, "역시 나카노 시게하루조차도, 당시대의 사상적 제약성 ― 민족문제를 계급문제에 종속시키는 사고 ― 에 매여 민족문제에 대해서 다른 태도를 보여주지 못했다"라고 평가하는가 하면, 조선어역의 발견자인 김윤식도 민족에고이즘의 침투를 지적하면서도 '60만 재일한국인의 존재감과 함께 인식된 작품 가운데서 가장 우수한 것'으로 평가한다. 여기서 '예술적 완성과 인식의 한계'라는 비판론의 전형적인 내러티브를 찾아 볼 수 있다.

반면 전후의 비평에서는 논점이 달라졌다. 즉, 이때의 초점은 천황 암살을 당사자인 일본인이 아니라, 피식민자인 조선인에게 호소하고 형식을 취했는가에 있었다. 그 점에 대해서도 나카노는 다음과 같은 자기비판적 발언을 내놓고 있다.

> 오히려 나는 설령 천황암살 따위를 생각해도 어째서 시를 쓴 일본인 본인에게 그것을 생각하게 하지 않았을까? 어째서 그것을 나라를 빼앗긴 쪽인 조선인의 어깨에 옮기려고 했던가? 그 점에 나라고 하는 나라를 빼앗은 쪽의 일본인이 있었다는 것이다. 나는 내 일로 이 일을 기록한다. 동시에 이와 같은 잘못이 아직도 광범위하고 깊게 지배자측, 피지배자측, 민주적-혁명세력측을 포함해서 우리들 내부에 만연되어 있다고 생각한다.[22]

나카노를 향한 비판론은 「비 내리는 시나가와역」을 민족을 초월한 계급적 연대와 일본인으로서의 자기의식이라는 상반되는 지향이 착종된 텍스트로 간주하고, 그 위에서 후자에 의해 전자의 지향이 퇴색해 버렸다는 인식에 기초하고 있다. 그러나 1990년대 이후 「비 내리는 시나가와역」에 대한 평가는 전혀 다른 양상을 보여주고 있다. 여기서는 나카노의 자기비판이 오히려 '유해'한 행위로 간주되고 나카노가 내셔널리즘적 자기의식과 식민지주의적인 의식 모두 극복한 문학가로서 재규정되고 있다. 나카노의 '자기비판'에 대한 새로운 해석에 포문을 연 것은 저명한 평론가 오니시 교진大西巨人이었다. 그는 「콤플렉스 탈각의 당위コンプレックス脱却の当為」[23]라는 논문에서 나카노의 자기비판은 "한편으로 작지만 유의미

---

22 中野重治, 「著者うしろ書き」, 『中野重治全集第二十四卷』, 筑摩書房, 1979, 679쪽.
23 大西巨人, 「コンプレックス脱却の当為」, 『みすず』 3月号, 1999, 27~28쪽.

한 구석이 있는 (것이지만) (…중략…) 명백히 유해한 자기비판이다"고 언급하며 이전까지의 나카노에 대한 비판적 논조와 뚜렷하게 구별되는 주장을 내놓았다.

나카노 시게하루 연구자 린 슈쿠미는 오니시 교진의 견해를 이어받고 그 위에 포스트콜로니얼 비평의 관점을 결합시켜 「비 내리는 시나가와역」에 대한 전면적인 재해석을 시도한다. 린 슈쿠미는 우선 오니시의 비평을 「비 내리는 시나가와역」에 관한 언급 중 최상 문장이라고 평가하면서, 오니시의 말을 인용해 "나카노 시게하루는 이와 같은 (자기비판의 말)을 적을 필요가 없었다"고 주장하고 있다. 그녀는 「비 내리는 시나가와역」이 보여주고 있는 조선과 일본의 연대는 천황에 의해 쫓겨나는 조선인이 품은 '증오'의 감정을 시인이 공유함으로써 성립하고 있다고 말하며, 「비 내리는 시나가와역」을 민족에고이즘에 의해 훼손되고 실질적인 연대에는 미치지도 못한 결함의 텍스트가 아니라, 천황제 내셔널리즘의 열기에 사로잡힌 일본인에게 천황의 현실적 모습을 보여줌으로써 오히려 민족에고이즘과 같은 의식을 뛰어넘은 텍스트로 자리매김한다.[24]

또한 린 슈쿠미는 왜 천황을 겨냥한 시가 조선인에게 호소하는 형식을 취했는가라는 문제에 관해서도 그것은 "이 나라의 포학暴虐이 조선민족에게 한층 더 가혹했기 때문"이며, "그와 같은 무법이 천황의 이름으로 이루어졌기 때문"이라고 말하고 있다. 그리고 시는 결코 천황 암살을 자극하고 있지 않으며 "설령 그런 것이 있든 없든 천황에 대항하는 시가 조

---

24   林淑美, 앞의 책, 2005, 67~84쪽. 린 슈쿠미는 "일본 프롤레타리아트의 앞 방패 뒤 방패"라는 구절에 대해서도 식민국민이 스스로의 의식·무의식의 민족 에고이즘을 극복하고 '인간해방의 국제적 연대성'을 위한 것이라 말하며, 이 구절은 민족에고이즘의 꼬리와 같은 것에 질질 끌린 표현이 아니라, 천황제 내셔널리즘을 극복하기 위한 불가결한 모든 피억압자와의 연대를 의미하고 있다고 말하고 있다.

선인에게 호소하는 형식을 취하지 않을 수 없었던 것은 (…중략…) 조선인의 감정을 통하지 않고서는 극복하기 곤란한 것이 천황제이기 때문이다"라고 덧붙이고 있다. 따라서 그녀에게 "그대들은 비에 젖어서 그대들을 쫓아내는 일본천황을 생각한다"는 시의 구절은 천황제를 이화시키기 위한 사고실험시점의 상상적 이동의 산물이며, "일본프롤레타리아트의 앞 방패이자 뒤 방패"로 호명되는 조선인은 일본프롤레타리아트의 들러리가 아니라 일본인에게는 너무도 자명한 천황을 '탈구축脫構築'하기 위해 반드시 필요한 문학적 장치로 간주된다.[25]

그런데 '민족에고이즘'을 민족을 넘어선 연대를 지향하는 시의 중대한 결점으로 간주하는 입장만이 아니라, 이러한 입장에 대해 시를 피식민자와의 감정적 공유를 통해서 "인간해방의 국제적 연대성"[26]을 실현했다고 주장하는 입장도 내셔널리즘을 바라보는 관점에서는 공통적임을 간과해서는 안 된다. 즉 양자는 시의 해석에서 대립적이지만, 내셔널리즘은 어쨌든 극복가능한 집단의식 혹은 이데올로기라는 전제위에서 자신들의 주장을 펼치고 있다는 점에서 공통적이다. 나카노의 자기비판을 이끌어낸 측에게 민족에고이즘은 시의 결점이자 한계로서 간주되는데, 이런 발상은 내셔널리즘을 극복할 수 있는 것, 아니 반드시 극복해야만 하는 것으로 간주한다. 이런 발상은 나카노의 자기비판을 불필요한 고백이라며 부정하는 쪽도 공유하고 있다. 그들에게 나카노는 무엇보다 피식민자인 조선인과의 '일체화' 그리고 '감정공유'를 통해 일본인들의 자기도취적이

---

25 다카하시 히로시(高橋博史)도 린 슈쿠미와 유사한 견해를 표명한다. 즉, 그도 나카노에게 민족에고이즘은 존재하지 않으며, 시인은 조선인들과 감정의 면에서 '일체화'되고 있다고 본다. 高橋博史, 「中野重治·海と機関車」, 『国文学解釈と鑑賞』 2月号, 2005, 160~161쪽.
26 林淑美, 앞의 책, 2005, 84쪽.

고 배외주의적인 내셔널리즘을 초월한 시인으로 간주된다. 따라서 이들에 있어서 「비 내리는 시나가와역」은 내셔널리즘과 식민지주의를 극복한 '위대한' 반식민지문학의 정전canon이 되는 것이다. 이들 또한 내셔널리즘의 극복을 실현가능한 의식상의 혁명으로 보는 점에서는 '자기비판'의 옹호자들과 다르지 않다.

이처럼 양자는 내셔널리즘의 극복을 하나의 당위로서 간주한다. 그러나 문제는 내셔널리즘의 극복이 그리 간단하지 않다는 점에 있다. 오히려 「비 내리는 시나가와역」의 해석을 둘러싼 논쟁은 내셔널리즘을 '계급' 연대라는 관념으로도 '타자'에 대한 공감만으로도 넘어설 수 없다는 역설적 교훈을 보여주고 있다. 그런 의미에서 나카노의 민족에고이즘에 대한 고백은 좀더 섬세하게 읽을 필요가 있다. 나카노는 자신의 의식 속에 거의 무의식화된 형태로 작동했던 내셔널리즘의 힘을 '민족에고이즘'이란 말로 고백했다. 이런 한계를 결코 자신만의 문제가 아니라, '민주적-혁명세력 측' 일반이 빠질 수 있는 관념적 오류라고도 말하고 있다. 이것은 자신이 저지른 오류에 대한 합리화의 발언이 아니다. 이 말의 진정한 의도는 내셔널리즘을 극복한다는 것은 '민족에고이즘'과 같이 무의식화된 형태로 작용하는 내셔널리즘의 자장과의 부단한 격투없이는 불가능하다는 것, 나아가 내셔널리즘의 본질은 이데올로기의 형태를 띤 정치적 담론이 아니라 일상적인 사고에 침투해 있는 어떤 유형화된 사고방식에 있다는 것을 상기시키는 데 있다. 따라서 나카노의 민족에고이즘을 벗어나지 못했다는 자기비판은 담론은 내셔널리즘에 대한 굴복의 고백도 아닐 뿐더러 무해한 후일담 정도로 치부될 수도 없다. 그것의 진정한 의의는 내셔널리즘의 극복을 믿어 의심치 않는 전후 비평의 계몽주의에 대한 근본적radical비판에 있는 것이다.

5. 내셔널리즘을 둘러싼 또 하나의 비평사

1990년대 이전 시 「비 내리는 시나가와역」을 둘러싼 비판과 자기비판의 과정을 지배한 것은 조선과 일본이 민족국가로서 독립한 이상 그 의도가 어떠하든 양자의 관계를 대등하지 않은 관계로 표상했던 과거의 유산은 청산되어야 한다는 생각이었다. 이런 생각이 극단으로 간다면 애초에 서로 다른 민족인 일본과 조선이 '연대'를 형성한다는 것이 과연 가능한가라는 의문에 이르게 된다. 전후 고도성장기의 보수주의를 대변하는 논객 에토 준^{江藤淳}은 쇼와라는 시대가 저물어 가는 시점에서 이런 극단적인 관점에서 「비 내리는 시나가와역」의 재해석을 감행했다. 예컨대 1989년 『쇼와의 문인^{昭和の文人}』이라는 제목으로 출간된 저서에서 에토는 조선인은 천황의 '신민'이 될 수 없다는 전제 위에서 시 속의 천황에 대한 조선인의 반감을 당연한 것으로 간주하고 있다.

> (내가 시에 공감을 느낀 것은) 이데올로기가 아니라 '잘 가라 신……'이라는 고별의 말에 담겨진 어떤 래디컬한 선율이 돌연 생각지도 못한 전율을 불러일으켰기 때문…….
> 지금 다시 읽어보면 처음부터 이 속에 그렇게 이데올로기적인 저항을 느끼지 않게 만드는 어떤 적절한 거리의 축이 내포되어 있다. '잘 가라'라고 부르는 '신'도 '김'도 누구도 일본인이 아니다. 조선인이면서 동시에 일본제국의 신민이기를 강요받았던 그들이 일본천황에 적대감을 갖고, 반면 경애의 마음을 갖지 않는 것을 극히 자연스러운 것이다.[27]

27 江藤淳, 『昭和の文人』, 新潮社, 1989. 41~42쪽.

따라서 에토에게 시의 마지막에 보이는 "일본프롤레타리아트의 뒷 방패 앞 방패"라는 한 구절은 시가 확보했던 '적절한 거리'의 붕괴를 의미하지 않을 수 없다. 그래서 그는 일본인과 조선인의 차이를 인지했으면서도 이것을 일순간 계급의 이름으로 넘어서려고 했던 시인 나카노의 시도를 '몽상夢想'으로 일축한다.

이런 에토의 「비 내리는 시나가와역」에 대한 문화내셔널리즘적 해석에 대해 오다기리 히데오小田切秀雄가 반론에 나섰다. 오다기리는 전전부터 나카노와 친분이 있었으며, 전후에 문학자의 전쟁책임을 주도했고, 전후 일본문학연구의 틀을 확정하는 데에도 주도적 역할을 맡았다. 나카노 시게하루 연구에서도 그 권위를 인정받아 근대 일본문학사전의 편찬에 집필자로서 참여해 나카노 시게하루 관련 부분의 집필을 담당했다. 오다기리의 비판은 에토가 자신이 이 시에서 감동 받은 것은 프롤레타리아 국제주의와 같은 이념에서 벗어난 이별의 정서라고 말한 부분을 향하고 있었다. 그는 이런 해석을 시가 주는 감동의 문제를 내용에서 분리시키는 것이고 지적하며, 나카노의 시가 주는 감동은 내용에 어울린 형식을 갖추고 있기 때문이라고 주장한다. 그 내용을 다시 한 번 인용하면 다음과 같다.

이 작품의 감동은 이별의 서정의 농후한 절실함과 그 깊은 진실에 의한 것이지만, 이것은 단지 추상적이고 일반적인 이별의 정서와 같은 것이 아니라. 그것은 함께 천황제 지배에 맞서 싸워 온 동료인 재일조선인의 혁명가들이 체포되어 추방당하는 것을 눈앞에 둔 동지로서의 깊은 인간적 슬픔의 통절함이 그것에 걸맞는 선율을 취해 여기에 전개되고 있기 때문이다.[28]

28   小田切秀雄, 『中野重治—文学の根源から』, 講談社, 1999, 247쪽.

즉, 이 시가 주는 감동은 결코 일본인과 조선인의 연대라는 주제를 빼놓고 말할 수 없는 성질의 것이며, 오히려 이러한 주제가 그에 적절한 형식을 통해 표현되었기 때문에 사회주의자가 아닌 자에게도 감동을 주게 된다고 말하고 있다. 여기서 에토와 오다기리가 내셔널리즘과 자기정체성에 관해 매우 대립적인 견해를 가지고 있음을 알 수 있다. 에토에게 민족정체성이 어느 민족집단 속에 태어나는가에 의해 결정되는 것이라면, 오다기리에게 그것은 선험적인 것이 아니라 경험과 의식에 의해 변경될 수 있는 것이다. 에토의 주장이 전후 내셔널리즘에 대한 보수주의적 해석을 대표한다면, 오다기리의 담론은 이른바 '근대적 주체' 위에 내셔널리즘을 구축하려 했던 전후 자유주의에 연결되어 있다.

그런데 시를 둘러싼 논쟁은 여기서 끝나지 않았다. 에토를 비판하면서 「비 내리는 시나가와역」을 이데올로기를 초월해 감동을 주는 사례로 극찬했던 오다기리가 이번에는 한 외국인 연구자의 비평에 대해 외국인은 일본어의 시적 세계를 이해할 수 없다는 식으로 비판하는 일이 일어난 것이다. 오다기리가 문제삼은 텍스트는 미리엄 실버버그[Miriam Silverberg]의 *Change Song : the Maxist Manifestos of Nakano Shigeharu*[1990]이다. 이 책은 전전 나카노를 일본의 '서정시인'에서 서구의 마르크스주의자들과 문제의식을 공유하는 이른바 '모던 마르크스주의자'로 재정의하는 담대한 시도를 담고 있다. 이 책은 일본어로 번역[29]되어 일본문학 연구자 사이에서 적지 않은 반향을 일으켰지만, 반응은 대체로 부정적이었다. 이 책은 일본의 나카노 시 연구의 성과를 무시하고 있을 뿐만 아니라, 그 분석에 있어서도 시의 본질을 제대로 이해하고 있지 못하다는 비판이 많았다. 그

---

29 이 책의 일본어 번역본은 다음과 같다. ミリアム・シルヴァバーグ, 林淑美・林淑姫・左復秀樹 訳, 『中野重治とモダン・マルクス主義』, 平凡社, 1999.

리고 이러한 비판의 선두에 오다기리가 있었다. 그는 다음과 같이 말하고 있다.

특히 실버버그의 이 책의 서장은 '나카노 시게하루를 구제하다'라는 제목으로 상당한 분량이 할애되어 있는데, '구제'가 단순한 선전문구가 아니라는 것을 알았다. 그러나 이것은 자신의 논의에 대한 과대평가가 아니면 일본의 나카노 연구상황에 대한 무지함을 드러내는 것이다. 나는 문예사회학에 속하는 이 저서의 대담한 평론에서 나카노를 구제해야겠다는 생각을 하지 않을 수 없었다. 외국인학자에게 시의 문학적 해설, 감상은 대단히 어렵다. 실버버그는 일본에서 자란 후에 시카고 대학에 있었다고 하는데, 일본어의 운율과 이미지와의 깊은 상호관계는 매우 신중한 검토와 시적인 감수성이 없으면 온전히 파악할 수 없다. 특히 단가短歌와 하이쿠俳句라면 이것없이는 아무 것도 알 수 없다고 말해도 좋을 것이다.[30]

오다기리는 에토에 대한 비판에서 「비 내리는 시나가와역」의 감동의 근원을 인간의 보편성에 대한 주제가 격렬한 선율과 조화를 이룬 것에 있다고 말하며, 에토가 이런 주제의 보편성을 무시하고 형식에 집중했다고 비판했다. 그런데 이번에 실버버그에 대해서는 그녀가 외국인이기 때문에 내용은 접어두더라고 일본인이 아닌 이상 시의 선율과 이미지를 이해하는 것은 어렵다고 말하고 있다. 에토가 시의 보편적 감동과 타자를 향한 공감을 일본적인 세계 안에 가두었다면, 실버버그는 결코 이해할 수 없는 대상에 대해 앎을 주장하는 과욕을 부린 셈이다. 여기서 실은 오다

---

30   小田切秀雄, 앞의 책, 15쪽.

기리의 문학적 자유주의도 에토와 마찬가지로 문화내셔널리즘의 자장 안에 있었음을 확인할 수 있다.

전후일본 평론계에서 보수주의를 대표하는 에토 준과 문학자의 전쟁 책임을 주장하며 '민주주의문학'의 확립을 제창했던 오다기리의 의견 대립은 결과적으로 나카노 시게하루의 탈내셔널리즘을 '구제'하기는커녕 「비 내리는 시나가와역」의 비평 담론을 문화내셔널리즘의 자장 안에 가두는 아이러니로 귀결되었다. 이것은 앞서 다뤘던 「비 내리는 시나가와역」에 대한 재일문학자의 비판과 그에 대한 포스트콜로니얼 진영의 반비판에도 적용된다. 나카노 시게하루의 '자기비판'에 함축된 내셔널리즘과의 계속적인 대결의 문제의식은 이들의 논쟁 안에서도 충분히 조명되지 못했기 때문이다. 나카노 시게하루문학의 내셔널리즘 비판을 둘러싼 비평의 담론은 탈내셔널리즘을 위한 사상적 가능성과 함께 그런 지적 격투에 뒤따르는 곤경 또한 역설적으로 드러내고 있다. 그런 점에서 나카노 시게하루문학은 포스트·포스트콜로니얼 시대에도 그 대항적 상상력은 생명력을 잃지 않을 것이다.

참고문헌

한국어 자료_논문

강태웅, 「우생학과 일본인의 표상-1920~1940년대 일본 우생학의 전개와 특성」, 『일본학연구』 38, 단국대 일본연구소. 2012.

고영란, 「제국 일본의 출판시장 재편과 미디어 이벤트」, 『사이間SAI』 제6호, 2009.

김경옥, 「총력전체제기 일본의 인구정책-여성의 역할과 차세대상을 중심으로」, 『일본역사연구』 37, 일본사학회, 2013.

김학동, 「장혁주의 일본어 희곡 春香傳과 방송극沈淸專론」, 『일어일문학연구』 66, 2008.

문경연, 「1930년대말〈신협〉의 춘향전 공연관련좌담회연구」, 『우리어문연구』 36, 2010.

_____, 「일제말기극단신협의 〈춘향전〉 공연양상과 문화횡단의 정치성연구」, 『한국연극학』 40, 2010.

민병욱, 「村山知義연출〈춘향전〉의 공연사회학적 연구」, 『한국문학논총』 33, 2003.

_____, 「장혁주의 일어체 희곡〈춘향전〉연구」, 『한국문학논총』 48, 2008.

박이진, 「일본의 혼혈 담론」, 『대동문화연구』 103, 대동문화연구, 2018,

백현미, 「민족적 전통과 동양적 전통-1930년대후반 경성과 동경에서의 〈춘향전〉공연을 중심으로」, 『현대문학이론연구』 23, 2004.

서동주, 「근대 일본의 우생사상과 '파국'의 상상력」, 『일본문화연구』 75, 동아시아일본학회, 2020.

_____, 「나카노 시게하루와 타자의 정치학」, 『일본근대학연구』 19, 한국일본근대학회, 2008.

_____, 「「비 내리는 시나가와역」과 탈내셔널리즘」, 『일본연구』 12, 2009.

_____, 「식민지 청년의 이동과 근대문학-타이완 청년의 일본어잡지 「포르모사」를 중심으로」, 『일본사상』 26, 2014.

_____, 「전후 일본문학의 자기표상과 보수주의-나카노 시게하루 「비 내리는 시나가와역」의 전후 수용을 중심으로」, 『일본어문학』 38, 한국일본어문학회, 2008.

_____, 「1930년대 식민지 타이완의 '일본어문학'과 일본의 문단 저널리즘」, 『일어일문학연구』 96(2), 한국일어일문학회, 2016.

서석배, 「신뢰할 수 없는 번역-1938년 일본어연극 춘향전」, 『아세아연구』 51(4), 2008.

송승석, 「식민지타이완의 이중어상황과 일본어글쓰기」, 『중국현대문학』 60, 2012.

신은주, 「나카노 시게하루(中野重治)와 일본의 천황제-「비 내리는 시나가와 역」과 「반잔의 술」을 중심으로」, 『일본근대문학-연구와 비평』 4, 2005.

_____, 「나카노 시게하루(中野重治)와 한국 프로레타리아 문학운동-임화, 이북만과의 관계를 중심으로」, 『日本硏究』 12, 1997.

신하경, 「일제말기 '조선붐'과 식민지영화인의 욕망-영화〈반도의봄〉을 통해」, 『아시아문화연구』 23, 2011.

양근애, 「1930년대 전통의 재발견과 연극〈춘향전〉」, 『공연문화연구』 16, 2008.

양동국, 「제국일본 속의〈조선시붐〉-유학생시인과 김소운의 조선시집을중심으로」, 『아시아문화연구』 23, 2011.

이준식, 「무라야마 도모요시의 진보적 연극운동과 조선문화사랑」, 『역사비평』 88, 2009.

이한창, 「재일동포 문인들과 일본문인들과의 연대적 문학활동-일본문단 진출과 문단 활동을 중심으로」, 『日本語文學』 24, 2005.

이헬렌, 「우생학 담론에서 '배제'의 논리-생명관리 권력(Biopower) 이론을 통해 본 이케다 시게노리(池田林儀)의 우생운동」, 『일본역사연구』 36, 일본사학회, 2012.

조윤정, 「『廢墟』동인과 야나기 무네요시」, 『한국문화』 43, 2008.

朱惠足, 「식민지타이완문학에서 '고향'의 계보」, 『한국문학연구』 31, 2006.

최호영, 「야나기 무네요시의 생명사상과 1920년대 초기 한국시의 공동체 문제」, 『일본비평』 11, 2014.

황수영, 「생명적 비결정성의 의미」, 『과학철학』, 1999.

한국어 자료_ 단행본

가라타니 고진, 박유하 역, 『근대 일본문학의 기원』, 민음사, 1999.

_____, 김경원 역, 『마르크스 그 가능성의 중심』, 이산, 1999.

가토 슈이치, 서호철 역, 『'연애결혼'은 무엇을 가져왔는가-성도덕과 우생결혼의 100년간』, 小花, 2013.

강상중, 이경덕·임성모 역, 『오리엔탈리즘을 넘어서』, 이산, 1997.

곽형덕, 『김사량과 일제 말 식민지문학』, 소명출판, 2017.

구리야가와 하쿠손, 이승신 역, 『근대 일본의 연애관』, 도서출판 문, 2010.

국사편찬위원회 편, 『한국독립운동사』 4, 正音文化社, 1986.

김계자, 『근대 일본문단과 식민지 조선』, 역락, 2015.

김사량, 김재용 편역, 『김사량 선집』, 역락, 2016.

김용덕 편, 『일본사의 변혁기를 본다-사회인식과 사상』, 지식산업사, 2011.

김윤식,『한·일근대문학의 관련양상 신론』, 서울대 출판부, 2001.

김재용,『협력과 저항-일제말 사회와 문화』, 소명출판, 2004.

김재희,『베르그손의 잠재적 무의식-반복을 넘어서는 창조적 사유 역량의 회복』, 그린비, 2010.

김호연,『우생학, 유전자 정치의 역사』, 아침이슬, 2009.

마에다 아이, 유은경·이원희 역,『일본근대독자의 성립』, 이룸, 2003.

무라야마 도모요시, 이석만·정대성 역,『일본프롤레타리아연극론』, 월인 & 연극과인간, 1999.

베네딕트 앤더슨, 윤형숙 역,『상상의 공동체 민족주의의 기원과 전파에 대한 성찰』, 나남출판, 2002.

시라카와 유타카,『장혁주연구-일어가 더 편했던 조선작가 그리고 그의 문학』, 동국대 출판부, 2009.

식민지일본어문학, 문화연구회 편,『제국일본의 이동과 동아시아식민지문학』, 도서출판 문, 2012.

_____,『제국일본의 이동과 동아시아 식민지문학 2-대만, 만주·중국, 그리고 환태평양』, 도서출판 문, 2011.

신승모,『일본 제국주의 시대 문학과 문화의 혼효성』, 지금여기, 2011.

앙리 베르그손, 황수영 역,『창조적 진화』, 아카넷, 2005.

야나기 무네요시, 이길진 역,『조선과 그 예술』, 신구, 2006.

에드워드 W. 사이드, 박홍규 역,『문화와 제국주의』, 문예출판사, 2005.

_____,『오리엔탈리즘』, 교보문고, 1998.

염운옥,『낙인찍힌 몸-흑인부터 난민까지, 인종화된 몸의 역사』, 돌베개, 2019.

오구마 에이지, 조현설 역,『단일민족신화의 기원』, 소명출판, 2003.

오사와 마사치, 서동주 외역,『전후일본의 사상공간』, 어문학사, 2010.

요코야마 다카시, 안상현·신영전 역,『일본이 우생사회가 될 때까지-과학계몽·미디어·생식의 정치』, 한울아카데미, 2019.

윤대석,『식민지국민문학론』, 역락, 2006.

이매뉴얼 월러스틴, 김재오 역,『유럽적 보편주의-권력의 레토릭』, 창비, 2008.

이상우,『식민지극장의 연기된 모더니티』, 소명출판, 2010.

이지형,『과잉과 결핍의 신체-일본문학 속 젠더·한센병·그로테스크』, 보고사, 2019.

윤상인 편,『'일본'의 발명과 근대』, 이산, 2006.

장인성 편,『전후일본의 보수와 표상』, 서울대 출판문화원, 2010.

최말순, 『식민과 냉전하의 대만문학』, 글누림, 2020.

최말순 편, 『타이완의 근대문학 1 운동·제도·식민성』, 소명출판, 2013.

_____, 『타이완의 근대문학 2 운동·제도·식민성』, 소명출판, 2013.

하타다 타카시, 이기동 역, 『일본인의 한국관』, 일조각, 1983.

한나 아렌트, 이진우·박미애 역, 『전체주의의 기원』 1, 한길사, 2006.

호미바바, 나병철 역, 『문화의 위치-탈식민주의문화이론』, 소명출판, 2002.

일본어 자료_ 논문·잡지

秋田雨雀, 村山知義ほか, 「春香伝批判座談会」, 『テアトロ』 第5巻 第12号, 1938年12月号, 1938.12.

池田林儀, 「通俗優生学講座」, 『優生運動』 4, 1927.

李正旭, 「朝鮮と日本の挟間で一村山知義のシナリオ『春香伝』を中心に」, 『日本学報』 88, 韓国日本学会, 2011.

犬養毅, 「如何にして朝鮮開導すべきか」, 『日本人』 第19号, 1896.4.

李恢成, 「中野重治と朝鮮」, 『新日本文学』, 1980.12.

呉坤煌, 「台湾の郷土文学を論ず」, 『フォルモサ』 2号, 1933.12.

呉亦昕, 「帝都東京をさまよう曖昧な『日本人』」, 『文学研究論集』 第24号, 筑波大学比較·理論文学会, 2006.

巫永福, 「首と体」, 『フォルモサ』, 創刊号, 1933.

大宅壮一, 「文壇ギルドの解体期」, 『新潮』, 1926.12.

川村湊, 「植民地鉄道の夜一旧植民地の日本文学」, 『知の植民地 越境する』, 東京大学出版会, 2001.

神田健次, 「初期柳宗悦の宗教論と民芸論」, 『基督教論集』 44, 2001.

蔵原惟人, 「芸術運動当面の緊急問題」, 『戦旗』, 1928.8.

_____, 「芸術大衆化に関する決意」, 『戦旗』, 1930.7.

金聖珉, 「天上物語」, 『緑旗』 1941年9月号, 1941.9.

金牡蘭, 「帝国日本の春香伝一新協の春香伝と〈朝鮮的なもの〉をめぐって」, 演劇映像学 1, 2009.

佐藤健一, 「『雨の降る品川駅』一中野重治(作品別現代詩を読むための研究事典一詩はどのように読まれてきたか)」, 『国文学解釈と教材の研究』 37巻3号, 1992.

佐藤積, 「創作募集の経験から」, 『文芸通信』 第3巻第1号, 1935.

鈴木広光, 「日本語系統論.方言周圏論.オリエン当リズム」, 『現代思想』, 1993.7.

徐東周, 「〈春さきの風〉の政治学」, 『文学研究論集』, 筑波大学比較・理論文学会 編, 2007.

高橋貞樹, 「無産者革命と民族問題」, 『赤旗』1923年4月号, 1923.

高橋博史, 「中野重治・海と機関車」, 『国文学解釈と鑑賞』二月号, 2005.

張赫宙, 「春香傳」, 『新潮』, 1938.3.

_____, 「春香傳について」, 『テアトロ』, 1938.3.

德永直, 「三四年度に活動したプロ派の新人たち」, 『文学評論』, 1934.

鳥居龍蔵, 「日鮮人は同源なり」, 『同源』, 1920.8.

中野重治, 「「雨の降る品川駅」のこと」, 『季刊三千里』五月号, 1975.

_____, 「芸術運動の組織」, 『プロレタリア芸術』, 1927.8.

_____, 「芸術大衆化論の誤りについて」, 『戦旗』, 1928.5.

永井潜, 「花柳病者の結婚を禁止せよ」, 『婦人公論』7, 1919.

_____, 「人種改善学の論理と実際」, 『日本及日本人』2, 1915.

_____, 「人類の再生と民族の盛衰」, 『婦人衛生雑誌』7, 1919.

_____, 「民族衛生より観たる結婚の改良」, 『婦人公論』10, 1917.

_____, 「良い子を生むために―人種改善学(優生学)の話」, 『婦人公論』5, 1916.

南富鎮, 「中島敦の初期と朝鮮その浮遊する朝鮮人像―」, 『稿本近代文学』, 1995.11.

林薫, 「在日本朝鮮人連盟みについて」, 『民主朝鮮』, 1946.4.

林房雄, 「プロレタリア大衆文学の問題」, 『戦旗』, 1928.10.

平田勲, 「『春香伝』観劇所感」, 『テアトロ』, 1938.5.

松村寛之, 「『国防国家』の優生学―古屋芳雄を中心に―」, 『史林』83(2), 2000.

丸山珪一, 「『雨の降る品川駅』をめぐって」, 『金沢大学教養学部論集』28(1), 1990.

水野直樹, 「「雨の降る品川駅」の事実しらべ」, 『季刊三千里』二月号, 1980.

宮山昌治, 「大正期におけるベルクソン哲学の受容」, 『人文』4, 学習院大学, 2005.

村山知義, 「金史良を憶う」, 『新日本文学』, 1952.12.

諸岡知徳, 「中島敦「巡査の居る風景」論―「奴等」/「俺達」の物語」, 『甲南大学紀要』, 1999.

保高徳蔵, 「日本で活躍した二人の作家」, 『民主朝鮮』1946年7月号, 1946.7.

楊逵, 「芸術は大衆のものである」, 『台湾文芸』, 1935.

楊行東, 「台湾文芸界への待望」, 『フォルモサ』創刊号, 1933.

吉見俊哉, 「グローバルシティの変貌」, 『現代思想』2000年10月号, 2000.10.

일본어 자료_ 단행본

有馬学, 『『国際化』の中の帝国日本1905~1924』, 中央公論新社, 1999.

五十嵐伸治 外編,『大正宗教小説の流行ーその背景と"いま"』,論創社, 2011.

石坂浩一,『近代日本の社会主義と朝鮮』,社会評論社, 1993.

海野幸徳,『改版 日本人種改造論』,富山房, 1911.

海野幸徳,『興国策としての人種改造』,大空社, 1911.

江藤淳,『昭和の文人』,新潮社, 1989.

大江志乃夫 編,『岩波講座 近代日本と植民地』2, 岩波書店, 1992.

大笹吉雄,『日本現代演劇史昭和戦中 編』I, 白水社, 1993.

大澤真幸,『戦後の思想空間』,ちくま新書, 1997.

小熊英二,『〈民主〉と〈愛国〉ー戦後日本のナショナリズムと公共性』,新曜社, 2008.

荻野富士夫,『特高警察体制史ーー社会運動抑圧取締の構造と実態』,せきた書房, 2001.

荻野美穂,『「家族計画」への道』,岩波書店, 2008.

小田切秀雄,「この本のこと」,『金達寿小説全集四』,筑摩書房, 1980.

_____,『中野重治―文学の根源から』,講談社, 1999.

柄谷行人,『探求 II』,講談社, 1994.

_____,『定本4 柄谷行人集 ネーションと美学』,岩波書店, 2004.

_____,『定本5 柄谷行人集』,岩波書店, 2004.

_____,『ヒューモアとしての唯物論』,筑摩書房, 1996.

川村湊,『異郷の昭和文学』,岩波書店, 1990.

木村一信外編,『〈外地〉日本語文学論』,世界思想社, 2007.

木村幸雄,『中野重治論 思想と文学の行方』,おうふう社, 1995.

小森陽一 編,『岩波講座 近代日本の文化史6 拡大するモダニティ 1920-30年代 2』,岩波書店, 2002.

古屋芳雄,『国土・人口・血液』,朝日新聞社, 1941.

_____,『民族族問題をめぐりて』,人文書院, 1935.

高栄欄,「「戦後」というイデオロギーー歴史 / 記憶 / 文化』,藤原書店, 2010.

栗原彬外 編,『知の植民地- 越境する』東京大学出版会, 2001.

鷺只雄,『中島敦論ーー「狼疾」の方法』,有精堂出版, 1990.

佐藤卓己,「「キング」の時代-国民大衆雑誌の公共性』,岩波書店, 2002.

佐藤光,『柳宗悦とウィリアム・ブレイクー環流する「肯定の思想」』,東京大学出版会, 2015.

柴田武,『社会言語学の課題』,三省堂, 1979.

柴谷篤弘外 編,『講座進化② 進化思想と社会』,東京大学出版会, 1991.

島村輝,「身体と権力」,『講座 昭和文学史』, 有精堂, 1988.

島村輝外 編,『文学年報 2 ポストコロニアルの地平』, 世織書房, 2005.

杉野要吉,『中野重治の研究−戦前・戦中 編』, 笠間書院, 1979.

鈴木貞美 編,『近代日本のセクシュアリティ 18−思想・文学にみるセクシュアリティ 優
　　　生学より見るセクシュアリティ』, ゆまに書房, 2007.

鈴木貞美,『近代の超克−その戦前・戦中・戦後』作品社, 2015.

鄭勝云,『中野重治と朝鮮』, 新幹社, 2002.

台湾芸術研究会,『フォルモサ』, 創刊号, 1933.

高岡裕之,「総力戦体制と「福祉国家」−戦時期日本の「社会改革」構想』, 岩波書店, 2011.

高橋貞樹,『被差別部落一千年史』, 岩波書店, 1992.

竹内栄美子,『戦後日本, 中野重治という良心』, 勉誠出版, 2004.

_____,『中野重治−人と文学』, 平凡社, 2009.

舘野哲 編,『韓国・朝鮮と向き合った 36人の日本人』, 明石出版, 2002.

田中聡,『衛生展覧会の欲望』, 青弓社, 1994.

垂水千恵,『呂赫若研究』, 風間書房, 2002.

朝鮮総督府 編,『施政二十五年史』, 1935.

塚瀬進,『満州の日本人』, 吉川弘文館, 2004.

輝峻義等,『社会衛生学』, 岩波書店, 1935.

東郷実,『植民政策 民族心理』, 岩波書店, 1925.

内務省警保局,『社会運動の状況』, 1930.

中島敦,『中島敦全集 第二巻』, 筑摩書房, 1976.

中根隆行,『〈朝鮮〉表象の文化誌―近代日本と他者をめぐる知の植民地化』, 新曜社, 2004.

中野重治,『中野重治全集』, 第一巻, 筑摩書房, 1961.

_____,『中野重治全集』, 第三巻, 筑摩書房, 1961.

_____,『中野重治全集』, 第八巻, 筑摩書房, 1959.

_____,『中野重治全集』, 第十巻, 筑摩書房, 1962.

_____,『中野重治全集』, 第十一巻, 筑摩書房, 1962.

_____,『中野重治全集』, 第十五巻, 筑摩書房, 1962.

_____,『中野重治全集』, 第二十四巻, 筑摩書房, 1979.

中見真理,『柳宗悦 時代と思想』, 東京大学出版会, 2003.

永井潜,「民族の混血に就て」,『民族衛生』2巻 4号, 1933.

南富鎭,『文学の植民地主義−近代朝鮮の風景と記憶』, 世界思想社, 2006.

南富鎭,『文学の植民地主義－近代朝鮮の風景と記憶』, 世界思想社, 2006.

西成田豊,「在日朝鮮人の「世界」と「帝国」国家」, 東京大学出版会, 1997.

ハルオ・シラネ, 鈴木登美 編,『創造された古典－カノン形成・国民国家・日本文学』, 新曜社, 1999.

朴春日,『増補 近代日本文学における朝鮮像』, 未来社, 1985.

平野謙,『平野謙全集 第六巻』, 新潮社, 1969.

_____,『文学運動の流れのなかから』, 筑摩書房, 1969.

福間良明,『辺境に映る日本－ナショナリズムの融解と再構築』, 柏書房, 2003.

藤野豊,『日本ファシズムと優生思想』, かもがわ出版, 1997.

フェイ・阮・クリーマン, 林ゆう子 訳,『大日本帝国のクレオールー〈植民地期台湾の日本語文学〉』, 慶應義塾大学出版会, 2007.

穂積八束,『国民教育 愛国心』, 八尾書店・有斐閣, 1897.

文部省社会科学教育局,『国民同化の道』同化奉公会, 1942.

柳宗悦,『柳宗悦全集 第一巻』, 筑摩書房, 1981.

_____,『柳宗悦全集 第四巻』, 筑摩書房, 1981.

_____,『柳宗悦全集 第十四巻』, 筑摩書房, 1982.

山本武利 編,「岩波講座「帝国」日本の学知第五巻東アジアの文学・言語空間』, 岩波書店, 2006.

山脇啓造,『近代日本と外国人労働者』, 明石出版, 1994.

吉見俊哉 外,『岩波講座－近代日本の文化史6－拡大するモダニティ 1920~30年代』2, 岩波書店, 2022.

米本昌平他,『優生学と人間社会－生命科学の世紀はどこへ向かうのか』, 講談社, 2000.

林淑美,『昭和イデオロギー－思想としての文学』, 平凡社, 2005.

_____,『中野重治, 連続する転向』, 八木書店, 1993.

渡辺一民,『〈他物〉としての朝鮮－文学的考察』, 岩波書店, 2003.

_____,『中島敦論』, みすず書房, 2005.

渡部直己,『不敬文学論序説 (批評空間叢書)』, 太田出版, 1999.

후기

이 책은 거의 지난 20년간 여러 국내외 학술지에 발표한 논문들을 토대로 만들어졌다. 2007년 쓰쿠바대학에 제출한 박사논문은 일본 근대문학의 타자 인식을 나카노 시게하루에 초점을 맞춰 분석한 것이었지만, 한국으로 돌아온 후에는 대부분의 시간을 새로운 주제와 씨름해야 했다. 그 덕분에 연구의 범위를 일본 전후문학의 냉전 인식, 일본 대중문화의 폭력 표상, 근대 동아시아의 생명 사상, 근대 일본의 인구 사상 등으로 확장할 수 있었다. 시야는 넓어졌지만, 그 대신 뭐 하나 정리할 기회를 갖기가 쉽지 않았다. 그러던 차에 소명출판 박성모 대표님 덕분에 처음으로 필자의 논문만으로 구성된 책을 낼 수 있는 기회를 얻었다. 그리고 첫 단독 저서인 만큼 박사학위논문의 내용을 일부라도 활용할 수 있는 주제를 선택했다. 다만 기존 연구를 한 데 모은 것에 불과하다는 말을 듣지 않도록 많은 부분에 수정을 가했고, 무엇보다 관점만은 새로운 것을 제시하고 싶었다. 오리엔탈리즘이라는 말에 수식어를 덧붙이는 데 그쳤지만, 제국 일본의 심층적 불안을 '예외적' 오리엔탈리즘이라는 관점에서 밝힌다는 연구 목적은 이런 문제의식에서 나왔다.

필자가 박사학위논문을 쓰던 2000년대 초반은 오리엔탈리즘의 이론과 포스트콜로니얼 연구가 문학연구의 새로운 방법론으로 각광을 받던 시기였다. 필자도 그런 학문적 추세에 적극적으로 가담했다. 그런 이유로 일본 사회주의 문학의 대표적 작가인 나카노 시게하루의 조선 인식을 비판적으로 다룬 내용이 박사학위논문에 포함되는 것은 그런 의미에서 당시 자연스러운 결정이었다. 그러나 20여 년의 시간을 보낸 후, 그때 썼던 논문을 '예외적' 오리엔탈리즘이라는 개념 아래 재해석을 시도하기에 이르렀으니 참으로 아이러니한 일이 아닐 수 없다. 물론 이런 해석의 반전은 포스트콜로니얼 연구가 더 이상 과거와 같은 영향력을 발휘하지 못하는 작금의 상황을 의식한 결과는 아니다. 오히려 이런 생각의 변화를 낳은 것은 텍스트 자체의 힘이었다. 달리 말하면 포스트콜로니얼 이론의 힘을 빌려 읽어냈던 과거의 해석이 지금 와서 설득력을 잃었다기 보다, 특정 이론의 광풍이 지나간 다음 그동안 보지 못했던 새로운 면모가 텍스트에서 드러나기 시작했다는 말이 정확할 것 같다. 이론 없이 성립하는 연구는 없겠지만, 그래도 텍스트는 언제나 이론을 초과한다.

이 책을 구성하는 논문들은 일본 유학을 비롯해 다양한 연구 활동의 경험 속에서 쓰였다. 그런 만큼 감사를 표해야 할 분들이 너무 많다. 제일 먼저 고려대학교 일어일문학과 김채수 선생님에게 감사드리고 싶다. 선생님은 필자에게 연구자로서의 삶을 제안해 주셨고, 이후로도 강한 질책과 따뜻한 격려로 연구자로서의 성장을 이끌어 주셨다. 이어서 쓰쿠바대학 인문사회과학연구과 총합문학영역에서 필자를 지도해 주셨던 여러 선생님들에게 감사드리고 싶다. 선생님들 덕분에 텍스트와 싸울 수 있는 기술과 체력을 갖출 수 있었다. 감사를 전해야 할 대상에는 쓰쿠바대학 재학 당시 함께 공부하며 생활을 나눴던 동료 및 선후배들도 빼놓을 수 없을 것 같다. 그들은 유학 당시 수업에서, 교정의 벤치에서, 학교 근처의 이자카야에서, 누군가의 자취방에서 필자의 설익은 아이디어를 들어주고, 기꺼이 시간을 내서 자신들의 의견을 들려주었고, 또 밤새도록 토론의 상대가 되어주었다. 이 책의 씨앗은 그들과의 대화 속에서 뿌려졌다. 일본 유학을 마치고 귀국한 뒤로는 대부분의 시간을 서울대학교 일본연구소에 적을 두었다. 일본연구소는 연구 활동과 국제 교류를 위한 최고의 환경을 제공해 주었다. 이 기회를 빌려 필자가 연구에 전념하며 연구자로서 발전할 수 있는 기회를 마련해 주신 역대 소장님들, 한영혜 선생님, 박철희 선생님, 김현철 선생님, 남기정 선생님에게 감사의 말씀을 드리고 싶다. 또한 일본연구소를 벗어나 2년간 이화여자대학교 이화인문과학원에 재직했던 것도 특별한 경험이었다. 이때 김진희 선생님과 오윤호 선생님 덕분에 일본문학을 근대 동아시아의 지식교류사의 관점에서 바라보는 시각의 중요성을 깨달았다.

이 책에 수록된 논문들을 써가는 과정에서 여러 연구소와 연구회의 학술 세미나에서 실시한 연구 발표가 큰 도움이 되었다. 가천대학교 아시아문화연구소와 청암대학교 재일코리안연구소의 공동 연구에 참여함으로써 각각 근대 일본의 '조선 붐'과 근대 일본의 신체담론에 관한 연구를 수행할 기회를 가질 수 있었다. 가천대학교의 박진수 소장님과 청암대학교 김인덕 소장님, 최규진 선생님에게 감사의 말씀을 전하고 싶다. 또한 신진의 일본문학연구자가 중심을 이루고 있었던 '일본 전후문학 연구회', 한국문학, 중국문학, 일본문학 연구자들의 자율적 학술연구회인 '동아시아인문지식포럼'에서 이루어졌던 학문적 대화는 언제나 새로운 자극과 영감의 연속이었다. 연구회 자리에서 함께 했던 모든 분들에게 감사드리고 싶다. 아울러 발표와 투고의 기회를 허락해 준 동아시아일본학회, 한국일본사상사학회, 한국일어일문학회, 한국일본학회 관계자 분들에게도 감사드린다.

앞서 잠깐 언급했지만 이 책은 박성모 대표님의 후의 덕분에 세상에 나올 수 있었다. 진심으로 감사드린다. 그리고 난삽하고 거친 원고를 이렇게 훌륭한 출판물로 만들어 주신 이희선 선생님에게는 편집과정에서 줄곧 죄송하다는 말씀만을 드렸는데, 책의 출간을 맞아 감사의 말을 전할 기회를 얻었다. 선생님의 큰 수고에 다시 한 번 감사드린다. 교정작업에는 고맙게도 고마쓰다 요시히로와 강시형이 도움을 주었다. 아울러 부모님에게 이 책을 보여드릴 기회를 가질 수 있어서 기쁘고 다행이다. 마지막으로 이 책의 원고가 완전히 마무리될 때까지 따뜻한 격려와 맛난 먹거리로 필자에게 힘을 북돋아 주었던 가족들에게 감사의 마음을 전하고 싶다.

2025년 2월

서동주

초출일람

제1장

『一九二九年の「內地」で呼び起こされた一九二三年の「朝鮮」－中島敦の「巡査の居る風景」の表象する文化政治の日常』, 『日本近代文学 81, 日本近代文学会, 2009.

「지배의 역설·광기의 식민지－나카지마 아쓰시 「순사가 있는 풍경」에서의 제국·천황·타자」, 『일본학연구』 32, 단국대 일본연구소, 2011.

제2장

「식민지청년의 이동과 근대문학－타이완 청년의 일본어잡지 『포르모사』를 중심으로」, 『일본사상』 26, 한국일본사상사학회, 2014.

1930년대 식민지 타이완의 '일본어문학'과 일본의 문단 저널리즘, 『일어일문학연구』 96(2), 한국일어일문학회, 2016.

제3장

「1938년 일본어연극 〈춘향전〉의 조선 '귀환'과 제국일본의 조선 붐」, 『동아시아고대학』 30, 2013.

제4장

「야나기 무네요시 '생명론'의 사상적 원천과 자장」, 『일본사상』 33, 한국일본사상사학회, 2017.

제5장

「근대 일본의 우생사상과 '파국'의 상상력－'인종개량'과 우생결혼 담론을 중심으로」, 『일본문화연구』 75, 동아시아일본학회, 2020.

제6장

「근대 일본 우생학의 혼혈 담론과 혐오의 정치」, 『횡단인문학』 9, 숙명인문학연구소, 2021.

제7장

「예술대중화논쟁과 내셔널리즘－나카노 시게하루의 예술대중화론 비판의 위상」, 『일본사상』 17, 한국일본사상사학회, 2009.

제8장

「移動の想像力と朝鮮という他者－昭和初期の中野重治の場合－」, 『일본문화연구』 26, 동아시아일본학회, 2008.

「나카노 시게하루와 조선－연대하는 사유의 모노로그」, 『사회와 역사』 93, 한국사회사학회, 2012.

제9장

「「비 내리는 시나가와역」과 탈(脫)내셔널리즘－"방법화된 이동"을 중심으로」, 『일본연구』 12, 고려대 글로벌일본연구원, 2009.